I0165574

1964.

H.15662.ᵃ

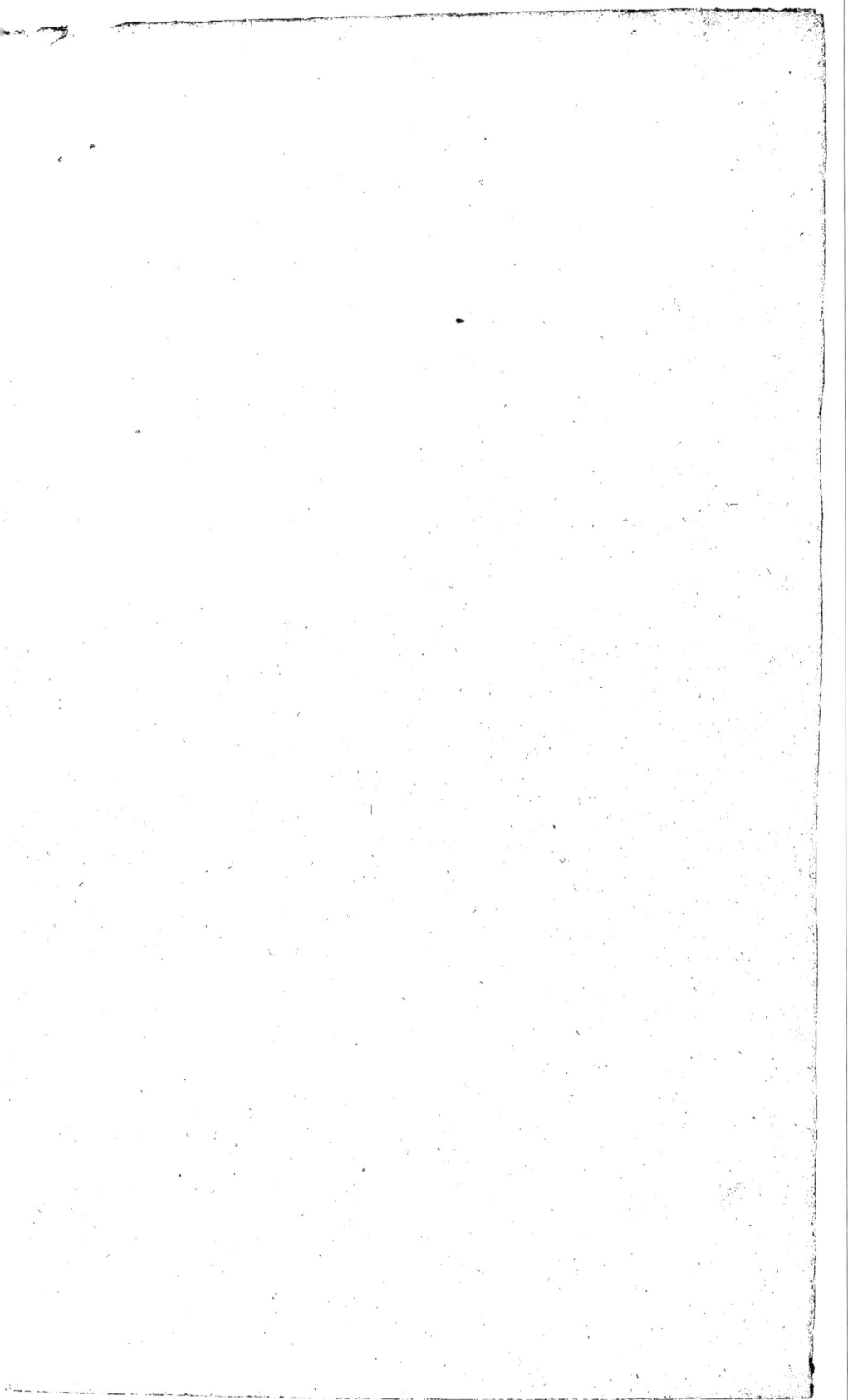

Cat. de Myon 24078.
D. ch. à vendre —

HISTOIRE
GENEALOGIQUE
DE LA MAISON
DE SURGERES
EN POITOU;

De laquelle font ißus

Les Sires de Surgeres en Aunis, les Seigneurs d'Azay sur Cher, de la Floceliere , de Granges & de Puychenin , de la Gord & de Cerveaux , de Montfernier, de Puiguyon, de la Gregoriere, à prefent la Floceliere , des Bigotieres & de la Fouchardiere.

Dreffée fur plufieurs Titres & Memoires

Par Meffire Loüis Vialart, *Prêtre*, *Prieur de Montournois en Poitou.*

POST·TENEBRAS·SPERO·LVCEM

A PARIS.

Chez Jacques Chardon, Imprimeur, Libraire, ruë Galande, à l'entrée de la ruë du Foüare.

M DCC XVII.

AVEC APPROBATION ET PRIVILEGE DU ROY.

Tol. H. 4087

AVERTISSEMENT.

CEtte Hiftoire Genealogique n'avoit pas efté faite pour la rendre publique, mais feulement pour fervir d'inftruction aux petits Enfans de M. le Marquis de Puiguyon, Lieutenant General des Armées du Roy: C'eft dans ce feul objet que l'Auteur a travaillé. Ainfi avant d'entrer dans le détail genealogique de leur Maifon, il leur fait un recit fuccint des fervices de leur Pere & de leur Ayeul, & c'eft par les portraits fideles qu'il leur en donne, qu'il cherche à leur infpirer des fentimens convenables à leur Naiffance. On croit que cet Ouvrage ne fera pas défagreable à ceux qui recherchent les Genealogies. Celle-cy eft écrite fans flaterie & avec toute la fincerité poffible : on y a joint les Preuves à chaque Dégré, afin de perfuader le Lecteur, que l'on n'y avance rien qui ne foit trés-veritable. Il feroit à fouhaitter que toutes les anciennes Maifons du Royaume en fiffent autant, à l'exemple des Romains, qui tenoient devant leurs yeux les Images de leurs Ancêtres, pour s'exciter à la vertu.

Sæpe ego audivi, Q. Maximum, P. Scipionem, præterea Civitatis noftræ præclaros viros, folitos ita dicere ; Cùm Majorum imagines intuerentur, vehementiffimè fibi animum ad virtutem accendi : fcilicet non ceram illam, neque figuram tantam vim in fe habere, fed memoria rerum geftarum, eam flammam egregiis viris in pectore crefcere, neque prius fedari, quàm virtus eorum, famam atque gloriam adæquaverit. Saluftius de Bello Jugurtino.

GENEALOGIE de la Maison de SURGERES en Poitou,

d'où sortent les Seigneurs de SURGERES, de la FLOCELIERE, de GRANGES, de PUIGUYON, &c.

Maingot ou Maingod, Vicomte, mentionné dans deux Titres de 904 & 907. rapportés par Besly, Hist. des Comtes de Poitou, page 174.

Robert, Fils de Maingot, Vicomte, mentionné dans un Titre de 945. rapporté par Besly. p. 252.

Maingot, mentionné dans un autre Titre, aussi rapporté par Besly, p. 367.

❧❧❧ ❧❧❧ ❧❧❧

I. Guillaume Maingot, Sire de Surgeres, mentionné dans trois Titres, rapportés par Besly le premier de 1019. le second sans datte, le troisième de 1031. Sa Femme ....

II. Hugues Maingot, Sire de Surgeres, mentionné dans 2. Titres de 1048. 1064. 1068. 1073. 1076. 1074. 1097 Sa Femme Petronille. Manuel de Surgeres.

III. Guillaume Maingot II. du nom, Sire de Surgeres. Constantia de Surgeres. Hugues de Surgeres. Ramulfe de Surgeres. Aboïn, marié à Aimery Raimond, S. de Mareux. Petronille femme de Renad du Puy du Fou.

IV. Guillaume III. du nom, Sire de Surgeres & de Dampierre. Sa Femme Bertha de Rancon. Gillard de Surg. 1er, dit de Nales, Naless ou de Neaulié. Geoffroy qui prit le nom de Granges S. Jeann.

V. Simon Maingot. Guillaume IV. Sire de Surgeres Sa Femme Berbrande d'Allemaigne. Hugues. Sa Femme Anne de Chatelleraut. Geoffroy au prit le nom de Granges S. Jeann.

VI. Guillaume V. Sire de Surgeres, Sa femme Adeille. Geoffroy de Surgeres. Huguet S. d'Assy. Berthe. Leves. Clemence de Surgeres Dame de Chastelleraut. Geoffroy de Luignan. Isaba de Granges de Surgeres, Seignur de Granges, Sa Femme Marthe de Maure.

VII. Guillaume VI. Sire de Surgeres, sa femme Sofrie de Cleyrevalle. Hugues de Surgeres Abbé de Tornay. Geoffroy de Surgeres, Seigneur d'Assay, Sa Femme .... Thibaut Seigneur de Granges, Sa Femme Marie de Rene, ou de Rene.

VIII. Guillaume Maingot VII. Sire de Surgeres Sa Femme .... Hugues S. de la Boussay ou de Banade. Levis Aimery Bechea. Geoffroy de Surgeres, Seigneur d'Assay, Sa Femme Alix de Celon. Thomas II. du nom Seigneur de Granges Sa Femme Marguerite Ratand. Age de Granges Pierre Rayole. Habalis Catherine.

IX. Guillaume VIII. Sire de Surgeres. Hugues. Guy, S. de la Bouquerranne, 1. Chire de la Floceliere, 2. Nicole Raymond. Jean Seigneur d'Assay, morts sans enfans. Hugues de Surgeres, sans enfans. Thomas III Seigneur de Granges mort trois fois 1. Yolande de Jaulierand, 2. Jeanne Biont, 3. Philippe du Puy-du-Fou. Jean de Granges. Jeanne de Mons. Marie de Granges Hellis de Bois.

X. Guillaume VIII. Sire de Surgeres, 1. Jeanne de Pruilly, 2. Thomasse d'Abart. Gayen sans enfans. Guy, S. de la Floceliere. Marguerite de Bourreuel. Hugues. Guillaume d'Argenson. Jeanne, Cosfroy Philippe, Thomasle. Louis Seigneur de Granges. Nicole Orneté. Jean Seigneur de St. Gond. Perrette Amelot, dite Charole. Maingot de Granges, marié à Robin de Chateaurault.

XI. Guillaume IX. Sire de Surgeres, Renée de Chateaubois, mort sans enfans. Jeanne Dame de Surgeres, 1. Jean Larchevesque, 2. Aymar de Cluismont. Jacques de Surgeres, Seigneur de la Floceliern, Marie de Laval. Marguerithe Guillaume de Rutfy. Madelaine Zuisbte de Puy-du-Fou. Jean Sorreau de Granges, Guyonne des Francs. Jeanne Jean de Faye. Louis de Granges, S. de Crevecœur, Marguerine de Combault. Jean de Granges. la Gond. Marie Paulaud. Mathurin de Granges, S. de Granges.

XII. Jacques de Surgeret, S. de la Floceliere, marié 3. fois, 1. Marguerine de Vivonne, 2. Marie de l'Isle-Bouchard, 3. Maize de Blé. Heleines de Surgeres. Joachim de Clermont, Sire de Surgeres. Guillaume, Granges Jeanne de Chasteau Isbeau. Jean Louis de Granges, Jeanne Vison. Gu demoiselle Granges Pierre de Vison. Iudithe Yrenge Crites S. de Rimus Margerie de Gran-Monferrier Preau de ino Co-ges, S. de gen. Arantia, ire Vebrac. les Cervenus de Carliet. Bettin. Jacques, Pictune, Christo Marie. de la Gond Abé de plus Anne Modelaine. Françoise Taimond. Caibus. le Mutin.

XIII. Jacques de Surgeres III. S. de la Floceliere, Renée de Maillé. Jaquette. Marie, Bertrand de Drun. Yfabeau de Surgeres, 1. Fournel de Rochechouart, 2. Guillaume de Pomville. Jean Seigneur de Gasse-ger. Matremne Auvenal. Imbert. Anne. Marie de Granges, Jean Vizard S. de St. gilons. Louis de Granges S de Montferrier, 1. Anne d'Appel odre 2. Mar-guerine de St. Gerçoes. Bertrand Irens, Cher Prailin. valeur de S François de Jean de Hop- ta Biffin. Iablerin. Gabrielle. Jean de Granges Louis, Arcos. Marie de Granges. S. de la Gond. 1. René Munelet. Renée Junord. 2. Clement Meschard.

XIV. Jean de Sur-geres, S. de Balon Jeun-ges né de Bretagne. Jacques de Sur-geres, S. de Sur-la Floceliere Philippe de Bésy. René S. de Aimar Coitquen, Jean de Montellant. Hardouine, Gabion de Bellevile. Jeanne, Montel-tand. Catherine. Mathurin Amanty, S. de Gran-ges. Jeanne Goulaud. Jean Prêtre. Louis 1 Granges Jacquet Chalveau. Marie. 1 Louis Bû-thon, I ne. Jean de Gra- Granges S. de Monbrimer, Roule Grillard. Gabriel, Margue-rite Pougny. Ambroise, Renée de Compçt, Chevalier de Mailhe. J. Jacques. Manque. rite Lidie Chavenine-rv. Louise Religieufe à S. Croix de Poitiers. Charles de Granges, Marguerine de la Bretue. Jeanne, Louis des de l'Hôpital. Marie Oailleres. Louis

XV. Jacques de Surgeres. Renée de Surgeres, Dame de la Floceliere. 1. François Martean, 2. Jean de Béin. Louise de Surgeres Louis du Jean. Marie, Religieufe. Catherine de Granges, Simon Hebert. Alexandre, S. de Montferrier, sit fans enfans. Louis de Granges S. de Montferrier, 1. Jeanne de Chefdie, 2. Charlotte du Belay. Eller. Louis 1, de Beau-champs. Charlotte Jean 2. Tomas, Louis de Ioulanges. Philippe S de Puy-guyon, Ma-ne Bomit. Marie. Hohu de l'Ité-rang. Sofanne Jeanne Renée Goudia Raemond. Irenne, Daniel

XVI. René de Granges Seigneur de Puigguyon, Sa Femme Françoise de Bechillon. Louis de Gran-ges, fa femme Marguerite Grichet, mort sans enfans. Mane. Renée. Jeanne. Charles de G ranges Seigneur de la Gord, Gabrielle de Coursat-vel. René de François, Philippe, Granges. Louis. Renée de Drouel. Elizabeth, Jeanne Madelaine, de la Sofanne. Perrieres Marguerite. Helene.

XVII. François de Granges Mar-quis de Puigguyon, Françoise de la Chastagne. Charles Che-valier de Mal-the. Marguerite Rédclefe. Renée Religieufe. Anne de Gran-ges Portia de la Cons. Charle-tte Gran-ges,S de Gord. Louis Gova and. Gabrielle Marie. Charles S. de Angelique la Gregneire Marie Tayor. N. de Granges Enfan gerde Gran-Vailleau. Emard N. de Gran-ges, Garde feigne de gre, Marie. Vailleau.

XVIII. Louis de Granges de Surgeres Marquis de Puigguyon, tué à la Bataille de Spire. Jeanne-Françoise Granges de Surgeres, mariée à Charles de Granges-Alphonde, Marquis de l'h ou s. Henriette Elizabeth, Surgeres. Charles Louis Granges de Surgeres, mort, Religieufe. Marie Anne, Sudanne. Gilet-Charles de Granges de Surgeres, marié à Jeanne-Françoise de Granges, la Coubon.

XIX. Charles-François de Granges de Surgeres. Fr. ançois-Louis de Granges de Surgeres. René Charles de Granges de Surgeres. Anne-Françoise de Granges. Hendelicar Henriette Juliane de Granges.

HISTOIRE
GENEALOGIQUE
DE LA MAISON
DE SURGERES
EN POITOU.

L eſt ſi rare de voir des perſonnes ſolidement ver-
tueuſes, que l'on doit ſe croire heureux d'en trouver
de ce caractere & de s'y attacher. On ne court pas
de riſque de ſe repentir quand on leur a donné toute
ſon Eſtime ; à meſure qu'on les voit de plus prés &
qu'on les approfondit, on y découvre le vray merite, qui fait la
diſtinction des grands hommes, dans leſquels tout eſt precieux.
C'eſt ce que j'éprouvay, lorſque le Marquis de Puiguyon, Lieutenant General des Armées du Roy, me fit l'honneur de m'appeller auprés de luy pour l'inſtruction de M. ſon fils, l'unique
que le Seigneur luy avoit donné.

Si la probité du pere me remplit de veneration, la docilité du
fils gagna toute l'affection de mon cœur ; En effet, il me parut
d'une ſi belle eſperance, que j'auguray qu'on le verroit dans la
ſuite parvenir à tout ce qu'un Gentilhomme peut pretendre ; car
ſans craindre qu'on m'accuſe de flatterie, j'oſe dire que la nature
ſembloit l'avoir formé, pour plaire aux yeux & aux eſprits les

A

plus délicats. Sa figure aimable, ses manieres gracieuses, son esprit accommodant, son bon cœur, ses nobles inclinations, en un mot un air de sagesse, annonçoit qu'elle seroit l'égalité & la fermeté de son ame, lors qu'il auroit connu son devoir, ces perfections luy acquirent l'estime & l'amour des honnêtes gens qui le connurent.

A mesure que de si beaux talens se développerent, il fut aisé de juger que ce cher fils deviendroit de plus en plus l'objet de la tendresse & de l'attention de son pere. Je me vis donc engagé autant par mon inclination à plaire à M. de Puiguyon, que par honneur, à cultiver un fond si favorisé du Ciel, & je m'y donnay tout entier, prévoyant bien que cet aimable dépost ne seroit pas long-temps entre mes mains. Je crus ne devoir pas me borner à luy enseigner les principes de la Langue Latine, dont les commencemens donnent presque toûjours du dégoût aux jeunes esprits; afin d'égayer cette ennuyeuse application, j'y joignis la lecture de l'Histoire, & l'Etude du Blazon en maniere d'entretien; l'experience & le bon sens m'ayant appris, que la voye des exemples est plus agreable, plus sure & plus abregée que la voye des preceptes. Je m'appliquay sur tout à faire connoître à mon Eleve le rapport des actions de M. son pere, avec celles des Heros que l'Histoire nous presentoit, assûré que les faits domestiques le toucheroient plus vivement, & porteroient plus de coup, que les faits étrangers ausquels nous prenons peu de part, & selon les occasions, je mettois dans leur jour les actions du pere, pour apprendre au fils à regler sûrement les siennes, & remontant quelquefois jusques à leur commune source, je luy faisois remarquer la vertu de leurs illustres ayeuls, qui s'étoient universellement rendus respectables, autant par leurs qualitez personnelles, que par la noblesse de leur sang.

Je vis avec plaisir que cette foible montre produisoit son effet; mais craignant que son impression ne fut que passagere, selon qu'il est ordinaire aux jeunes gens, je crus devoir m'attacher à rendre mon travail plus durable, & pour cela j'employois les heures de mon loisir à recüeillir divers memoires sur la Genealogie des anciens Seigneurs, Barons de Surgeres, desquels je voyois qu'il descendoit directement, sans negliger plusieurs particularitez tres-curieuses touchant les Armoiries de cette ancienne Maison des plus distinguées de l'Aquitaine, avec dessein de rediger le tout en bon ordre, esperant que dans la suite, mon Eleve seroit par cette lecture piqué d'une genereuse émulation de rendre à ses ancestres ce qu'il en avoit reçû.

Sans beaucoup attendre, nous vîmes ce jeune courage soliciter avec ardeur la permission de suivre M. son pere à l'Armée, disant qu'il ne pouvoit trop tôt s'attacher à une profession, qui fait aprés la Religion tout l'honneur des Gentilshommes, & qu'il ne sçauroit apprendre à faire la guerre avec fuccés, fous une fi fure difcipline que celle de fon pere. Cette priere fut réiterée tant de fois & avec de fi fortes inftances, qu'on ne pût s'empêcher de s'y rendre. Nous le vîmes donc entrant dans fa quinziéme année aller fervir fon Prince dans l'Armée commandée par Monfeigneur le Duc de Bourgogne en l'année 1702. en qualité de Lieutenant Reformé dans le Regiment de Cavalerie dont fon pere étoit Colonel. Peu de temps aprés le Roy le fit Ayde-Major, pofte où on peut apprendre bien promptement les détails du fervice. Sur la fin de la même Campagne, Sa Majefté luy donna une Compagnie dans le même Regiment. Je dois dire icy à la loüange de ce jeune Officier, que fes anciens ne pouvoient voir fans étonnement, combien il étoit appliqué à tous fes devoirs, fans jamais fe laiffer emporter à la pente qui entraine ordinairement la jeuneffe aux plaifirs ; toûjours également attentif à faire ce qu'il devoit, & avec tant d'exactitude, que dans la Campagne de l'année 1703. il s'acquift l'eftime de Monfeigneur le Duc de Bourgogne qui commandoit l'Armée. Ce Prince luy en donna des marques en luy faifant la grace de le faire manger avec luy à fa table, quoy qu'il ne fut que Capitaine & auffi jeune qu'il étoit. Il continua ainfi jufques à la journée de Spire, dans laquelle fa carriere fut terminée, allant à la tête de fa troupe avec intrepidité, charger les Ennemis à côté de fon pere.

Sa vie ayant ainfi fatalement finy, avant pour ainfi dire, qu'il eut commencé de vivre, l'ouvrage dont je luy avois communiqué les commencemens auparavant fon départ, & dont j'avois promis la fin pour fon retour, me paroiffant inutile, j'en éloignay comme je pûs jufques à la moindre idée ; car autant que j'avois fenty de plaifir à l'entreprendre, autant fentois-je d'affliction dans mon cœur lors que la penfée s'en prefentoit. Je crus donc le devoir abfolument abandonner pour mon repos : M. de Puiguyon de fa part, quoy que tout couvert de fon fang par les nombreufes & profondes bleffures qu'il reçut en cette même action, fembloit s'oublier de fon dangereux état, tout occupé de la perte de ce cher fils, qui luy avoit fait efperer de voir continuer fon nom, & de donner un nouvel éclat à fa Maifon ; Mais comme les ames d'un ordre fuperieur trouvent des reffources dans leur propre fond, & qu'elles ne fe laiffent pas abbattre ainfi que les ames vulgaires, il crut devoir penfer aux moyens de reparer la perte qu'il venoit de faire. La même Providence qui luy avoit pour ainfi dire enlevé toutes fes efperances en la perfonne de fon fils, lui prefenta pour fa confolation M. de Granges Capitaine des Vaiffeaux du Roy fon parent, iffu d'une branche cadette de fa Maifon, portant même nom & mêmes Armoiries, il luy donna fa fille aînée en mariage, avec le Marquifat de la Floceliere, dont à prefent il porte le nom. Un choix fi judicieux fit connoître le fage difcernement &

le bon goût de celuy qui le faisoit : En effet si M. de Puiguyon
voulut pour gendre un Gentilhomme de son nom , il voulut en
même temps y rencontrer toutes les qualitez essentielles à un mé-
rite superieur , encore plus selon les regles du Christianisme , que
selon les regles du monde. M. de Granges possedoit les unes &
les autres dans un degré si éminent , qu'elles l'ont rendu digne de
l'estime & des distinctions du Prince auquel il avoit l'honneur d'o-
béir , c'est assez dire , pour être un Eloge complet.

Le Seigneur qui forma les nœuds de cette digne alliance , a dai-
gné y répandre ses benedictions les plus touchantes , par la naif-
sance des Enfans qui en sont les fruits. L'aîné qui est dans sa 8e.
année porte une physonomie prévenante qui promet infiniment ,
& semble nous assurer que nous le verrons en son temps imiter
ses proches & aller à la gloire sur les pas de ses pere & ayeuls ,
ses freres n'en promettent pas moins. Par cet espoir si flateur
mais si bien fondé , je sens renaître en moy le dessein de reprendre
l'ouvrage auquel j'avois jugé ne devoir plus penser , me promet-
tant qu'il ne sera pas absolument inutile aux neveux de celuy
pour lequel il avoit été entrepris. Je vais donc avec joye le continuer sans rien changer de son premier plan , je veux dire que
mon dessein sera de faire une maniere d'entretien avec les enfans
de M. le Marquis de la Floccliere , qui prennent à present dans
mon cœur la place que leur oncle y avoit , cette methode me sem-
blant la plus instructive & la plus propre à rappeller l'attention.

Quoy que dans une si grande jeunesse vous soyez peu en état ,
Messieurs , d'entrer dans mes veuës , mon attachement pour vous
& pour vôtre illustre Maison , à laquelle je me suis entierement
dévoüé , me fait entreprendre une chose que je sens bien être au
dessus de la portée de mon esprit ; mais je compte que mon cœur
y suppléera , & que dans la suite vous apprendrez avec plaisir du
recüeil que je vous offre , le détail de ce que je ne vous ay touché que superficiellement , je veux dire , les glorieuses circonstances de la conduite de M. vôtre pere , à prendre les choses
du moment qu'il s'attacha au service du Roy. Au reste , je dois
vous dire que je ne parle pas icy en Orateur qui ne pense qu'à
flater son sujet , celuy qui se presente n'a pas besoin de ces orne-
mens empruntez. Je vous rapporteray donc avec la plus scrupu-
leuse sincerité , ce que j'ay appris de personnes incapables de tromper , mais témoins parfaitement desinteressez & oculaires de tout
ce que vous allez lire.

GILLES-CHARLES DE GRANGES DE SURGERES , Che-
valier , à present Marquis de la Floccliere , Capitaine des Vaisseaux
du Roy , commença à servir à l'âge de dix ans sous le nom de
de Granges. Il s'embarqua volontaire en 1672. sur le Vaisseau l'Excellent , son pere l'ayant confié à M. du Magniou qui le commandoit

doit, il fe trouva devant Solsbaye, à la Bataille qui fe donna contre les Hollandois commandez par l'Amiral Ruyter. L'année fuivante il s'embarqua fur le même Vaiffeau & fous le même Capitaine ; il fe trouva pendant cette Campagne aux trois Combats qui furent donnez aux Hollandois : au premier il perdit un œil, par un éclat d'un coup de Canon. Enfuite il fit trois Campagnes auffi volon-taire, avec M. de Château-Regnault , lors Chef d'Efcadre & à prefent Maréchal de France, la premiere dans le Vaiffeau l'*Illuftre*, la feconde dans le *Prince* , & la troifiéme dans le *Bon* , pendant lef-quelles il fe trouva à plufieurs Combats , & à celuy contre l'Ef-cadre Hollandoife qui fut forcée de relâcher à Plimout; dans tou-tes lefquelles actions il s'attira l'éftime du General, comme il paroît dans le Certificat qu'il en a eu du 5. Juin 1675. Il paffa enfuite dans la Mediterranée & s'embarqua toûjours Volontaire, avec fon premier Capitaine M. du Magnyou , & pendant la guerre de Sicile, il fe trouva à plufieurs detachemens fous le Marquis de Preüilly; aux Sieges de l'Efcalete , de Taormine & d'Augoufte , où il fervit d'Enfeigne dans le Vaiffeau *le Fier*.

En 1680. il y eut une Promotion dans la Marine , & comme il n'étoit pas Garde-marine , il ne fut pas fait Enfeigne : quelque temps aprés M. de Tourville, de Château-Regnault & du Magnyou reprefenterent au Roy fes fervices, & affurerent Sa Majefté, qu'il s'étoit fi fort diftingué , tant par fa valeur que par fa conduite & capacité, qu'il meritoit qu'Elle luy fit la grace de le faire Enfei-gne par diftinction , quoyqu'il n'eût pas été Garde-marine , ce que le Roy luy accorda.

En cette qualité, il fit plufieurs Campagnes fur differens Vaif-feaux , tant en l'Amerique qu'ailleurs, & fut de plufieurs deta-chemens fous differens Commandans. En 1683. le Roy luy donna une Compagnie d'Infanterie de Marine ; il n'y en avoit alors que trois en chaque Port, ce qui fut une diftinction digne de remar-que , d'autant qu'il n'étoit qu'Enfeigne , & qu'il n'y a que luy & M. de S André, aufquels le Roy ait fait cette grace, n'en donnant qu'aux Lieutenans. La même année, au Bombardement d'Alger commandé par M. du Quefne , il étoit Enfeigne fur le Vaiffeau *le Hafardeux*, commandé par M. de S. Mars-Colbert. Il donna en cette occafion une preuve fignalée de fa capacité & de fon courage. Une nuit étant detaché avec la Chaloupe du Vaiffeau , pour la garde des Galliotes à Bombes , les Algeriens attaquerent une des Galliotes avec une de leurs Galeres & plufieurs Brigantins, s'en étant aperçû quoy que fort éloigné, il y alla diligemment, & en abordant il y trouva les ennemis le fabre à la main , montez fur le devant de la Galiotte : il y entra & fe joignit au Sieur de Gom-baut qui en étoit Lieutenant , le Capitaine ayant été tué, & s'é-tant joints , ils chargerent fi vivement les ennemis, qu'ils les re-pousferent & les contraignirent de fe retirer. La Galiotte étant

B

hors de danger , il s'en retourna à son poste, quoyque tres-foible, par la perte de la plus grande partie de ses Soldats. M. de Gombaut ayant été rendre compte au General de ce qui s'étoit passé pendant la nuit & du danger extrême qu'il avoit couru , luy dit l'obligation qu'il avoit à un Officier qu'il ne connoissoit point, mais qu'il croyoit qu'il le reconnoîtroit s'il le voyoit, l'aïant bien remarqué à la lueur du feu du Canon & des fusils, au travers de laquelle il l'avoit vû. Sur quoy le Chevalier de Fourbin , à-present Chef d'Escadre , alla à bord du Vaisseau le *Hazardeux* , sçachant que l'Enseigne étoit de ce detachement , & qu'il étoit capable de l'avoir fait : Il le mena à M. du Quesne , & si-tôt que M. de Gombaut le vit , il dit : Voilà celuy qui nous a sauvez , je le reconnois parfaitement , & ayant fait le détail de ce qu'il luy avoit vû faire , M. du Quesne l'alla embrasser , & l'assura qu'il rendroit compte au Roy de l'action hardie & importante qu'il venoit de faire , & qui avoit si bien paru au travers d'une nuit si obscure.

Au retour d'Alger , Sa Majesté informée de l'action qu'il y avoit fait , le fit Lieutenant seul, par distinction , pour le recompenser de l'important service qu'il avoit rendu ; pendant qu'il a été Lieutenant il a toûjours servy sous le Marquis de Villette Lieutenant General.

En 1690. il étoit dans l'Armée commandée par le Comte de Tourville depuis Marêchal de France, qui gagna la Bataille dans la Manche contre les Anglois & Hollandois. M. de Villette rendit témoignage qu'il avoit part au gain de cette Bataille , par la bonne manœuvre qui fut faite en suivant son conseil.

Au mois d'Août suivant, il fut detaché pour commander une des Compagnies de Grenadiers , sous les Ordres du Comte d'Estrées à present Marêchal de France. Ils mirent pied à terre à Tingmout en Angleterre , & aprés s'en être rendus maîtres & avoir brûlé les Vaisseaux qui étoient dans le Port , les Troupes se retirerent & il fit l'Arriere-garde avec le Comte de Chavigny devant les Troupes des ennemis qui les suivirent & qui n'oserent les attaquer.

En 1692. il fit la campagne dans le Vaisseau l'*Ambitieux* commandé par M. de Villette , & se trouva à la Bataille donnée par M. de Tourville , il y fut blessé à la jambe. Le General aïant été obligé d'abandonner son Vaisseau à Cherbourg étant entierement ruiné , il passa sur le Vaisseau de M. de Villette , où ces Generaux aïant deliberé de le faire brûler , M. de Soyon & luy proposerent de prendre la Chaloupe & d'aller à terre , ne convenant pas d'exposer les Pavillons d'Amiral & de Vice-Amiral, pour être pris par les Ennemis , & qu'ils se chargeoient de retirer ce Vaisseau le plus beau qu'eut le Roy, fondés sur ce qu'il étoit si bon voilier , que les gros Vaisseaux des Ennemis ne le pourroient joindre , & que les autres n'oseroient l'aborder ni se trouver en son chemin. Les Generaux accepterent la proposition avec beaucoup de loüanges , étant prêts de partir , les Generaux changerent d'avis & refolurent de fauver le Vaiffeau ou de perir tous enfemble, & allerent échouër à la Hougue avec onze autres Vaiffeaux. Le lendemain, les Generaux voyant qu'il n'y avoit aucune reffource pour fauver ces douze Vaiffeaux , & que les Ennemis qui en étoient à une portée de Canon , avoient detaché des Brulots efcortés de Chaloupes, pour s'en emparer ou les brûler, ils firent promptement débarquer les équipages , & ordonnerent de mettre le feu à tous les Vaiffeaux , ce qui fut fait. Le Vaiffeau l'*Ambitieux* qui fervoit d'Amiral étant le plus prés des Ennemis , ils tâchoient de s'en rendre les maiftres , & pendant que M. de Caumont & le Chevalier de la Roche-Allart combatoient chacun dans leur Chaloupe, contre celles des ennemis , M. de Granges & de Soyon, reftés feuls fur le Vaiffeau, avec un Officier Marinier , y mirent le feu , & M. de Granges étant defcendu dans la foffe aux Cables, raffembla tout ce qu'il put de plus combuftible, mit deffous quatre boëtes de bois, dans chacune defquelles il y avoit une gargouce de trente-fix livres de poudre , y mit le feu & remonta en haut, où luy & M. de Soyon chargerent de mitraille un Canon de 36. & le tircrent fi à propos fur les Chaloupes des Ennemis, qu'elles fe retirerent toutes ; ce qui fit croire aux Generaux qu'ils ne reviendroient plus , & par la grande envie de fauver ce Vaiffeau, ils envoyerent M. de Chavagnac Ayde Major leur dire d'éteindre le feu s'il fe pouvoit. Cet Officier étant monté fur le Vaiffeau , ils travaillerent tous quatre à l'éteindre ; M. de Granges defcendit dans la foffe où étoit le feu , fur lequel on jettoit de l'eau & des hardes moüillées, & lors fe fouvenant des boëtes qu'il avoit mifes, il fe jetta deffus toute la matiere en la preffant pour étouffer diligemment le feu, crainte qu'il ne fût à la poudre. Il réuffit , & aïant éteint le feu , il rapporta une de ces boëtes où on vit que le feu avoit fait impreffion tout au tour, ce qu'il fit voir à Mrs de Tourville, de Villette & de Coëtlogon , qui étoient venus dans leur Chaloupe au pied du Vaiffeau, donner des loüanges aux Officiers qui l'avoient fauvé, & s'en retournerent à terre.

Peu d'heures aprés les Ennemis revinrent attaquer le Vaiffeau : les Generaux & le Sieur Renaut Capitaine retournerent dans le même Canot & crierent de remettre le feu, ce qui étoit difficile à caufe de la quantité d'eau que l'on avoit jetté au dedans. M. de Granges & l'Officier Marinier defcendirent dans la même foffe. La chofe preffant , ils feparerent tout ce qui fe trouva moüillée & raffemblerent ce qu'il y avoit de fec, avec ce que leur jetterent les deux Officiers reftés en haut, ils remirent le feu & fe retirerent : l'Officier Marinier monta le premier , M. de Granges accablé de fatigue , aïant peine à fe foûtenir fur fa jambe & furpris de la fumée , fe trouva foible & ne put monter : M. de Soyon s'étant apperçu du danger preffant où il étoit , fe pancha pour luy donner la main pour le retirer , & ne pouvant l'atteindre , fe fit prendre aux deux jambes, dont l'une étoit de bois, par les deux autres Officiers, & étant ainfi la tête en bas, il le prit par le col de fa vefte, le tira & le fit monter par ce fecours, fans lequel il feroit peri. Etant en haut, ils fongerent à fe retirer & preparoient des pieces de bois pour fe mettre deffus, n'aïant point de Chaloupe, lorfque les Generaux voyant le feu au Vaiffeau, allerent eux-mêmes dans leur Chaloupe retirer ces Officiers, qui meritoient ce fecours aprés avoir fi bien fervy, & pour mieux dire, aprés avoir abandonné leurs vies pour le Roy; ils arriverent à propos & les retirerent, dans le temps que les Ennemis montoient fur le Vaiffeau, où ils refterent peu, crainte de fauter avec. Les Generaux aïant été temoins de la manœuvre de M. de Granges, & du peril auquel il s'étoit expofé, en rendirent compte à Sa Majefté qui lui donna une gratification, pour luy marquer qu'elle étoit contente de fes fervices.

L'année 1693. il fervit fur le Vaiffeau le *Merveilleux*, fous M. de Villette, il ne s'y paffa rien de remarquable.

En celle de 1694. au mois de Fevrier, il fut fait Chevalier de Saint Loüis.

Il fit la Campagne fuivante fur le Vaiffeau le *Vainqueur* commandé par M. de Villette. Ils pafferent dans la Mediterranée fous les ordres de M. de Château-Regnault pour aller joindre M. de Tourville General de l'Armée. En paffant devant Tortofe, aïant moüillé à deux lieuës des Alfages, on vit quatre gros Vaiffeaux d'Efpagne, qui allerent échoüer fous un petit Fort. M. de Château-Regnault voulant les attaquer, alla luy-même au Vaiffeau de M. de Villette luy dire, qu'il ne vouloit pas hazarder mal à propos un Vaiffeau du Roy, qu'il vouloit faire fonder autour des Vaiffeaux Efpagnols, & qu'il étoit venu exprés luy demander M. de Granges fe fiant entierement à luy. Le Chevalier de la Roche-Allart y alla Volontaire, quoyqu'il fût Capitaine, il joignit M. du Challart fur la Fregatte *l'Heroïne*, & ils s'approcherent des Ennemis, lefquels croyant que c'étoit un Brulot, abandonnerent leurs Vaiffeaux. & fe retirerent à terre, aprés y avoir mis le feu, qui fit trés-peu d'effet à celuy du Commandant, lequel étoit de 80. Canons. M. du Challart fe retira au large hors de la portée de la moufqueterie dont la Côte étoit bordée, & M. de Granges alla dans fa Chaloupe & monta fur le Vaiffeau ennemy, où il trouva le maiftre Canonier, qui avoit été bleffé en mettant le feu & abandonné des fiens, & qui luy dit: qu'il étoit étonné que le Vaiffeau n'eût pas fauté en entier, aïant mis des mêches de tous côtés. Il le fit porter dans fa Chaloupe, le mena à M. du Challart, & voyant qu'il ne paroiffoit rien au Vaiffeau, il y retourna pour fçavoir fi le maiftre Canonier avoit dit vray. Il defcendit à la foffe aux Lions qu'il trouva trés-feche, & étant remonté, il voulut faire monter fes Matelots pour mettre le feu aux voiles; mais à caufe du du rifque qu'il y avoit, étant à la portée du fufil des Ennemis qui tiroient fans ceffe, tous refuferent; ce qui fit qu'il monta lui-même au haut du mas de mifenc & fe mit fur la vergue du petit hunier, ce que voyans fes Matelots, ils monterent tous, deployerent les voiles & y mirent le feu. Pendant qu'il étoit fur cette vergue, elle fut coupée fous lui d'un coup de Canon du petit Fort, il fe tint à la corde, & en cet état lui & les fiens effuyerent la Moufqueterie des ennemis, dont cependant il n'y eût qu'un bleffé; il defcendit lorfque le feu fut bien allumé & rentra dans fa Chaloupe. Etant un peu éloigné, il s'apperçût qu'il lui manquoit trois de fes Matelots: malgré le danger, il retourna les chercher, remonta fur le Vaiffeau, les trouva qui pilloient & les ramena. Par fon experience & parfaite connoiffance, il garantit fa Chaloupe d'être écrafée & enfevelie par les debris du Vaiffeau, ayant jugé qu'il falloit aller droit au vent, ce qu'il fit, quoi qu'il fallut effuyer beaucoup de coups de Canon & de Fufils, dont le Chevalier de la Roche-Allart fut tué avec plufieurs Matelots; le Vaiffeau fauta & couvrit tous les environs de fes débris, hors du côté de la Chaloupe.

Son action & fa manœuvre, faite à la vûë des Vaiffeaux du Roy, lui attirerent une grande eftime, le General en fit rendre compte au Roy par M. de Chapufeau Major General de l'Armée. Sa Majefté trouva l'action fi éclatante, qu'elle le fit Capitaine & voulut que la raifon en fut inferée dans la Commiffion du premier Juin 1694. dont voicy les termes;

LOUIS PAR LA GRACE DE DIEU, &c. A nôtre cher & bien amé le fieur de Granges Chevalier, &c. Salut: Le zele & le courage que vous avez fait paroître pour nôtre Service au brûlement de quatre Vaiffeaux Efpagnols, fur les Côtes & dans les Alfages de Tortofe, par les Vaiffeaux commandés par le fieur Comte de Château-Regnault, Nous conviant à vous donner de nouvelles marques de la fatisfaction que Nous avons, &c. Nous avons eftimé que Nous ne pouvons vous en donner de plus effentielles, qu'en vous faifant Capitaine de l'un de nos Vaiffeaux de Guerre, &c.

En envoyant cette Commiffion à M. de Tourville, Sa Majefté luy ordonna de faire affembler les Officiers de l'Armée, pour leur dire, qu'elle faifoit Capitaine le fieur de Granges, en confideration de l'action diftinguée en courage & en bonne conduite qu'il venoit de faire aux Alfages de Tortofe, & qu'ils priffent exemple fur luy.

L'hyver fuivant, il commanda le Vaiffeau *le Fourbe*, pour garder les Côtes, & enfuite *le S. Jean d'Efpagne*, pour la même fonction, & la Campagne d'aprés il alla Colonel en fecond, d'un Bataillon pour fervir en Normandie, fous les ordres du Marêchal de Choifeüil.

Au retour il commanda la Fregatte *l'Amphitrite*, pour continuer de garder les Côtes, & le Vaiſſeau *l'Emporté*, & continuant dans cette fonction, il commanda le Vaiſſeau *le Nieuport*, avec lequel il ôta à un Corſaire Biſcayen, une priſe qu'il avoit faite à l'entrée de la Riviere de Bordeaux, dont la manœuvre pour y réüſſir fut ſi belle & ſi rare, le vent luy étant contraire, & favorable au Corſaire, meilleur voilier que ſon Vaiſſeau, que M. de Pontchartrain Secretaire d'Etat luy en écrivit une Lettre trés-gracieuſe de la part du Roy.

Pendant tout le temps qu'il a été chargé de la garde des Côtes, les Ennemis n'y ont pris aucune choſe.

En 1697. il ſervit dans le Vaiſſeau *l'Heureux*, & l'année ſuivante, avec M. le Marquis de la Galiſſoniere. Puis au retour, la Paix étant faite, il eut ordre d'aller aux Sables d'Olonne, y commander la Marine ſur les Côtes de Poitou & Iſles adjacentes ſous le Marêchal d'Eſtrées, & enſuite ſous le Marêchal de Chamilly, où il a reſté tout le temps qu'on a eu beſoin d'un Commandant, pendant lequel temps il a épouſé Mademoiſelle de Puiguyon.

Vous venez de voir, Meſſieurs, une relation toute unie & des plus ſimples, à laquelle les plus habiles n'auroient pas manqué d'ajoûter beaucoup d'embelliſſemens ; mais telle que je vous la preſente, elle ne vous plaira pas moins, puiſque ſans doute le portrait eſt d'aprés nature, & j'eſpere que vous ayant toûjours vûs penetrés de reſpect & de tendreſſe pour M. vôtre Pere, nous verrons s'augmenter en vos ames ces ſentimens tendres & reſpectueux, à preſent que vous connoiſſez l'étenduë de ſon merite, aprés quoy vous comprendrez ſans peine, avec qu'elle attention vous devez étudier cet excellent modele, pour travailler à luy être reſſemblant, perſuadés que cette obligation vous eſt eſſentielle, étant de la nature & même de la Religion.

Si je juge des mouvemens de vôtre ame, par le feu qui brille dans vos yeux, je dois me perſuader que vous attendez de moy quelque choſe de plus ; vous deſirez d'apprendre ce que je ſçay de divers évenemens, qui pourront enrichir l'Hiſtoire de ce qui eſt arrivé à M. vôtre Ayeul, depuis qu'il a commandé dans les Armées du Roy. Je ne dois pas vous le laiſſer ignorer, la choſe vous eſt trop importante : afin que ſans chercher ailleurs, vous puiſſiés être inſtruits de quelle maniere il faut s'acquiter de ce que l'on doit à ſon Roy & à ſa Patrie, mais ſur tout comment on peut rendre ſon devoir au ſouverain Maître des Roys. Cette attention religieuſe fut toûjours le principal objet de M. le Marquis de Puiguyon. C'eſt ſur ce grand principe que roule l'éducation qu'il pretend vous donner, afin que vous ne puiſſiez jamais vous écarter des regles ſaintes que vous preſcrit l'auguſte & divine Religion dans laquelle vous êtes élevés.

Que n'aurois-je point à vous dire, s'il m'étoit libre de vous ra-
conter tout ce qui la-deſſus eſt venu à ma connoiſſance ? La maniere modeſte qui ſe remarque dans des Memoires écrits de ſa
main, où il ſemble qu'il n'a pas de part, & le ſilence exact qu'on
luy voit obſerver, ſur ce qui luy eſt arrivé de plus avantageux,
qui pourroit luy attirer de trés juſtes applaudiſſemens, pendant
qu'il marque avec tant de ſoin les faits qui peuvent, contribuer
à la gloire & à l'avantage du Roy : tout cela bien conſideré de-
vroit me faire tomber la plume de la main crainte de luy deplai-
re. Mais ne pouvant me reſoudre à me taire, dans une ſi juſte occaſion de parler, ce ſera vous qui calmerez ſon reſſentiment, luy
faiſant entendre que je n'ay pû vous refuſer la connoiſſance des
choſes qui ſont ſi interreſſantes pour vous, je ne fais que repeter
ce que la juſtice & l'amour de la verité ont fait dire à une infini-
nité d'Officiers, qui ont eu l'avantage de ſervir ſous luy, lorſqu'il
étoit Colonel & depuis qu'il a été Officier General.

FRANCOIS DE GRANGES DE SURGERES, Marquis de
Puiguyon & de la Floceliere, Lieutenant General des Armées du
Roy, fut Cornette de la Compagnie du Chevalier de Gaſſion, au
commencement de l'an 1672. Au mois d'Octobre de la même année, il fit une Compagnie de Cavalerie, & en 1673. il ſe trouva
au Siege de Maeſtrikt, étant des Troupes qui l'inveſtirent.

En 1674. il fut du detachement qui alla joindre le Marêchal de
Bellefons au Siege de Navagne. Enſuite il ſe trouva à la Bataille
de Senef, & après que Monſieur le Prince de Condé eut forcé le
Prince d'Orange de lever le Siege d'Audenarde, il envoya en Al-
lemagne le Regiment où étoit ſa Compagnie. Il ſe trouva à la
Bataille de Turkeim donnée la veille des Roys 1675.

Il fit la Campagne ſuivante en Allemagne, & fut au Combat
de Altheneim.

L'hyver ſuivant, il reſta en quartier en Loraine & fut du detachement de trente Maîtres par Compagnie de toutes les Troupes
de la Frontiere, commandées pour conduire un renfort & de l'argent à Philiſbourg. Y aïant eu un contre-ordre, les Troupes reſterent dans la Loraine Allemande, où il commanda cinq cens Chevaux, dans un Poſte prés de Bichen qui luy fut confié, pendant
tout le temps que les Troupes reſterent dans cette Frontiere.

Il fit la Campagne en Allemagne en 1676. En 1677. il reſta en
Alſace, & lorſque les Troupes marcherent pour attaquer le Prince de Saxe-Eyſenack retranché à Huningue, il fut detaché avec
le Comte de la Mothe-Houdancourt Meſtre de Camp, pour forcer les Poſtes & Gardes des Ennemis. Aïant appris en chemin,
qu'ils étoient au fourage, ce detachement y marcha, & quoyqu'in-
ferieur de moitié, les Eſcortes des Ennemis étant raſſemblées &
venuës au devant furent forcées & obligées de ſe retirer avec leurs

Fourageurs, au travers des Terres des Suisses pour se sauver, & rentrer dans leur Camp, & il leur fut pris un grand nombre de Cavaliers. Il eut beaucoup de part dans cette affaire, aïant soûtenu qu'il l'a falloit faire, quoyque le Lieutenant Colonel de Dragons & le Major de Cavalerie (qui de ce temps là, faisoit la fonction de Lieutenant Colonel) qui y étoient, s'y opposassent. Le temoignage que le Comte de la Mothe rendit de cette Action en faveur de M. de Puiguyon, fit voir qu'il eut raison de prendre le party qu'il suivit.

Peu de temps après, le Prince d'Eysenack fut forcé de passer le Rhin, & les Troupes du Roy l'aïant suivy, M. de Puiguyon se trouva du detachement qui l'attaqua au dessous de Willstet, & le contraignit de se sauver à Strasbourg.

Après avoir repassé le Rhin, il se trouva à l'affaire de Cokesberg & au Siege de Fribourg, d'où étant allé en Quartier en Loraine, il fut detaché pendant l'hyver avec trente Maîtres par Compagnie du Regiment où il étoit, qu'il commanda, & alla joindre les autres détachemens, sous les ordres du Comte de Choiseüil, qui fit comme s'il avoit voulu investir Luxembourg.

Il fit la Campagne suivante 1678. dans l'Armée d'Allemagne, & la Paix étant faite, il resta en garnison à Brisack. Il en fut detaché au mois de Novembre 1679. avec sa Compagnie & deux Compagnies de Grenadiers qu'on luy donna, pour aller faire payer les Contributions dans les Montagnes Noires, occupées par les Troupes Imperiales, qui en fermoient les Passages; il s'y conduisit si bien qu'il passa & executa les ordres qu'il avoit, ce qui ne s'étoit pû faire auparavant.

En 1680. Il fut du Camp en Flandres, où le Roy vit les Troupes prés de Condé. L'année suivante, il campa pareillement en Flandres, d'où le Regiment, où étoit sa Compagnie, alla à Thionville, & après que le Roy y eut passé, venant de se rendre maître de Strasbourg, il fut au blocus de Luxembourg, pendant lequel il commanda dans le Poste & Château d'Aspeld, & le Roy aïant fait lever ce blocus & fait retirer les Troupes, il ne campa point cette année 1682.

En 1683. il campa sur la Saonne, où sa Majesté vit les Troupes; il fut du nombre de ceux ausquels Elle donna des gratifications, pour marque qu'Elle étoit contente de leurs Compagnies & de leurs services. À la sortie de ce Camp, il alla à Arlon, & l'Espagne declara la Guerre. Etant par tout attentif pour le service du Roy, il envoyoit continuellement à Luxembourg un Cavalier de sa Compagnie, qui étoit Allemand, pour sçavoir ce qui s'y passoit; lequel aïant appris; qu'un detachement en devoit sortir la nuit, pour aller enlever quatre Compagnies de Dragons du Regiment du Roy, qui devoit coucher dans un Village à deux lieuës de Luxembourg, il en vint diligemment avertir son Capitaine, qui le
dit

dit au Marquis de Lambert, Commandant dans cette Frontiere, lequel marcha dans le moment avec toutes les Troupes & arriva fort à propos. Les Ennemis qui étoient prêts d'attaquer, ayant vû le secours se retirerent, ainsi M. de Puiguyon sauva ces Compagnies.

La Campagne suivante 1684. il se trouva au Siege de Luxembourg, & il la finit en Flandres, où une Treve fut accordée. En 1685. il campa sur la Saonne, & les années suivantes 1686. & 1687. il campa sur la Doure en Gascogne. En 1688. il commença le Camp sur la Saonne & le finit sur la Meuse.

La guerre aïant été declarée sur la fin de cette année, il fit la Campagne de 1689. dans l'Armée de Flandres, à la fin de laquelle, le Roy le fit Lieutenant Colonel du Regiment de Cavalerie de Vaillac, où il ne resta qu'un an, & eut le Regiment de Cavalerie de Vandeuvre, auquel il donna le nom de Puiguyon, & servit en Flandres pendant la Campagne de 1691.

En 1692. il fut au Siege de Namur, & aprés sa prise, il joignit l'Armée, & étant à la premiere ligne de la droite, il soûtint l'Infanterie à Steenkerke, sans avoir eu l'occasion de charger l'Ennemy. A la fin de cette Campagne il fut detaché avec son Regiment pour aller au Bombardement de Charles-Roy, pendant lequel il fut chargé de la garde des Passages de la Sambre, au dessus de Charles-Roy, jusqu'à Thuin.

Dans la Campagne de 1693. il fut à la Bataille de Nervinde, où son Regiment se distingua, aïant attaqué avec le Regiment de Montrevel la droite des Ennemis, laquelle ils forcerent d'abandonner son terrain, & de se retirer en desordre au delà de la riviere de Géette, ce qui obligea le Roy d'Angleterre & l'Electeur de Baviere d'amener des Troupes au secours. Le Comte de Montrevel aïant été tué, il rallia les deux Regimens auprés du Château de Wange, qui étoit le Quartier de l'Electeur, & n'aïant été suivy d'aucunes Troupes, il ne put garder le terrain qu'il avoit gagné. Les Troupes ennemies, qui s'étoient retirées au delà de la Géette, retournerent, voyant le secours qui leur venoit & que leur terrain n'étoit plus occupé, si bien qu'il se trouva au milieu des Ennemis, ce qui luy fit prendre le party de passer au travers. S'étant mis en marche, un Regiment ennemy se detacha, pour l'attaquer en flanc. Tout ce qu'il avoit rallié ne composoit qu'un gros Escadron, ce qui l'obligea de se detourner pour aller à l'Ennemy, qui aïant fait sa decharge & plié, il jugea qu'il ne falloit pas le suivre. Il fit donc retourner & reprendre la route, pour aller à ceux qui se joignoient pour l'empêcher de passer, il les força, passa au travers, & alla rejoindre les Troupes qui étoient restées en Bataille au delà du ruisseau de Laer, les deux Regimens aïant chargé plusieurs fois & essuyé le feu des Ennemis pendant long temps. Il ne resta dans son premier Escadron que vingt quatre Cavaliers, & dans sa Compagnie qu'un seul,

D

& dans son second vingt six ; les deux autres Escadrons, (y en aïant pour lors quatre dans son Regiment, les Compagnies étant de cinquante Maîtres) n'y étoient pas. Dans ceux de Montrevel, il en resta environ trente cinq en chacun, les autres aïant été tués, ou restés blessez sur le champ de Bataille, il fut seul de son Escadron qui ne fut pas blessé. Cette affaire causa un grand desordre parmy les Ennemis. Ils furent obligés de degarnir leur corps de Bataille pour retablir leur droite. Le Roy en fut instruit par M. Dalbergoty, envoyé pour luy en apprendre le détail, & qui pour s'en mieux instruire avant de partir, alla sur le champ de Bataille avec le Marêchal de Villeroy, qui y mena le Comte de Broüay Officier General des Ennemis, lequel étoit prisonnier & dont le Poste étoit à leur droite. Ce General fit le détail de ce qu'avoient fait les Regimens de Montrevel & de Puiguyon, & il dit, que le desordre qu'ils causerent à leur droite, alla jusqu'à leur Parc d'Artillerie & de munitions, & qu'il fut abandonné & tous les Chevaux emmenés à Louvain, ce qui fit que leurs Troupes manquerent de munitions à la derniere attaque, & il soûtint au Marêchal de Villeroy que s'ils en avoient eu, ils n'auroient pas été forcez, leurs Troupes aïant repris cœur, en reprenant leurs Postes.

Ainsi on peut dire que cette action a contribué au gain de la Bataille. Sa Majesté repondit lorsqu'on luy fit ce détail, qu'il falloit que M. de Puiguyon eût bien retabli son Regiment, étant le plus mauvais de sa Cavalerie quand il l'eut, & Elle fut si contente de ce qu'il avoit fait, qu'Elle luy donna le Regiment de Cavalerie de Monseigneur le Duc de Bourgogne, & le fit Chevalier de l'Ordre de S. Loüis.

Il fit la Campagne de 1694. en Flandres, dans l'Armée commandée par Monseigneur le Dauphin. Etant au Camp de Vignamont & connoissant la consequence de sçavoir le temps du decampement du Roy d'Angleterre, il envoyoit tous les jours au Camp ennemy, une femme Allemande mariée dans son Regiment, laquelle apporta la premiere nouvelle de la marche de l'Armée ennemie; ce qui donna lieu à Monseigneur le Dauphin de marcher dans le moment, quoyque la droite de son Armée fût au fourage au delà de la Meuse, où elle devoit coucher, & par cette diligence il arriva à Espierres sur l'Escaut, dans le même temps que le Roy d'Angleterre y arrivoit de l'autre côté, pour y passer.

L'année suivante, il fit la Campagne dans la même Armée, & l'hyver aprés, le Roy le fit Brigadier.

Il servit dans l'Armée qui étoit sur la Sambre au commencement de la Campagne de 1696. & étant inutile, elle fut separée; il resta avec le Marquis de Harcourt, qu'il suivit en Allemagne pour secourir le Marêchal de Choiseüil.

Il fit la Campagne suivante sous les ordres du Marquis de Har-

court , pendant laquelle la paix fut concluë , & l'année d'aprés il
fervit au Camp de Compiegne.

En 1701. il paſſa la Campagne dans le Pays de Luxembourg,
fous les ordres du Comte de Tallard. Il devoit fervir en Allemagne en 1702. & ſon Regiment y étoit, mais Monſeigneur le Duc
de Bourgogne commandant l'Armée de Flandres le voulut avoir.
Il partit d'Alſace au mois de May & joignit l'Armée la veille du
jour que celle des Hollandois fut forcée de ſe jetter dans Nime-
gue & dans les foſſez & dehors des Fortifications pour ſe ſauver.

L'hyver ſuivant , le Roy luy donna une Commiſſion, pour commander la Cavalerie dans l'Armée commandée par le Marêchal de
Tallard, avec les mêmes prerogatives du Colonel General. Il ſui-
vit ce Marêchal qui alla faire lever le Siege de Traerback , & de
là paſſa en Alzace , où Monſeigneur le Duc de Bourgogne vint
prendre le commandement de l'Armée ; il ſe trouva au Siege de
Briſack. Pendant cette Campagne , Monſeigneur le Duc de Bourgogne luy fit la grace de luy donner les premieres entrées, aprés
ſon départ, il alla au Siege de Landaw & fut à la Bataille de Spire. Il y fut dangereuſement bleſſé de pluſieurs coups de ſabre, qui
le mirent dans un état qu'il fallut l'emporter. Son fils unique &
le ſieur de S. Laurens ſon neveu , furent tués auprés de luy, à la
tête de leurs Compagnies ; le Regiment de Monſeigneur le Duc
de Bourgogne s'y diſtingua , aïant ſoûtenu le feu de l'Infanterie
ennemie ſans s'ébranler , & l'aïant aprés chargée & renverſée , il
chargea & renverſa tout de ſuite , la Cavalerie qui la ſoûtenoit,
ſes Eſcadrons s'étant bien maintenus ſans ſe rompre ni ſe mêler,
qu'avec les Ennemis qu'ils mirent en deroute. Il rendit en cette
occaſion un ſervice eſſentiel au Roy , qui eſt, que le Lieutenant
General qui commandoit la gauche , marchoit en Colomne au
trot & au galop , & étoit à portée de charger l'Ennemy qui étoit
en Bataille, ce qui l'obligea de dire à M. d'Imecourt Marêchal de
Camp, que ſi l'on ne faiſoit alte pour attendre l'Infanterie, qui
étoit à plus d'une lieuë , qu'on alloit perdre l'Armée du Roy &
tout ce qui étoit au Siege de Landaw. Le conſeil fut ſuivi, & comme l'Infanterie n'étoit pas arrivée, pour s'oppoſer à celle de l'Ennemy, le Commandant de l'aile gauche l'envoya avec ſa Brigade,
au devant de l'Infanterie des Ennemis, qui étoit poſtée avantageu-
ſement , ce qu'il fit. La Cavalerie de la droite chargea , & quelque temps aprés celle de la gauche chargea auſſi ; mais voyant que
l'Infanterie du Roy n'étoit pas arrivée , & que s'il chargeoit , &
étoit repouſſé, il n'y auroit plus de reſource & que tout ſeroit perdu , n'aïant point de ſeconde ligne , il jugea qu'il falloit mieux
expoſer un peu les Regimens qu'il commandoit , pour donner le
temps à l'Infanterie de joindre, & il deffendit de charger. Pendant
ce temps, l'Infanterie ennemie fit un feu continuel , il luy en
coûta ſon fils & ſon neveu , ce qui réuſſit: car ſi tôt que l'Infan-

terie fut arrivée, il fit charger, les Ennemis furent mis en deroute, & la Bataille gagnée, il fut bleſſé, comme il a été dit, dans
la charge de la Cavalerie. Deux mois aprés le Roy le fit Marêchal
de Camp, & l'employa ſur la Moſelle, mais n'étant pas retabli de
ſes bleſſures, il ne joignit l'Armée qu'au mois d'Août de l'an 1704.
A la fin de cette Campagne, le Roy l'envoya commander l'hyver
à Tirlemont, & ſur la Frontiere du Brabant.

Il fit la Campagne de 1705. en Flandres, dans l'Armée commandée par le Marêchal de Villeroy. L'Armée étant poſtée ſur le ruiſ-
ſeau d'Iſch, Poſte qu'il avoit conſeillé, le General de l'Armée des
Ennemis y étant venu, fit marcher une Colomne au travers de la
Foreſt de Soignies, par le pavé de Groenendal chemin de Bruxelles,
où l'on crut qu'il vouloit aller : ce qui fit prendre le party d'y faire marcher l'Armée du Roy, & d'abandonner Louvain. Y aïant
déja des Troupes en marche, il repreſenta à ſon Alteſſe Electora-
le de Baviere, que ſi la marche des Ennemis étoit une feinte, on
perdroit les Pays-Bas, ſi l'on quittoit ce Poſte, que l'Armée ſeroit en riſque d'être miſe en deroute, ne devant pas douter qu'elle ſeroit attaquée, lorſqu'elle ſeroit dans les defilez de Leefdal, &
que la demarche qu'elle faiſoit devant l'Ennemy, la mettroit hors
d'état de le ſoûtenir : qu'il falloit être bien éclairci de leur deſſein
avant de partir, il en dit toutes les raiſons ; l'Electeur le mena au
Marêchal de Villeroy, & luy fit dire les mêmes raiſons qu'il luy
avoit dites, Monſieur le Marêchal en convint, & contre l'avis du
Marêchal de Marchin, qui vouloit aller à Bruxelles, il retarda
la marche. Peu de temps aprés, il fut reconnu, que c'étoit une
feinte que les Ennemis avoient faite, pour engager l'Armée du
Roy d'abandonner le Poſte qu'elle occupoit, qui n'étoit pas at-
taquable.

L'hyver ſuivant, il fut employé à Malines, & ſur la fin le Roy
luy permit d'aller chez luy, où il maria ſa fille aînée, avec ſon
couſin de même nom, qu'il prefera pour la conſervation de ſon
nom. Il ne rejoignit l'Armée qu'au mois de Juillet 1706. lorſqu'elle étoit raſſemblée ſur la baſſe Deulle, ſous les ordres de M. le Duc
de Vendôme, qui pendant que les Ennemis aſſiegeoient Menin,
envoya M. de Puiguyon à Comines, pour en ſoûtenir le Poſte, &
les lignes. Le tout étoit ſi mauvais & ſi expoſé, le Camp des Ennemis n'en étant qu'à une petite lieuë, que l'Electeur de Baviere
a dit pluſieurs fois, que tous les matins en s'éveillant, il s'atten-
doit d'apprendre qu'il avoit été enlevé. Aprés la priſe de Menin,
il ſortit de Comines, & alla à Lille pour commander les Troupes
reſtées ſur cette Frontiere, & empêcher l'établiſſement des Contributions, le Roy l'employa au même lieu pendant l'hyver.

En 1707. il fit la Campagne dans la même Armée commandée
par Monſieur le Duc de Vendôme, & l'hyver ſuivant, le Roy
continua de l'employer à Lille.

En

En 1708. il fervit dans la même Armée, commandée par Monſeigneur le Duc de Bourgogne. Au commencement du mois de Juin de cette année, Sa Majefté le fit Lieutenant General de ſes Armées. Monſeigneur le Duc de Bourgogne luy donna en cette occaſion des marques de l'eftime qu'il avoit pour luy, en luy envoyant le Marquis de Clermont l'un de ſes Aydes de Camp, pour luy mander de venir le trouver, voulant luy donner luy même la Lettre du Roy. Comme c'étoit à la fin du jour, & qu'il ſçavoit qu'il n'étoit pas en parfaite ſanté, la bonté que ce Prince avoit pour luy, ne s'en tint pas là : En ſe couchant, il ordonna au Marquis de Laigle Ayde de Camp, qui couchoit cette nuit dans ſon Antichambre, de luy dire de ſa part, de ne pas retourner pendant la nuit à ſon Quartier, qui étoit trop éloigné, & de luy donner ſon lit. On peut juger combien cette attention luy fut ſenfible & honorable.

L'Armée du Roy étant arrivée au Mont en Pevele, il propoſa de ſecourir Lille, en luy donnant ſix mille hommes, avec leſquels il ſeroit paſſé par la Baſſée, les Ennemis n'ayant aucun Poſte, ni retranchemens du côté de la Citadelle. Il ſeroit entré par la Porte du Secours, & par celle de la Barre, & tout d'un temps, il auroit traverſé la Ville, & ſeroit ſorti par les Portes de Saint Maurice & de la Magdelaine, & auroit enlevé les Troupes reſtées à la garde du Camp de l'Artillerie, & des munitions, pendant que la Garniſon auroit attaqué les gardes de la tranchée, ce qui étoit infaillible, & auroit fait lever le Siege, comme s'ils euſſent perdu la Bataille. Cette propofition ne fut pas ecoutée d'abord, enſuite l'on auroit voulu l'éxecuter, il ne fut plus temps, parce que les Ennemis y firent faire un retranchement, & y avoient mis beaucoup de Troupes.

Le ſecours étant ainſi manqué, il propoſa d'aſſieger Bruxelles où les Ennemis avoient aſſemblé toutes leurs munitions de bouche & de guerre, & 80. pieces de Canon. Le Comte de Bergheik, qui ſe trouva au Camp, lors que M. Chamillart y arriva, en fit connoître l'utilité, Monſeigneur le Duc de Bourgogne luy en donna la commiſſion, & il fut choiſi pour cette expedition, quoyque dernier Lieutenant General de l'Armée. On luy donna trente Bataillons, trente ſix Eſcadrons, vingt ſix pieces de Canon, quatre Mortiers, cinq Marêchaux de Camp, & les autres Officiers neceſſaires : il alla camper au delà de Brenne-le-Comte, pour attendre l'Artillerie. Cette année malheureuſe le devoit être en tout, la broüillerie qu'il y eut empêcha cette entrepriſe ; on n'envoya ni Artillerie ni munitions, on le rappella & les Troupes qu'il avoit, quelques inſtances & remontrances qu'il fit pour finir cette affaire. Il étoit aſſuré du ſuccés, quoyqu'il fût entré des Troupes dans la Ville ; il l'auroit infailliblement priſe, & cette priſe auroit fait lever le Siege de Lille : toute cette affaire eſt bien éclaircie par les

E

Lettres qu'il a confervées de Monfeigneur le Duc de Bourgogne, & de Monfieur le Duc de Vendôme.

A la fin de Septembre fuivant , Monfieur le Duc de Vendôme l'envoya dans le Poldre de Santfort, prés Oftende , avec quinze Bataillons, cinq Efcadrons de Dragons , & huit pieces de Canon , & enfuite il luy donna ordre de prendre un détachement de fon Camp , & d'aller affieger Leffingue occupé par les Anglois , & qui étoit inondé de toutes parts , ne pouvant réuffir , l'attaquant le Canal entre deux , il reprefenta à Monfieur le Duc de Vendôme qui étoit à Bruges , qu'il falloit faire un pont fur le Canal , & paffer les Troupes de l'autre côté , pour attaquer l'epée à la main , ne pouvant ouvrir aucune tranchée à caufe des inondations , & que s'il l'approuvoit , il falloit luy envoyer des Bateaux de Nieuport & 2500. hommes d'augmentation : Ce qui fut approuvé & executé : le pont fut fait la nuit du 27. Octobre , il paffa avec partie des Troupes au travers des eaux , força le Cimetiere & l'Eglife , & obligea les Ennemis de fe retirer dans le Fort qu'ils avoient fait , où il les força de fe rendre Prifonniers de guerre , au nombre de 1300. il y en avoit eu environ 80. tués.

Au mois de Decembre fuivant , le Roy luy donna ordre de renvoyer une partie des Troupes qui étoient aux environs de Bruges , pendant que les Ennemis affiegeoient Gand , l'ordre étoit avec des conditions de ne fe pas laiffer affieger dans Bruges , & auffi de n'en pas fortir avant la prife de Gand. Ordre difficile à executer , les Ennemis n'en étant qu'à fix lieuës , & pouvant furprendre par une feule marche de nuit ; cependant il le fuivit exactement , il ne fortit de Bruges qu'aprés la reddition de Gand , & il retira toutes les munitions , ayant pris des mefures pour le faire , quand même les ennemis y feroient venus. Le Roy fut trés content de ce qu'il avoit fait : on le voit par la Lettre que M. Chamillart Secretaire d'Etat luy écrivit de la part de Sa Majefté , pour l'en affurer.

Le Roy l'envoya à Ypres pour y commander pendant l'hyver , & dans cette Frontiere , il en fortit à la fin de May 1709. pour mener les Troupes à l'Armée qui s'affembloit en Artois. Il refta Commandant un Camp feparé jufqu'au mois d'Août , & joignit au deffous de Valenciennes l'Armée qui alla à Malplaqué , où les Ennemis l'attaquerent. Il étoit à la gauche de la Cavalerie , qui ne fut pas en fituation de pouvoir charger l'Ennemy , l'Infanterie s'étant retirée , & la Cavalerie de la droite enfuite , celle de la gauche fe retira la derniere fur deux Colomnes , il fit paffer celle qu'il conduifoit par le Village de Dom proche de la marche de la droite : il retira l'Artillerie qu'il fit paffer devant luy. On a dit que fi fon avis avoit été fuivy , cette affaire ne fe feroit pas paffée , comme elle fit , & que les Ennemis n'auroient ofé affieger Mons. Depuis le Roy luy a dit , qu'il avoit beaucoup d'eftime pour luy , & qu'il étoit trés content de ſes ſervices. Il avoit auſſi acquis l'eſtime de Monſeigneur le Duc de Bourgogne , & avoit connu qu'il n'avoit pas changé de ſentimens étant devenu Dauphin , & que les bontés qu'il avoit pour luy, avoient augmenté, dont il a des preuves dans les Lettres que ce Prince luy a fait l'honneur de luy écrire.

Ne vous y trompés pas , Meſſieurs , ces deux objets que je viens de vous montrer, ne ſont pas pour flatter vôtre ambition , ni pour vous inſpirer une fierté mal entenduë, comme ſi les traits que vous y remarqués étoient un merite qui vous fût propre. Je conviens qu'ils peuvent en quelque ſorte le devenir , & vous donner un relief dans le monde , ſi vous y conformés ſi exactement vos mœurs , que vous en paroiſſiez une veritable copie , j'oſe ſans crainte, aſſurer M. vos Parens , que vous en ſoûtiendrés la gloire , & que vous ferez même de nobles efforts pour l'augmenter. Je vous demande , par retour , de m'accorder une nouvelle application , pour lire ce que je vous ay promis , touchant la Genealogie & les Armoiries de vos Ayeuls. Les Memoires en ſont ſi autentiques par leur antiquité , & rapportés par des Auteurs ſi hors de ſoupçon , que la plus noire jalouſie ne ſçauroit trouver le moindre ſujet d'en conteſter la verité. Vous y verrez des preuves curieuſes & anciennes , & la Genealogie prouvée par des Actes qui ſont dans les Cartulaires des Abbayes & Monaſteres , & Annales Eccleſiaſtiques , dans les preuves de l'Hiſtoire des Comtes de Poitou de Beſly , par le celebre André du Cheſne , dans les Hiſtoires genealogiques des Maiſons de Chaſtillon-ſur-Marne & de Chaſteigner , & par des titres & ſceaux qui ſont conſervez dans le treſor de la Flocelière.

Les Armoiries ont toûjours été regardées comme la marque la plus illuſtre , & en même temps la plus certaine de la veritable nobleſſe , puiſque ce ſont elles qui font connoître mieux que toute autre choſe , l'antiquité & la grandeur d'une Maiſon, & qui diſtinguent un nom, d'avec un autre nom ſemblable.

Il faut connoître celles de la Maiſon de Surgeres, avant d'en faire la Genealogie. Les anciens Seigneurs de cette Maiſon portoient un écu de gueules fretté de Vair de ſix pieces , & pour contreſceau un échiquier , comme il ſe prouve par pluſieurs ſceaux qui ſe ſont conſervez d'eux, & qui ſont ſi anciens, qu'on oſe avancer , qu'il y a peu de Maiſons en France, quelques anciennes & illuſtres quelles ſoient , qui puiſſent en rapporter de plus anciens. Les Seigneurs de Granges , dont ſont iſſus M. de Puiguyon & de la Flocelière , ont toûjours été en poſſeſſion des mêmes Armes, auſquelles ils ajoûterent un chef d'or, chargé d'un lambel de trois pendans de ſable , pour marque qu'ils étoient ſortis d'un Puîné de cette Maiſon , quoyqu'ils euſſent été obligez pendant un temps , d'en quitter le nom pour les raifons qui feront cy-aprés deduites , & prirent pour devife *poft tenebras fpero lucem.*

De l'origine des Armoiries , & de l'ancienneté des noms de MAENGOT & DE SURGERES , il ne faut pas attendre des preuves par écrit , les plus grandes Maifons , les plus illuftres de l'antiquité , même les Souveraines , n'en fçauroient donner , & elles n'ont pour reffource, que les monumens échapez à la rigueur des temps , defquels je me fers pour prouver ce que j'avance de celles de la Maifon de Surgeres. Il n'y en a point de plus fideles que ceux que je rapporte , qui font les fceaux attachés aux Chartes , dont la copie ou extrait & leurs figures font inferez dans les preuves de la Genealogie.

Le fceau de l'an 1208. cy deffous reprefenté , eft d'un Cadet qui a une brifure d'un chef à cinq pendans , qui denote l'ancienneté de fes Armoiries.

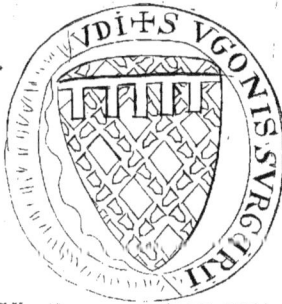

Le fceau attaché à la Charte de l'an 1217. eft du fils aîné , auquel il y a pareillement une brifure & fon nom écrit autour. Ce qui prouve , qu'il y avoit dans cette Maifon une grande attention pour leurs Armoiries , & un grand refpect pour leurs chefs, puifque le fils aîné ne les portoit pas en plein , pendant que fon pere vivoit.

Les

Les fceaux & contrefceaux attachez à la Charte de 1268. dont celuy de l'aîné a d'un côté fon écu en plein , & de l'autre un homme à cheval armé de toutes pieces , aïant l'épée nuë à une main, & fon écu chargé de fes Armoiries à l'autre , fon cheval caparaffonné, parfemé de fes Armoiries.

Le fecond fceau de cette Charte , eft de la femme de l'aîné, qui étoit de l'ancienne Maifon de Chevreufe. Il reprefente d'un côté une femme vêtuë d'une robe fourée de Vair , aïant un oifeau fur le poing , & de l'autre l'écu des Armes de Surgeres, & non celuy des fiennes.

Le troifiéme fceau eft du frere puîné , qui a d'un côté l'écu de fes Armes , avec une brifure d'un chef à cinq pendans, & de l'autre un homme à cheval armé , avec l'épée à une main,

F

& l'écu de ſes Armoiries dans l'autre , & le cheval caparaſſonné & parſemé de Vair , ainſi que celuy de ſon aîné.

Le quatriéme eſt d'un ſecond frere cadet , qui n'a point de contreſceau & qui a une briſure differente du premier cadet , n'aïant qu'un chef.

Ces diſtinctions font voir le reſpect ſubordonné qu'ils avoient les uns pour les autres , & qu'ils étoient perſuadez, que leurs Armoiries meritoient cette attention , qu'elles étoient anciennes & leur venoient pour quelque raiſon de diſtinction. Les autres ſceaux & contreſceaux ſont repreſentez au pied des Actes où il en eſt reſté d'attachez qui ſont dans les preuves. J'en rapporte peu de la Branche aînée , n'ayant que ceux qui ſe ſont heureuſement conſervez dans les manuſcrits de la Bibliotheque du Roy , & dans les Cabinets de quelques curieux à Paris , n'ayant pû avoir communication de ceux du Tréſor de Surgeres , qui ſont en la poſſeſſion de M. le Marquis de Montendre. Je rapporte auſſi les Armoiries qui ſubſiſtent aux Ceintures d'Egliſes , Voutes & Portes de Maiſons anciennes ; prouvées par les procés verbaux qui en ont été dreſſez & dont voicy les extraits.

P Ardevant nous Notaires Royaux , &c. qui nous a requis de nous tranſporter en l'Egliſe Paroiſſiale de Cerizaye Evêché de la Rochelle , pour examiner la ceinture des Armoiries qui eſt autour du Chœur de ladite Egliſe , &c. où étant en preſence de Maiſtre Pierre Guetineau Curé de ladite Paroiſſe , de M. Alexis Durand ſieur de la Brethonniere , Sénéchal , Juge Civil & Criminel de la Châtellenie dudit Cerizaye , & autres ſouſſignez ; nous avons reconnu qu'il y a une ceinture d'Armoiries, qui nous a paru fort ancienne par l'état auquel elle est, commencée du côté de l'Evangile à la naissance du Chœur joignant la Nef, au dessus d'une petite porte par laquelle on entre du Château dans ledit Chœur. Sous le premier Ecusson est écrit ces mots en lettres Italiennes : les Armes entieres avecq la suite des alliances des Seigneurs de la Floceliere & de Cerizaye, Fondateurs des Eglises desdits lieux, à commencer depuis DAVID DE LA FLOCELIERE, qui fut Augmentateur de l'Eglise de la Floceliere, que ses Predecesseurs avoient fondée, comme il appert dans la Pancarte dattée de l'an . . . . & après il paroît un 1. & le reste est biffé : au dessus est l'écusson, dont on ne peut distinguer la couleur du champ de l'écu à cause de l'antiquité, avec six Merlettes en deux lignes, qui regardent la grande porte qui est au Couchant, cantonnées d'argent, becquées & membrées de gueulles soûtenus de deux Grifons & un casque au-dessus ; ensuite est un autre écusson des Armes dudit Seigneur de la Floceliere & de sa femme, qui sont de gueules à l'aigle deployée d'argent couronnée, marbrée & dorée, & au-dessus est écrit : DAVID DE LA FLOCELIERE feut conjoint par mariage avec MARIE DES CHAMPS Dame de la Vacherasse & vivoient en l'an 1090. Ensuite des écussons de la Floceliere, est un écusson qui est de gueules fretté de Vair, à ce qui nous paroît, qui a pour soûtien deux Griffons, ainsi que nous l'avons jugé, & en apparence un casque au dessus, & est écrit au dessous : les Armes enthieres des Seigneurs de Surgeres avecq la suite de leurs alliances. commencent, depuis GUY DE SURGERES issu des Comtes de Poictou & lequel épousa l'heritiere de la Floceliere & de Cerizaye, ensuite est un autre écusson où sont les Armes de Surgeres & de la Floceliere, & au dessous est écrit : GUY DE SURGERES épousa OLIVE DE LA FLOCELIERE fille de GEOFROŸ DE LA FLOCELIERE & de JEANNE DE CHATEAUMUR, & ladite Olive étoit Dame seule heritiere de la Floceliere & de Cerizaye l'an 1301. De plus nous avons remarqué qu'entre la Sainte Table & le banc du Château, il y a trois figures qui paroissent être de femmes, de leur hauteur, se tournant le dos les unes aux autres, ayant toutes une main sur leur tête, & deux se donnant l'autre main, & l'autre appuyée sur son genoüil : à leurs pieds paroît le devant d'un chien & d'un lion, au dessous est un pied-d'estal en triangle, sur chaque côté il y a un écusson, l'un est des Armes de Maillé-Brezé, le second de Maillé & de Hamon, & le troisiéme de Maillé, & autres Armes qu'on n'a pû reconnoître, au côté des écussons il y a des pieces de marbre, sur lesquelles est écrit en lettres d'or & en Vers latins l'épitaphe de Claude de Maillé-Brezé, &c. . . . . .

Toutes lesquelles choses nous certifions veritables & donnons le present Certificat pour valoir & servir que de raison, &c. Fait audit lieu de Cerizaye nôtre Jurisdiction. Signé Guetineau Curé de Cerizaye, Guiberteau Prêtre Vicaire dudit Cerizaye, Durand Sénéchal de la Châtellenie de Cerizaye, Richou, Poupin, Bassy, Routian, F. Poupin, Durand & Berthonneau Notaires Royaux, & controllé à Bressuire.

Il y avoit un autre procés verbal du dernier Fevrier 1715, rapporté dans le jugement rendu par l'Intendant de la Generalité de Poitiers. L'on a fait ce second, le premier n'étant pas assez étendu.

NOus Notaires Royaux fouffignez, &c. nous a fait voir & remarquer, qu'il y a fur la main gauche en entrant, une porte ancienne de pierres de taille, qui eft entre le viel Corps du Logis du Château de la Floceliere, à l'afpeét du Soleil levant, au deffus de laquelle il y a un écuffon qui eft en triangle, fur lequel le fretté de Vair eft bien marqué, il n'y a ni couronne ni cafque, mais le devant d'une genette pour cimier, que l'on nous a dit être les Armoiries des Seigneurs de Surgeres, qui étoient anciennement Seigneurs dudit Chateau, dont nous avons dreffé nôtre prefent procés verbal en prefence de Maiftre Jean Alquier Prêtre Prieur de la Paroiffe de la Floceliere, & de René Boiteau Preftre Vicaire, le 2. Avril l'an 1715. controllé le même jour, & figné Alquier Prieur, Boiteau, Alquier Sénéchal du Marquifat de la Flociere, Durand & Gautronneau Notaires Royaux.

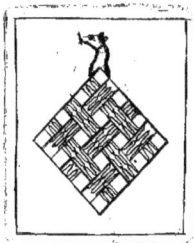

PArdevant les Notaires, &c. nous a requis de nous tranfporter dans la maifon & Château de Montfernier où étant arrivés dans la feconde Court d'entrée, au delà du Pont-levis, avons remarqué qu'au-deffus du pillier qui fait le jambage de la porte, pour entrer dans la premiere court du Château, qu'il y a dans la pierre au-deffus de ladite porte un écuffon des Armoiries des Seigneurs DE GRANGES, qui ont été autrefois Seigneurs de cette Châtellenie, lequel écuffon eft fretté de Vair avec un chef chargé d'un lambel à trois pendans; avons auffi remarqué que les mêmes Armes, font au deffus de la porte principale pour entrer audit Château, & dans le degré, qu'au deffus de ladite porte, lefdites Armes fe trouvent encore en deux endroits, qu'au deffus de la derniere feneftre de la tour, dans laquelle eft le degré, elles s'y trouvent auffi, qu'au côté de ladite Tour au-deffus de la feneftre du trefor, elles y font encore; elles fe trouvent pareillement en trois endroits differens aux clefs de la voute dudit degré, & au-deffus des trois autres feneftres du côté de l'Occident, ce que nous Notaires fouffignez certifions avoir vû, & que tous lefdits écuffons aufdites Armes y font en entier, lefquels nous eftimons avoir été mis, lorfque ledit Château a été bâti par les Seigneurs de la Maifon DE GRANGES, que l'on dit être iffus de la Maifon de SURGERES, dont & du tout avons decerné aéte, &c. Fait au Château de Montfernier le 30. Mars 1715. controllé à Theüars le même jour, & figné Maurin & Joubert Notaires, & certifié par Criftophle-André Goulard Seigneur dudit Montfernier, & legalifé par Ambroife Blaétot Sénéchal de ladite Châtellenie, & figné de lui & du Procureur de Cour & du Greffier le 31. du même mois & an.

NOus fouffignez, &c. certifions qu'au-deffus d'une principale porte de la court du Château de la Gord en ladite Paroiffe de Ceintraye, laquelle regarde vers le Nort, il y a en dehors dans une pierre de taille principale & faillante un écuffon des Armoiries de la Maifon DE GRANGES qui eft un fretté de Vair, chargé d'un chef à un lambel à trois pendans, avec

un

un écriteau où il y a , *Poft tenebras fpero lucem* , & pour fupports , deux Faucons chapronez. Plus qu'il y a auffi un écuffon des mêmes Armes , dans une principale pierre de taille au-def-fus de la grande porte , pour entrer dans la grande court dudit Château de la Gord , regardant vers le Levant , ce que nous certifions veritable , en foy de quoy nous avons figné ces pre-fentes ce 4. Avril l'an 1715. Signé Guenault Curé de Ceintrayc , Chauvin du Clouzy , Arnault fieur de la Menardiere , Rouffeau , F. Nicolas fieur de la Brunetiere , L. Ferré fieur de Boif-roux , Efperon Confeiller du Roy à l'Election de Niort , Meftayer fieur du Teil , Efperon fieur des Houmais , Sénéchal & Juge de ladite Terre , & F. Goulart & P. Jarriau Notaires Royaux.

Les deux premiers Certificats font connoître les Armoiries plei-nés de la Branche aînée , & les deux autres celles de la Branche puînée , diftinguées par le chef chargé d'un lambel à trois pendans. Ces monumens anciens qui font dans des Maifons qui ne leur appartiennent plus , font des temoins non fufpeds & irreprocha-bles , de même que les Sceaux des Chartes , aufquels on ne peut refufer d'ajoûter foy & de convenir , que ce font des preuves les plus affurées , qu'on puiffe apporter pour l'ancienneté de leurs Ar-moiries , de la nobleffe & de l'union des deux Branches.

Je rapporte deplus les pieces d'un procés , au fujet des mêmes Armoiries , qui a efté entre les Seigneurs de la Flocieliere , lors aînés de la Maifon , & les Ancêtres de M. le Marquis de Puiguyon, lequel procés fut commencé par GUY DE SURGERES contre THE-BAUT DE GRANGES , & fuivi aprés la mort de GUY , par HUGUES fon frere , & aprés la mort de HUGUES , continué par JACQUES FILS de GUY , contre LOYS FILS DE THEBAUT , & qui finit par un ju-gement de JEAN DUC DE BERRY , en faveur dudit LOYS DE GRAN-GES en 1378. & 1379. Je crois qu'on ne défaprouvera pas que je mette icy la copie de ces Actes en leur entier , n'étant pas com-mun de voir des procés auffi anciens , au fujet des Armoiries.

JEAN FILS DE ROY DE FRANCE DUC DE BERRY & d'Auvergne , Comte de Poitou , & Per de France , au premier nôtre Sergent qui fur ce fera requis Salut , à la fupplication & requefte de MESSIRE LOYS DE GRANGES CHEVALIER , contenant que comme il foit noble & de noble gouvernement de nom & d'Armes anciennes , cognués , notariés & publi-ques au Royaume de France & ailleurs , mefmement és pays de Poitou , de Xaintonge & en-

G

virons , qui font à un efcu de gules fretté d'argeant & d'azur de deux en trois & de trois en
deux , & un chef d'or par deffus & un lambel & trois pendans de fable , lefquelles Armes
lui & fes predeceffeurs ont accouftumé à avoir & porter és Pays deffufdits , & l'efcu aux Armes deffufdites marqué mettre & tenir és lieux publiques , tant en Eglife que dehors ainfi comme les nobles & de noble gouvernement dudit Royaume & autrefdits Pays ont accouftumé à
avoir , fere & tenir fans nul contredit ou empefchement , & des droits defdites Armes à avoir
& porter publiquement , & l'efcu aux Armes deffufdites marqué , mettre & tenir par la maniere
que deffus eft dit , ledit Meffire Loys eft en faifine & poffeffion & les predeceffeurs de luy
defquex il a droit & caufe , ont efté par eux ou par autres en leurs noms , eux ayant ferme &
eftable , par tant de temps qu'il n'eft memoire de contraire que ce foit , par tant de temps qui
peut & doit fuffire quant à bonne faifine & poffeffion avoir acquife , & droit de porter &
avoir iceulx Armes , come deffus eft dit , & de l'efcu aux Armes deffufdites marqué mettre
& tenir és lieux & places deffufdits , partant come meftier eft de le dire fans nul contredit
ou empefchement , lequel Meffire Loys par foy ou par autre en fon nom , eux ayant ferme &
eftable & le fait agreable , entr'autres armes de plufieurs nobles du Pays de Poitou , avoit
fait mettre & appofer fon efcu marqué de fes Armes deffufdites , en l'Eglife des Freres Pref-
cheurs de Fontenay-le-Comte & de leur confentement & volonté. Nientmoins Meffire JAC-
QUES DE SURGERES CHEVALIER vint en ladite Eglife , & l'efcu defdites Armes & les fi-
gues d'icelles depeffa & getta par terre , difant que ledit Meffire Loys n'avoit droit de porter
iceuls Armes , ja ce foit que la verité fut au contraire : lefquelles choufes ont efté faites en
grand grief , injure , prejudice & domage & diminution des droits de l'honneur & eftat dudit
fuppliant , fi come il dit , requerant iceluy fuppliant à luy fur ce eftre pourveu de remede gracieux & convenable , pource eft-il que nous te mandons & enjoignons , nonobftant qu'il ne
foit en ton pouvoir ou Bailliage , que tu adjorne pardevant nous en noftre Ville de Poitiers
à certain jour competant & duquel fera requis , ledit Meffire Jacques , pour repondre audit
Meffire Loys aux fins qu'il voudra conclure contre ledit Meffire Jacques , & pour caufe des
choufes deffufdites & qui les touche & puet toucher , & les circonftances & dependances d'i-
celles , auxquelles ledit Meffire Loys pourra & devra eftre reçû felon raifon , l'ufage & la couftume du Pays , avec certaines proteftations & fauvations qu'il entent à faire & declarer , fi &
en tant come meftier li fera & faire & proceder , & à li avant en outre ainfi que de raifon fera ,
en deffendant de par nous audit Meffire Jacques , fur les peines que envers nous poureft encou-
rir en ces cas , qu'il ne actempere , innove ou aggreve aucune choufe indehuement contre ledit Meffire Loys , de fur & pour caufe des choufes devantdites , ne en prejudice d'icelles &
de tout ce que fur les choufes deffufdites & chacune d'icelles fairas nous certifié fuffifament
dedans ledit jour : de ce faire te donnons plein pouvoir & auctorité , & commandons à tous
nos fubjets que à toy en ce faifant obéiffent , & entend deligentement. Donné en noftre Ville
de Fontenay-le-Comte fous noftre fcel le 25. jour de May l'an 1378. Signé par Monfieur le
Duc , Vous prefent , J. le Mafle & fcellé.

JEHAN FILS DE ROY DE FRANCE Duc DE BERRY & d'Auvergne , Comte de Poitou
& Per de France , Lieutenant de Monfieur le Roy éfdits Pays & en plufieurs parties de fon Royaume. Sçavoir faifons à tous , que pardevant nous en noftre Ville de Poitiers
le mercredy avant la Noftre-Dame de Septembre fe comparut MESSIRE LOYS DE GRAN-
GES CHEVALIER perfonellement proteftant , que par les prefentes il ne revoquoit fes Procureurs pour l'adjornement que ledit Loys par vertu de nos autres Lettres à luy données &
octroyés , cohibées & leües avoit fait donner par Jehan de la Barbiere noftre Sergent audit
jour à MESSIRE JACQUES DE SURGERES CHEVALIER , en la perfonne de Guillame Cantinea
Capitene & Garde du Chaftel de la Floceliere qui eft principal domicile dudit Meffire Jacques,
& fa commune demorance , & lequel Cantinea eft du pain & du vin dudit Meffire Jacques ,
& come des choufes demandées ledit Sergent nous a fait relation par luy fcellées de fon
fcel , cohibées & leües , auquel Meffire Loys contre ledit Meffire Jacques luy fuffifamment appellé & attendu , pour ce qu'il ne vint , ne comparut ni autre pour luy , donafmes
défaut. Si donnons en commandement audit Sergent & à tous nos autres Sergens , & à
chacun pour foy , nonobftant qu'il ne foit en leur pouvoir ou Bailliage , & commettons fi
meftier eft davoue ledit deffaillant fur deffaut à Poitiers , à certain jour competent , pardevant nôtre Senechal de Poitou , ou fon Lieutenant , pour proceder & aller avant fur les
choufes contenuës en nofdites autres lettres , & qui les touche ou puet toucher fur ce de raifon fera , aufquels Senechal à fon Lieutenant & à chacuns d'euls , Nous occupés de plufieurs negoces nous furvenus & de nouveau de noftre certaine fcience & propoux , appellées les
parties oüis determinées , & mettre à fin deuë ladite caufe , les circonftances & dépendances
d'icelles felon la conciftence de nofdites Lettres dernieres , octroyées audit Meffire Loys nous
commettons , nous foint retenus à nous toute caufe d'appel , & en outre de deffendre audit Meffire Jacques de par nous , à la peine que en ce cas il puet encore envers nous que contre ledit Meffire Loys pendant ladite caufe , ni en prejudice d'icelle , ni des choufes deffufdites ,
ne aucune & indehuement il n'y actemperet & innovet ou aggrevet aucune choufe , & de lui
commander à femblable paine , que fi il a fait aucune choufe au contraire , qu'il le revoque

& mete au premier estat & deu tantoust & sans delay, mandons & commandons à tous nos Subjets & Officiers, que a nostredit Senechal, son Lieutenant & audit Sergent, en faisant deuëment lesdites chouses obbéïssent deligentement. *Donné* en nostredite Ville de Poitiers ledit jour avant la Nostre Dame de Septembre l'an 1378. sous nostre contrescel, en absence de nostre grand ancien sceau *Signé* par Monsieur le Duc. M. *Jehan* de Rondeau, *Jehan* Cornet, *Jehan* Blient, *Pierre* Juyllin, & Gauté.

A NOBLE & puissant Seigneur Monsieur le Senechal de Poitou, son Lieutenant ou Commissaire, *Jean* Goulard Sergent de Monsieur le Duc de Berry & d'Auvergne, Comte de Poitou se recommande o tout honneur, reverence & obéïssance. Mon trés cher Seigneur, plaise vous sçavoit que ge ay receptvi un mandement de mondit Seigneur à moy adressé, duquel la teneur s'ensuit. JEHAN FILS DE ROY DE FRANCE, DUC DE BERRY & d'Auvergne, Comte de Poitou à *Jehan* de la Barbere, *Pierre* Angalant, *Guill.* Brisson, *Guill.* Baveca, *Jehan* Goulart, *Pierre* Poquet, *Jehan* de Sahan, *Pierre* Fortin & à tous nos autres Sergens, Salut : Comme autrefois à la requête de MESSIRE LOYS DE GRANGES CHEVALIER, par vertu de nous autres Lettres, heussons mandé & commis à vous & à chacun de vous, adjorner par devant nous en nostre Ville de Poitiers à certain jour & competant MESSIRE JACQUES DE SURGERES Chevalier, pour venir repondre audit Messire Loys, à tout ce que lui voudroit demander sur les chouses comprises & contenuës en nosdites Lettres & qui les touche & puet toucher, si comme ce & autres chouses sont contenuës esdites Lettres, par le contenu desquelles fere & accomplir toy dit *de la Barbere* te transporta au Chastel de la Flocceliere qui est principal domicile dudit Messire JACQUES où il a fait & lors faisoit & a accoûtumé faire sa residence continuë, en quel lieu tu trouvas *Guillame* Cantinea Capitene & Garde dudit Chastel & li montras & exhibas nosdites Lettres, & li commandas de par nous à certaines grosses paynes, que il te ouvrast les portes dudit Chastel, & que il te donnast jour à prest de parler audit Messire *Jacques* si leens estoit, & si non de parler à sa femme qui leens estoit si comme il confessa, lequel dit qu'il n'en fairoit rien, que que ce soit en fut désobéïssens, contredisens, refusens si .... des chouses dessusdites .... par ta relation .... deuement nous avons esté suffisament informés. Lesquelles chouses sont ont esté faites en grand comprens & mepris de nous .... à vous & à chacun de nous pour le tout, nonobstant qu'il ne soit en vous pouvoir, Bailliages & Offices, mandons & commettons que vous adjorniés à Poitiers à certain jour & competant pardevant nostre Senechal de Poitou ou son Lieutenant, ledit Cantinea à comparoir personnellement, pour venir répondre sur les chouses dessusdites & qui les touche ou puet toucher ce que raison sera & pour faire en outre ce qu'il en appartiendra de raison. Auquel Senechal & à son Lieutenant, & à chacun d'eux de terminer & mettre fin à ladite cause, les circonstances & dépendances d'icelles, partant que mestier est, vous commettons, nous soint retenus à nous toutes causes d'appel. *Donné* en nostre Ville de Poitiers, sous nostre scel en absence de nos anciens sceaux le premier jour de Septembre l'an 1378. PAR vertu & auctorité duquel mandement, ge ay adjorné ledit Cantinea au 7. jour des assises de Poitiers prochaines, venant pour répondre sur les chouses contenuës endit mandement & qui les touche ou puet toucher, ce que raison faira, & pour faire en outre ce qu'il en appartiendra de raison, certifié par cette presente relation, scellée de mon scel ge use en mondit Office. *Donné* & fait le samedy avant la Feste de Toussains l'an 1378.

C Omme estant un different entre MESSIRE GUY DE SURGERES & MESSIRE THEBAUT DE GRANGES se disant porter les Armes de Surgeres, s'y estoit esmeu ledit Messire GUY contre ledit Messire THEBAUT pour lui débattre & oster les Armes de Surgeres, lesquelles lui sembloit qu'il ne les devoit ni pouvoit porter, pour la cause qu'il ne le connoissoit dudit lignage de Surgeres, dont lesdits Messire GUY & THEBAUT heurent en plusieurs rencontres de France, plusieurs desmeslés : & advint que ledit Messire GUY alla de vie à trepassement. Si vint Messire HUGUES DE SURGERES son frere qui débatit audit Messire THEBAUT de Granges lesdites Armes de Surgeres aussi come Messire GUY les avoit commancée, & advint quant le ROY PHILIPE DE FRANCE fut au Siege devant Saint Jean d'Angely y estoit Monsieur de Parthenay lequel est appellé GUILLAUME LARCHEVESQUE Commandant en l'Armée, & ledit Messire THEBAUT sou Lieutenant, dont ledit HUGUES voyant les Armes audit THEBAUT eut grande douleur & s'appellirent : mais la deffense que leur fit Monsieur GUILLAUME LARCHEVESQUE les empeschoit de rien faire, dont après la Bataille des Ennemis ledit Messire HUGUES s'y trouvi mort. Mais Messire JACQUES DE SURGERES fils de Messire GUY & nepveu de HUGUES ouit dire que son pere avoit débatu audit Messire THEBAUT les Armes de Surgeres, & que Messire HUGUES son oncle lesdébatit icelui jour, que GUILLAUME LARCHEVESQUE commandoit l'Armée du Roy PHILIPE & Mr *Aymeri d'Argenton*, & *Phelipaut de Blavet* & plusieurs autres, dont ledit Messire THEBAUT les a toûjours portées. *Item* que depuis que JACQUES DE SURGERES Seigneur de la Flocceliere les débatit à sçavoir quant le Prince de l'Aquitaine & de Galles alla en Espagne, & en son chemin il vit Messire LOYS DE GRANGES fils de Messire THEBAUT

qui avoit les Armes de Surgeres & les avoüoit pour siennes. Si advint que Messire JAC-
QUES les débatit en chemin d'Espagne avec Messire LOYS , mais les porta & les eut le jour
de la grande Bataille d'Espagne & depuis toûjours portées & avoüant pour siennes , estant
venus Cadets de la Maison de Surgeres , & estant lesdites Armes dans l'Eglise des Freres
Preschcurs de Fontenay - le - Comte , ledit Messire JACQUES DE SURGERES y passant les prist
& osta , & en avertist-on ledit Messire LOYS lequel cherchist ledit Messire Jacques , & ledit fait ayant esté publiquement , il en fut donné advis à mon tres redouté & tres puissant
Seigneur Monseigneur LE DUC DE BERRY , lequel donna commandement de remettre lesdites Armes & écussons dans l'Eglise des Freres Prescheurs de Fontenay - le - Comte , ce que
ne voulut faire ledit Messire JACQUES , mon tres redouté Seigneur de Berry donna ordre
aux Freres Prescheurs de remettre les Armes que Messire JACQUES avoit ostées , ce qu'ils
firent , & ledit Messire Jacques repassant en ladite Eglise y retrouva lesdites Armes come
auparavant , lesquelles il voulut encore emporter , & fit qu'il les cassa & brisa. Ce que voyant
les Freres en donnerent advis à Monseigneur de Berry , lequel fit adjorner ledit Messire JAC-
QUES DE SURGERES pardevant lui à certains jours , & ne s'y trouvant , donna Commission adressant à Monsieur Hugue de Froudeville son Senechal en Poitou comme Commissaire en ce cas , Messire JACQUES envoya un Heraut appellé . . . . qu'il plust à Monseigneur
lui donner mandement audit JACQUES , & non adressant à son Senechal en Poitou come
Commissaire , & qu'il lui plust lui en oster la connoissance , & lui donner jour en quel lieu
de son Pays de Poitou il voudroit : les deux parties furent adjornées en vertu d'un mandement , lequel jour fut en la Ville de Niort , le samedy 20. du mois d'Aoust l'an 1379. lesdits Messires JACQUES & LOYS allerent devant Monseigneur de Berry en le suppliant , qu'il
lui plust leur ordonner & à savoir qu'il voudroit faire de la jornée qu'il leur avoit commise ,
& lors Monseigneur le Duc de Berry ordonna qu'au lendemain de relevée Messire Loys apporteroit les preuves pour justifier qu'il estoit descendu de la Maison & lignage de Surgeres & que ledit Messire Jacques seroit present avec douze Chevaliers pour voir meurement la
chose , dont Messire LOYS donna ses titres & écussons de ses Armes , & Messire JACQUES
donna aussi un écusson des siennes , & furent les Chevaliers nommés par Monseigneur le Duc
de Berry , Mr Guillaume Larchevesque Seigneur de Parthenay , Mr Pierre Comte de Sancerre,
& Loys de Sancerre Mareschal de France , M. Aymery de Pons , M. Guillaume Seigneur de
Mareüil , M. Alain de Beaumont , M. Guy de Prest , M. André Rouhaut , M. Perceval de
Couloigne , M. Hugue de Vivonne , M. Alain de Montanbret , & M. Aymery Helliers , lesquels ayant examinés le tout , se presenterent aujourd'huy à l'heure nommée par mon tres redouté
& tres puissant Seigneur Monseigneur fils & frere de Roy de France , Duc de Berry , d'Auvergne & Comte de Poitou , & en sa presence plusieurs autres Chevaliers , c'est à savoir M.
Guillaume Larchevesque Seigneur de Parthenay , qui certifia à mon tres redouté Seigneur Duc
de Berry , qu'il avoit veu avec les autres Chevaliers nommés avec lui par ordre de mon tres
redouté Seigneur de Berry , par la visite des titres & confrontations des écussons de Messires
JACQUES DE SURGERES & de LOYS DE GRANGES , que ledit Messire LOYS estoit descendu de la Maison de Surgeres , & que par l'ordre DU ROY PHILIPPE DE FRANCE il fut ordonné à GEOFFROY DE SURGERES , de quitter le nom ou les Armes de ladite Maison , à
cause qu'il avoit tué son frere , dont pour obéïr il quitta le nom & conserva les Armes , come
veritable marque de la noble Maison dont il estoit issu , & print le nom de Granges dont
il possedoit la Terre : Ce que oyant Monseigneur de Berry demanda à Messire JACQUES DE
SURGERES s'il étoit content & s'il vouloit débattre , ce que Messire JACQUES dit que non
& qu'il n'avoit pas cru que Messire LOYS DE GRANGES fût de la lignée de Surgeres : ce
que oyant mon tres redouté Seigneur de Berry , appella Messire LOYS DE GRANGES & lui
demanda s'il estoit vray & certain ce que disoit M. de Parthenay avec les nobles Chevaliers.
Alors Messire LOYS s'agenoüillist devant Monseigneur de Berry , & dit & jura sa foy que
c'estoit ses papiers , & qu'il les tenoit de ses devanciers , & lors fut dit par mon redouté &
puissant Seigneur de Berry que Messire JACQUES DE SURGERES reconnoissoit Messire LOYS
DE GRANGES pour estre descendu de la lignée de Surgeres , & qu'il porteroit d'icy en avant
& pour tout temps les Armes de Surgeres , & continuëroit de porter au dessus le chef d'or
avec le lambel à trois pendans de Sable , pour marque qu'il seroit descendu lui & les siens Cadets de la Maison de Surgeres. Ce fut fait & arresté le Dimanche 21. du mois d'Aoust l'an
1379. en la Ville de Niort en l'Hostel des Freres Cordeliers , devant & present tres excellent & tres puissant Seigneur Monseigneur JEHAN FILS & FRERE DE ROY DE FRAN-
CE , Duc de Berry , d'Auvergne & Comte de Poitou , Guillaume Larchevesque Seigneur de
Parthenay , Pierre Comte de Sancerre , Loys de Sancerre Mareschal de France , Tristan Vicomte de Thoüars , Aymery de Pons , Estienne de Sancerre , Guillaume Seigneur de Mareüil,
Guy Seigneur d'Argenton , Regnaut de Vivonne Seigneur de Thors , Regnaut Chenin Seigneur
de Mause , Hugue de Coligny Senechal de Xaintonge , Geoffroy d'Argenton , Edoüart de Preüilly,
Guy Seigneur de la Rochefoucaut , Philbert Doüerlhac Chevalier de l'Hospital , André Rouhaut , Loüis de Beaumont Seigneur de Bersuire , Guy de la Forest , Hugue de Vivonne ,
Alain de Montanbret , Perceval de Couloigne , Aymeri Helliers , Pierre du Puy-du-Fou , Hugue Girard , Alain de Beaumont , Loys Cotty , Guy de Forest , Phelipon de Laval.

Cc

CE procés & jugement du Duc de Berry prouve, que les Seigneurs de Surgeres avoient une grande attention pour leurs Armoiries, par le choix que GEOFFROY fit environ l'an 1200. de les conferver preferablement à fon nom, & la marque de Cadet fi publiquement connuë, eft une preuve, que la branche qui la portoit, étoit iffuë de la branche aînée, laquelle étant reftée feule, a repris les Armes pleines, & a confervé fa devife, & laiffé à fes puînez *le chef d'or, chargé du lambel, à trois pendans de fable.*

Les Armoiries de cette Maifon étant connuës & bien établies, j'en rapporte la Genealogie.

PErfonne n'ignore, qu'avant le ROY HUGUES CAPET, qui commença à regner vers l'an 987. les Surnoms n'étoient pas encore en ufage. Ce fut fur la fin du regne de ce Prince, & fous celuy DU ROY ROBERT fon fils, que les nobles du Royaume commencerent à s'en fervir, pour fe diftinguer d'avantage les uns des autres. Ils les prirent pour la plûpart des Terres principales qu'ils poffedoient, d'autres fe contenterent de changer leurs noms en furnoms, & quelques uns fe fervirent des fobriquets, qui leurs avoient été donnez, ou à leurs ancêtres. Les Seigneurs de Surgeres, connus avant ce temps, fous le nom de MAINGOT, qui fe trouve diverfement écrit, MAENGOT, MEINGOT, MANGOD & MANGOU, prirent le nom de SURGERES, qui eft une Baronnie en Aunis, qu'ils poffedoient. Les aînés de cette Maifon ont continué le nom de MAINGOT pendant deux cens ans: Leurs puînés & les filles, prenoient uniquement celuy de SURGERES. Le nom de MAINGOT ne peut gueres être regardé que comme un fobriquet ; ou on pourroit dire, qu'ils le tiroient d'une Maifon d'Allemagne qui portoit ce nom, de laquelle, le Pere Charles le Cointe rapporte dans fes Annales Ecclefiaftiques, qu'en 815. un MAINGOD fonda l'Abbaye de Schwarzach, dans l'Evêché de Wirtfbourg. Soit par cette raifon, ou par autre, ou par celle du fobriquet, il paroît que les aînés de la Maifon de Surgeres portoient ce nom, avant qu'il y en eût de fixe, en France. On ne trouve dans aucun titre ni memoire, pour quel fujet les aînés prenoient le nom de MAINGOT, & leurs puînés celuy de SURGERES.

La filiation des premiers n'eft établi que par l'ordre Cronologique, les anciens titres font reftés dans les Maifons où ils ont été portés par des filles uniques, ou ont été perdus dans les changemens de noms ; mais les Actes que je rapporte, dans lefquels les Seigneurs de Surgeres ont figné avec les Ducs d'Aquitaine & Comtes de Poitou leurs Souverains, font connoître qu'ils étoient du nombre des Seigneurs diftingués, & l'idée qu'on a eu de tout temps de leur nobleffe étoit fi grande, que l'ancienne tradition porte, qu'ils étoient fortis d'un Cadet des an-

H

ciens Comtes de cette Province. Cette opinion femble même être appuyée par plufieurs anciens contrefceaux de la Maifon de Surgeres , fur lefquels fe voit toûjours un échiquier , qu'on croit avoir été les Armes de ces anciens Comtes. Mais comme cette conformité d'Armes , quelque avantageufe qu'elle foit , ne peut être reçûë pour une preuve convaincante ; il fuffit à cette Maifon, fans s'y arrêter, de juftifier que de droit, elle tient rang entre les premieres & les plus anciennes du Royaume.

Je rapporte fuccinctement la branche aînée , n'ayant d'autres preuves que par les Chartes des Abbayes & Communautés , & par les auteurs cités ; enfuite celle de la Flocelicre , qui eft mieux fuivie , ayant trouvé des titres dans le trefor de ce Marquifat , & enfin celles de Puiguyon & de la Flocelicre , fur lefquelles il faut obferver , que leurs branches fortent d'une quatriéme branche cadette, qui eft celle de Loys Seigneur de Granges & de Puichenin : Celles de Eustache Seigneur de Cerveaux , de Jean Seigneur de Montfernier & de Gabriel Seigneur de Beauvais, ayant fini par des filles, qui ont porté les biens & les titres dans d'autres Maifons où ils ont été diffipés , il eft furprenant qu'étant Cadets d'une quatriéme branche , ils ayent fauvé quelque chofe.

C'eft ce qui m'empêche de parler des faits & actions d'un chacun, n'ayant de preuve que par des Memoires paffés par Tradition, que je ne veux pas mettre en avant , m'étant fait une loy de ne rapporter que les chofes certaines. Je ne fais donc qu'une fimple Genealogie de degré en degré , je rapporte les Copies en entier d'une partie des Anciennes Chartes , & des extraits des modernes, le tout dans leurs propres termes, pour une preuve certaine de leur diftinction , où les perfonnes éclairées trouveront plus de fatisfaction , que dans tous les difcours dont je pourrois me fervir pour faire l'éloge d'un chacun , je ne m'étends pas auffi fur la noblefle de leurs femmes, pour éviter de groffir trop cet Ouvrage.

GENEALOGIE
DE LA MAISON
DE SURGERES.

QUOYQUE je ne donne la filiation de cette Maison, que depuis GUILLAUME Seigneur de SURGERES, vivant l'an 1027. il m'eſt facile de prouver par pluſieurs Actes autentiques, que le nom de MAIN-GOT, que les aînés ont toujours porté, étoit connu il y avoit déja long temps, puiſque dans un jugement rendu à Poitiers, par Ebles Comte de Poitou, & par les tres nobles Seigneurs qui y aſſiſterent, un MAINGOT qualifié Vicomte, ſe trouve y avoir ſigné, aprés le Comte, & pluſieurs autres aprés luy. Ce jugement rendu la dixiéme année du regne de CHARLES, que l'on compte être l'an 903.

PREUVE.

NOtitia qualiter vel quibus præſentibus, ubique veniens Hiſarnus, die Veneris III. Kalendas Apriliarum, infra urbem Pictavam, ante domnum EBOLEM, præveniente gratiâ Dei Comitem, & ibidem aſſiſtentibus vaſſallis, interpellabat quemdam diaconem no-mine *Launonem*, quòd ſuum alodem, quem ſuus conſanguineus *Guatfridus* injuſtè tenebat, unde ſemper in querelam erat ipſe *Launus*, propter ſororem ſuam, quam idem *Guatfridus* ha-buerat ad conjugem, injuſtè & contra legis ordinem tenebat. Unde judicatum eſt à domno Comite, & ab omnibus circumſtantibus, quòd prædictus *Launus* eumdem alodem ſecundùm legem & judicium, per guadium ſuum, eidem *Iſarno* reddidiſſet, quare eum inquietaverat, unà cum lege & fide facta. Sic taliter fecit *Launus* ſicut judicatum fuit à domno Comite vide-licet, & à nobiliſſimis viris: propterea neceſſitas fuit eidem *Iſarno*, ut hanc notitiam de ipſis viris firmam ad ſe recipere deberet, quod ita & fecit, his præſentibus actum fuit, EBOLES Comes firmavit, ſigna MAINGODO Vicecomitis, *Savarico* vicecomitis, *Attoni* vi-cecomitis Metulenſis, *Boſonis*, Begonis, Ramnulfi, Vvillelmi, Aboni, Adelelmi vicarii, Hucherti, Amelii, Adalardi, Theoderici, Viviani. *Data* in menſe Aprili, anno X. regnante *Karolo rege*.

903. Beſly p. 224.

DAns la Fondation de l'Abbaye de Saint Maixant, titre 132. il y a une vente faite à EBLES Comte de Poitou, & à EMILLA-EN ſa femme, ſignée de pluſieurs Seigneurs, dont MAINGOT

Vicomte eſt le premier. Cette charte, paſſée en la quatorziéme année du regne du Roy CHARLES, que l'on compte être de l'an 907.

PREUVE.

Ex originali Sancti Maxentii tit. 132.

CUm inter ementem atque vendentem fuerit res definita, & pretio comparata, quamvis plus valeat quàm ad præſens venditur, hoc tantummodò nullatenus poteſt revocare qui vendit, quotiam ætas perfecta ſcire poteſt quid res empta valeat Quamobrem EGO in Dei nomine EMMENA fœmina, nonullo cogente imperio, ſed propria mea voluntate, conſtat me vendere, & vendidi, tradere & tradidi ad quemdam virum illuſtrem domnum EBOLUM Comitem, & ad uxorem ejus nomine EMILLANÆ, hoc eſt alodus meus qui ſitus eſt in pago Pictavo, in vincaria Salvinſe, in villa quæ nuncupatur Baidonnus, habentem in ſe plus minus per menſuræ jugeratium vini. Habet namque laterationes jam dictus alodus de duobus lateribus, & uno fronte terra ſancti Martini Turonenſis monaſterii, quarto verò fronte terra ſanctæ Mariæ, & viæ publicæ, cum introïtum & regreſſum, cùm eſt circumcinctus ipſe alodus, per termitibus & foſſatilibus & bodinas fixas & loca deſignata. Ex die præſente in integrum cum vobis vendo, trado, transfero, atque transfundo, & de jure meo in veſtrum omnimodo trado donationem & poteſtatem, unde à vobis accepi pretium, in quo mihi benè complacuit & convenit, valente argento ſol. XX. tantùm, ut ab hodierna die, quidquid de prænominatam alodem facere volueritis perpetualiter habendum, tenendum, poſſidendum & faciendum : exinde quidquid eligeritis, veluti legalis continetur auctoritas, jure hereditario, nemine contradicente. Si quis verò, quod futurum eſſe non credo, ſi ego ipſa, aut ullus de heredibus, vel de propinquis meis, ſeu quælibet ulla intromiſſa perſona fuerit, quæ contra hanc venditionem aliquid agere, aut ulla calumnia generare præſumpſerit, contra cuilibet intulerit, ſol. t. coactus exſolvat, & ſua perverſa cupiditas mihi valeat vindicare. Præſens verò venditio iſta, omnique tempore firma & ſtabilis diuturnis temporibus plenirem in Dei nomine obtineat firmitatem, unde manibus meis propriis ſubterfirmavi, & ſtipulatione adnixâ, & poſt nos, nobilium virorum manibus Pictavenſis publicæ civitatis ad roborandum tradidi. Signum Emmanæ, ſigna MAINGAUDO vicecomitis, Ariberti, Guinemani, Lantberti, Rainardi vicarii, Agenor, Tetbaldi, Frotherii, Rotberti, Odalrici, Begonis auditore, Stephani, Vvaltarii, Ranulfi, Rainarii. *Data* in menſe Februario anno XIV. regnante KAROLO REGE.

DAns les Archives du Monaſtere de la Sainte Trinité de Poitiers, eſt la Charte par laquelle le Roy LOTHAIRE confirme le don que ROBERT fils de MAINGOT Vicomte, avoit fait à *Adele* femme de *Guillaume* Comte de Poitou, laquelle Charte eſt ſignée du Roy LOTHAIRE, la neuviéme année de ſon regne, le 11. des Ides d'Octobre, indiction VI. qui eſt l'an 963.

PREUVE.

Ex archivis cœnobii S. Trinitatis Pictavenſis.

963. B fly p. 252.
IN nomine ſanctæ & individuæ Trinitatis. LHOTARIUS gratia Dei rex. Notum ſit omnibus fidelibus noſtris, tam præſentibus quàm futuris, quod Vvilelmus comes adiens noſtram præſentiam humiliter deprecatus eſt, ut noſtro regali præcepto quandam curtem uxoris ſuæ nomine ADELÆ firmaremus, quam ei ex ſuo jure ROBERTUS filius MAINGAUDI vicecomitis largitus eſt, ad proprium cui .... ut dignum fuerat, aſſenſum præbentes, eccleſiæ villam quam ſupra diximus curtem Fagam nomine, noſtro jam dictæ comitiſſæ *Adelæ* præcepto, cum omnibus ad eam pertinentibus, firmavimus ſimiliter cum Secondinarum molinis, Nolliaco, Brolio, Burnielo, Sadeliaco, quæ ad eamdem ſupradictam curtem pertinent, cum vineis, pratis, ſylvis, aquis, aquarumve decurſibus, cultis & incultis, cumque eccleſiis duabus, quæ omnia in toto ſunt ſignata, cum XXX. manſis : & ſunt infra Pictavenſium comitatum ſuper fluvium

vium Clini , ut habeat in sua potestate faciendi quicquid voluerit, sine omni contradictione supradicta domna *Adela*. Et si quis eam exinde inquietare voluerit, libras auri xx. persolvat supradictæ domnæ : ipse autem frustratus abscedat & infirmius maneat, inconvulsumq; servetur hoc exinde præceptum fieri jussimus subterfirmantes , & annulo nostri palatii jussimus insigniri. Signum domini HLOTARII gloriosissimi regis, actum 11. Idus Octobris regnante domino HLOTARIO, anno nono indictione VI. Actum circa castellum Vitrier.

DAns le Tabulaire de l'Abbaye de Saint Jean d'Angely , il y a une Charte, par laquelle GUILLAUME Duc d'Aquitaine donne au Monastere de Charente , plusieurs domaines & autres effets : on y doit remarquer, que le Duc dit qu'il l'a signée de sa main, & qu'il l'a donnée à signer aux autres Seigneurs , parmy lesquels étoient son fils , son Frere & un MAINGOT.

PREUVE.

Ex tabulario Angeriacensi.

JAm mundi termino appropinquante , quamobrem Ego in Dei nomine VVILLELMUS DUX Aquitanorum , & *Achildis* F. Alduini circa nos tractantes de Dei timore .. idcirco ut Alodium nostrum, qui est situs in pago Alniense in vicaria, ad locum B. Johannis Baptistæ, pro remedio animæ nostræ dare debemus , hoc est monasterium quod nos construximus in honore Beatissimæ Mariæ , quod dicitur Carantiniacus , cum appenditiis suis in castro Metulo 4. massos de terra arabile , & 6. junctos de vineis , & 1. parcum , & 1. carrucas , & blatum qui est in terra. *Item* in villa quæ vocatur Arzilerias , Ecclesiam sancti Petri , totumque quod ad ipsam pertinere videtur , & in ipsa villa in mansum de terra arabile , quod tenet Adelardus & vineas totas quæ ad ipsum alodum pertinent , & in alio loco juxta fluvium Vultunæ , villa quæ dicitur Villafoleti , omnia quæ ad ipsam pertinent : & in marisco qui dicitur Yvia , areas cc. & palus quæ vocatur palus Alduina , dono ad locum B. Joannis Baptistæ Ingeriaci in subjectione qua dare deberem , quod & omni modo mihi placuit fecisse , tantùm ut rectores .... Si quis. Ut autem hæc donatio firmiter permanere valeat , manibus meis subterfirmavi , aliorumque virorum nobilium ad roborandum tradidi. Signa VVILLELMI comitis , VVILLELMI FILII SUI , ODONIS FRATRIS SUI , Gisleberti Episcopi , Gaufredi Vicecomitis , Hugonis , Eblonis , Ranulfi , Bernardi , Alduini , Girberti , Gisleberti , Arnulfi , MAINGODI , Aldeberti , Petronis.

Besly p: 367.

GUILLAUME , qu'il faut dire premier de ce nom , quoyqu'il y en doive avoir eu d'autres , & apparemment fils du dernier MAINGOT , prit le nom de SURGERES , sous le regne de HUGUES CAPET , & il conserva celuy de MAINGOT , que les aînés de ses descendans ont continué jusqu'en 1300. Il étoit si incertain de sa maniere de signer , que luy & son fils ont signé de plusieurs façons , ainsi qu'il paroît dans les Chartes rapportées. La premiere de l'an 1027. est un don qui est dans les archives de l'Abbaye de Saint Jean d'Angely , fait par AGNES femme du Comte de Poitou, dans lequel ce Comte & elle ont signé , & GUILLAUME & ODON leurs fils , *Hugues* de Lezignan , *Hugues* de S. Maixant & GUILLAUME de SURGERES , qui a signé *de castro Surgeriaco.*

La deuxiéme , qui est dans le Cartulaire de la même Abbaye, est un don que GUILLAUME Duc d'Aquitaine fit aux Monasteres de S. Sauveur , & de S. Jean d'Angely , dans lequel il a signé avec GUILLAUME & ODON ses fils , *Arnaut* Evêque , AGNES Comtesse , *Hugues* de Lezignan , *Alduin* Comte , *Hugues* de Rochefort,

I

GUILLAUME de SURGERES , *Arnaut* Prevost , *Joubert* Prevost.

La troifiéme qui eft pareillement dans la même Abbaye, eft un Bref du Pape Jean XIX. donné le jour des Kalendes de May 1031. adreflé aux Archevêques & Evêques des Gaules , au Prince GUILLAUME Duc d'Aquitaine , à GEOFROY Comte d'Angoulefme , à *Helie* Comte de Perigord , aux fils de *Hugues* de Lezignan , à *Guillaume* de Parthenay , à *Guillaume* de Tallemont , à *Guillaume* Vicomte d'Aunay, à *Aymery* de Taillebourg, à GUILLAUME DE SURGERES , qui y eft nommé en Latin, *Guillelmo de Surgeriis*, à *Alboin* , & à tous les notables Seigneurs & autres d'Aquitaine , pour leur mander de prendre fous leur protection le Monaftere fitué à Saint Jean d'Angely , traiter favorablement l'Abbé , & la troupe des Moines , & les deffendre.

PREUVES.

Ex tabulario Angeriacenfi.

1027. Belly p. 346.

IN DEI NOMINE, fanctæ & individuæ Trinitatis. Crefcente religione , & Dei Ecclefia, decretum eft, ut magnifici viri, atque nobiliores ex prædiis ac poffeffionibus eam dotarent. Quamobrem in Dei nomine AGNES COMITISSA, notum fieri cupio omnibus fidelibus, fanctæ Dei Ecclefiæ præfentibus fcilicet , atque futuris , quod Ego confentiente Domino meo , GUILLELMO , fimulque filio ejus , dono ad Monafterium S. Joannis Baptiftæ , quod vocatur Angeriacenfe , decimam de illa quæ eft juxta Carentiniaco Monafterio , tam de frugibus , quam etiam de beftiis , vel de omnibus rebus , & de ipfa terra fex junctos. Eft autem ipfa terra in loco qui vocatur Poio - Cerverio. Laterationes verò funt ex uno latere , & una fronte ipfa terra ; alio verò latere , terra S. Leodegarii ; quarta verò fronte , campus Cerverius. Si autem intromiffa fuerit perfona, quod abfit , quæ hanc donationem infringere voluerit , inprimis iram Dei omnipotentis incurrat , deinde cum Datan & Abiron in infernum demerfus jaceat, & fua repetitio nihil valeat, Sign. VVILLELMI Comitis, Uxoris ejus nomine AGNETIS , VVILLELMI filii fui ODONIS filii fui , *Hugonis* de Leziniaco, *Hugonis* de S. Maxentio, VVILLELMI de CASTRO SURGERIACO ; Hoc autem volumus fcire quod oblivioni tradetur Feneftellæ, quia ipfa Comitiffa, pro redemptione animæ fuæ, & falvatione filii fui , facit hanc elemofinam. Data menfe Februario anno XL. regnante ROBERTO Rege , & I. anno Henrici filii fui , Anno incarnationis dominicæ MCCXXVII.

Ex tabulario Angeriacenfi.

Belly p. 358.

VVILLELMUS gratia Dei , Dux Aquitanorum. Notum fit omnibus fidelibus fanctæ Dei Ecclefiæ præfentibus fcilicet atque futuris. Cogitavi de ultimo magni diei judicio , ut mihi pius Dominus veniam relaxare dignetur. Idcircò dedi ad Monafterium fancti Salvatoris atque fancti Baptiftæ Joannis quod vocatur Angeriacus , unum manfum de alodo meo in pago Alnienfe , & eft una infula , quæ dicitur Mafanfenas : & hoc feci per confilium Hugonis & Aleardi Prepofiti, in cujus beneficio erat. Laterationes verò funt hujus infulæ ex uno latere fluvii Maronnæ ; ex alio verò terra S. Joannis ; duobus verò frontibus adjacet Marifcus. Ego VVILLELMUS hanc chartam fieri rogavi : & fi eft aliqua perfona , qui eam infringere voluerit , inprimis iram Dei Omnipotentis incurrat, cum Datan & Abiron, & cum Juda Traditore qui Dominum tradidit , in infernum demerfus jaceat. Sign. VVILLELMI comitis , VVILLELMI filii fui , ODONIS filii fui , *Arnaldi* epifcopi , AGNETIS comitiffæ , *Hugonis* de Leziniaco, *Alduini* comitis , *Hugonis* de Rocaforte , GUILLELMI DE SURGERIACO , *Arnaldi* præpofiti, *Jofberti* præpofiti.

Ex tabulario Angeriacenfi.

1031. Belly p. 299.

JOANNES EPISCOPUS SERVUS fervorum Dei, Urbis Romæ Vicarius Beatorum Petri & Pauli Apoftolorum , omnibus Archiepifcopis & Epifcopis Galliarum degentibus , cum VVILLELMO religiofo Duce Aquitanorum, & GOFRIDO comiti, Engolifmæ civitat. commoranti ; necnon *Heliæ* Comiti , Petragoricæ urbe degenti , fimulque filiis *Hugonis* caftro Leziniaco habitantibus : itemque Vvilielmo de Partheniaco , & alio *Vuilielmo* de Thala= monte , pariter cum *Vvillelmo* Viccemite filio Kalonis de Caftello-Oniaco , *Aymerico* de Ta= leburgo , Vvilielmo de Surgeriis & *Alhuino* , omnibufque fenioribus , minoribuf= ve Aquitaniæ. Vos omnes fupradicti feniores , & qui hîc nomine tenus non funt pofiti, vos veftrique fucceffores in perpetuum , cuftodite hujus noftræ Epiftolæ textus. Videlicet ut Mo= nafterium fanctiffimi ac beatiffimi Præcurforis & Martyris Chrifti Joannis, & Confefforis Do= mini Reverentii , pofitum in loco qui dicitur Angeriaco , ab hac præfenti die Kal. Maia= rum defendere , ac benignè tractetis , cum religiofo Domno Aimerico ejufdem patre loci , cum cuncta caterva Monachorum à Deo fibi credita , ita venerari ficut decet in omnibus , maximè tamen , pro eo quod regulam fanctiffimi patris Benedicti inibi inviolabiliter audivimus cufto= diri. Qua propter obnixè precamur , & præcipiendo præcipimus , ut nullus ab hac hora in antea , ufque in fæcula fæculorum, res prædicti monafterii temerare , & , quod abfit , aliquid exinde auferre præfumat , nifi tantummodo ex confenfu ejufdem loci patris & omnium fratrum. Si quis autem hanc noftram affertionem cuftodire voluerit , habeat benedictionem à filio Sanctæ Mariæ , & à præcurfore ejufdem Domini noftri Jefus Chrifti , & à Beato Petro Apoftolo , & à me ejufdem Paftoris Vicario , ab omnibus peccatorum vinculis , & requiefcat in finibus Abra= hæ , Ifaac & Jacob , habeatque portionem cum Chrifti confeffore Reverentio , & cum aliis Sanctis. Et fi , quod abfit , abrumpere voluerit hoc præceptum , fit Anathema Maratana , & fit fors ejus cum Anna & Caïpha & Juda qui Dominum tradidit , & cum his quibus di= cturus eft Dominus : *Ite maledicti in ignem æternum , qui paratus eft Diabolo & Angelis ejus.* Vos autem valete , & pro me orate.

I. Le nom de la femme de Guillaume de Surgeres eft igno= ré, mais il eut certainement pour enfans

II. Hugues Maingot ou Maengot qui fuit

II. Morinel de Surgeres , qui eft nommé dans une Charte de S. Cyprien de Poitiers , ne paroît pas avoir eu de po= fterité.

II. Hugues Maingot fire de Surgeres figna immediatement aprés Guillaume Duc d'Aquitaine , Geofroy fon fre= re , Geofroy Comte d'Anjou , Agnes Comteffe , Guillaume Vicomte , & avant *Guillaume* de Parthenay une Charte de Don fait au mois de Juillet 1039. par le même *Guillaume* Duc d'Aqui= taine à l'Abbaye de S. Jean d'Angely. Il confentit à une dona= tion faite aux Moines de S. Cyprien de Poitiers , de plufieurs domaines & rentes , qui relevoient de luy, pour bâtir une Egli= fe dans l'Ifle de Courdeault. Cet acte paffé , du temps que le Comte de Poitou prit Barbafte en Efpagne fur les Sarrazins, Conftantin étant Abbé de S. Cyprien, qui eft environ l'an 1062. Il fit don à l'Abbé de Vendôme de 60. Lapins à prendre chaque année dans la garenne de Maraans , qui luy venoit de *Guillaume* Chabot , & de plufieurs autres droits & rentes , pour en joüir aprés fa mort & celle de Petronille fa femme, chargeant Guil= laume Maingot fon heritier d'éxecuter le tout. Et le dernier Dimanche d'Octobre 1068. il foufcrivit aprés les Abbés de S. Jean d'Angely & de S. Michel en l'Herm, & Oftence de Taillebourg , & avant *Geofroy* de Taunay & *Geofroy* de Rochefort, une Char= te accordée par Guy Duc d'Aquitaine, qui étoit alors au Château de Surgeres , en faveur d'*Oderic* Abbé de Vendôme. Il fe trouve

nommé le premier entre les Grands du Palais, *Proceres Palatii*, de
Geofroy Duc d'Aquitaine, & avant *Borel* de Montreüil, *Hugues*
Prevoſt, *Hugues* de Lezignan & *Gautier* de Carbonniere, qui ſignerent
le Decret, par lequel la Bulle du Pape Gregoire VII. fut reçûë au
Chapitre de Saint Hilaire de Poitiers. Il fut preſent à une donation faite en 1076. par Helie Roux à l'Abbaye de S. Jean d'Angely, & eleva la Charte ſur l'autel, & l'an 1079 lorſque *Guy*
Comte de Poitou, accompagné de pluſieurs de ſes Barons, s'o-
bligea de reſtituer aux Moines de Vendôme, tout ce que le Comte *Geofroy* leur avoit donné, la Charte fut ſignée par Hugues
de Surgeres, *Beranger* Chapellain du Comte, *Maurice* de Vou-
vent, *Robert* de S. Span, *Radulfe* Malteſte, & l'an 1097. du
conſentement de Petronille ſa femme, laquelle étoit fille de
Adalbert Seigneur de Dampierre ſur Voutonne en Poitou, il donna à *Geofroy* Abbé de Vendôme le patronage & la preſentation
du Prieuré Cure de Surgeres, fondé par ſes predeceſſeurs, qui
avoient fait bâtir l'Egliſe Paroiſſialle dans la grande Cour de leur
Château de Surgeres, où elle eſt encore à preſent, & il luy remit en même temps la preſentation qu'il s'étoit reſervée de l'Egliſe
de Noſtre Dame de Surgeres, qu'il avoit anciennement donnée
à Oderic auſſi Abbé de Vendôme.

PREUVES.

Ex tabulario Angeriacenſi.

1039
Beſly p.
315.
Dum unusquisque in mortali ſæculo conſtitutus &c.. Hoc igitur ego Vvillelmus
juvenis Dux Aquitanorum, filius clariſſimi & præpotentiſſimi Ducis Vvillelmi, ſciens
enormitatem facinorum &c... dono Deo & ſanctiſſimæ Virgini Mariæ ſanctoque Joanni
Baptiſtæ &c... Signum Vvillelmi Aquitanorum Ducis, qui hanc chartulam fieri juſſit,
& ſigna Gaufridi fratris ſui, Gaufridi Comitis Andegavorum, Agnetis inclytæ comitiſſæ, *Vvillelmi* Vicecomitis, *Eblonis*, Hugonis de surgeriis, *Vvillelmi* Parthanen-
ſis, *Conſtantini*, *Ramnulfi*. *Data* menſe Julio, anno ab Incarnatione Domini mxxxix.
anno xiii. regnante rege Henrico.

Ex tabulario ſancti Cypriani Pictavenſis.

1061.
Beſly p
372.
Airardus & conjux ſua *Aleat*, conceſſerunt monachis ſancti Cypriani, ad Eccleſiam con-
ſtruendam in Inſula quæ vocatur Cordal, decimam de una maſura terræ .... *Gun-
doinus* & uxor ejus *Audeburgis* decimam de maſura..... *Ainaldus* & *Oda* uxor decimam de
maſura .... & terram ad faciendas domos monachorum, & ſuorum hominum qui unquam
nulli ſervirent niſi monachis ſolis, hæc conceſſit dominus illorum, Hugo de Surgeriis
à quo tenebant. Acta ſunt hæc tempore quo Comes Pictavenſis cæpit Barbaſtam, Conſtanti-
no abbate vivente.

Ex tabulario Vindocinenſi.

Ego Hugo Surgeriarum Dominus. Volo ut notum ſit hoc donum omnibus heredibus meis, quod facio Domino & beatæ Mariæ, nec non & monachis ſanctæ Trinitatis Vindocinenſis ibi Domino ſervientibus, pro remedio animæ meæ, poſt meum utique &
uxoris meæ Petronillæ obitum, lx. ſcilicet conillos habere per ſingulos annos de ſevo Ma-
raan, quod michi procedit de *Vvillelmo* Chabot. Et ita planè hoc ſtatuo & concedo, die
natali

natali Omnium Sanctorum, semper ex illis conillis x x x. reddi , aliosque x x x. in Nativitate Domini persolvi. Adhuc autem de ipso sevo , c. sepias legitimas sanctæ Mariæ & supradictis Monachis dono & concedo , quæ etiam in capite Quadragesimæ sunt reddendæ semper. Esclusam quoque de Parciaco & omnes Esclusilos , & omnem censum qui illic pertinet , quod habeo de sevo *Johannis* de Nuelli , similiter sanctæ Mariæ & jam dictis Monachis concedo. Terram quippe de Flaiaco , sicuti dedi beatæ Mariæ & sæpedictis Monachis hìc, Domino Deo servientibus , sic concedo , ut si forte illam vellem alteri Ecclesiæ dare , hujusmodi donum quod prius feci , nullo modo possit destrui ; quin liberum & quietum , ab omni consuetudine & exactione , ab heredibus meis conservetur , & manuteneatur ad honorem Dei & utilitatem animæ meæ. Heres autem meus , VVILLELMUS MAINGOTUS , vel quilibet alius , nisi hoc donum vel beneficium , animæ meæ bene servaverit , & servando fideliter ad animæ meæ profectum protexerit , in Honorem qui sibi ex me procedit , partem numquam habeat , & alius ex meis heredibus , qui hoc donum huic Ecclesiæ ad meam salutem bene servaverit , totum meum Honorem obtineat.

Ex tabulario *Vindocinensi.* cap. 193. fol. 75.

ANno ab Incarnatione Domini MLXVIII. mense Octobri , ultima Dominica ejusdem men-   1068. sis , cùm apud castrum quod Surgerias accolæ nuncupant , remorantem GUIDONEM Aquitanorum Ducem domnus *Oæricus* Abbas Vindocini , & quidam de monasterii Fratribus expetissemus , quatenus inquietudines & injurias terræ sanctæ Trinitatis de sancto Aniano,à Præposito suo , qui Servorulus dicitur , irrogatas , sicut nobis paulò ante promiserat , in jus reduceret , & terram antiquæ suæ libertati , quæ donata fuerat , ad integrum restitueret , contigit ut quibusdam aliis necessitatibus præpeditus , causam nostram duobus suis fidelibus , *Archembaldo* videlicet Archiepiscopo jam deposito , atque *Gefrido* de Rupeforti tractandam , examinandamque committeret. Causâ igitur inceptâ , cùm ad id ventum esset , ut jam dictus Præpositus , hanc in maritimis nostris esse consuetudinem affirmare vellet , ut quamdiu Comitis servientes , salem justo pretio vellent emere , nulli alii homines sanctæ Trinitatis auderent vendere : protestantibus contra monachis nostris qui aderant , hoc animo falsum esse , testem sibi cartam donationis , à Fundatoribus loci legitimè confirmatam , in medium produxerunt , quæ cùm in audientia universorum qui aderant , recitata fuisset , repertum est non solùm maritima illa & terram de sancto Aniano , sed omnem omninò terram sanctæ Trinitatis Cœnobii Vindocinensis , ubicumque sita sit , ab omni consuetudine consulari liberam penitus & quietam esse. Sed cùm memoratus Præpositus , importuniùs adhuc , idcirco sese præfatam consuetudinem nequaquam relicturum proclamaverat , consilio domnus Abbas Odericus cum Fratribus accepto , placitum illud ut pote non nobis taliter utile derelinquens , ad Comitem venit , consuluitque utrum donationem jure factam & cartam , ut erat , legitimè factam annueret. Comes verò libenter , & donationem , sicut prius à matre sua AGNETE Comitissa , & GOFREDO Comite facta legaliter fuerat , & cartam similiter ut fratris sui Guillelmi Pictavorum Comitis manu fuerat consignando roborata , sine contrarietate aliqua consensit & adstipulavit. Sed & hoc addidit , ut si quando sese aut belli impetus urgeret , aut grandis alicujus necessitatis eventus compelleret , aliquid de rebus sancti capere , non hoc per Præpositos suos faceret , sed aut Monachum ad se vocans , aut eum per aliquem fidelium suorum commonens , quid sibi fieri vel largiri de rebus monasticis vellet , modesta postulatione suggereret. Testium qui affuere nomina sunt hæc , domnus *Odo* Abbas sancti Johannis de Angeliaco , Abbas sancti Michaëlis de Heremo , *Ostensis* de Talliburgo , HUGO de SURGERIIS, *Gofridus* de Talnaco , *Gofredus* de Rupeforti , *Archembaldus* Archiepiscopus.

Ex tabulario *S. Hilarii Pictaviensis.* cap. 63.

GOSFREDUS Dei gratia Dux Aquitanorum , & VVILLELMUS filius ejus , universis   1073. Canonicis Ecclesiæ gloriosissimi Confessoris Hilarii. Notum sit quippe nos Ego videlicet   Besly p. GOSFREDUS gratia Dei Aquitanorum Dux , & Abbas , quantùm laico licet , Ecclesiæ Beati   343. Patroni nostri Hilarii , filiusque meus karissimus VVILLELMUS , ex petitione Canonicorum Ecclesiæ præfatæ , & præcipuè Domni *Gosleni* venerabilis Burdegalensis Archiepiscopi , & ejusdem Ecclesiæ Thesaurarii , nec non assensu & collaudatione Domni *Isembardi* Pictavensis Pontificis , pariterque Procerum nostri Palatii , determinando confirmamus & confirmando determinamus , ut ab hac die in perpetuum nullus, cujuslibet Presbyteri filius , vel Diaconi , vel Subdiaconi , aut alicujus Clerici , nullus quoque Spurius , id est qui non est de legitimo matrimonio natus , fiat uniquam in Ecclesia supradicta quolibet modo Canonicus. Si autem aliquis ex istis , scilicet ex clericorum filiis , vel cæteris spuriis, antequam Edictum Domni Papæ Gregorii VII. quod de illis promulgatum est in Concilio Pictavensi , à Domno *Hugone* Diensium Episcopo , & Sedis Apostolicæ legato , esset recitatum , factus est in illa Canonicus , sicut ille utique permisit , ut ita permaneat permittimus. Sed tantùm , ut nullo mo-

K

do ibi ad quodlibet ministerium amplius promoveatur, indissolubiliter sanciendo statuimus, & statuendo sancimus. Usque adeo, etiam per universa tempora succedentia, Decretum istud Auctoritatis nostræ, imò Apostolicæ ratum esse duximus, & illibatum fore voluimus, quod illud scribi fecimus, scriptumque manibus propriis confirmavimus, confirmatum autem sigillo nostro consignavimus, consignatum quoque personis suppositis ad constipulandum tradidimus. Addimus quoque præsenti Decreto, quod in Prædecessorum nostrorum privilegiis statutum esse invenimus, vel ab hac die & deinceps, super sexaginta Canonicis, nullus in Canonicum constituatur, neque donum, neque investitura, neque pretium cuilibet detur; donec aliquis de numero sexaginta moriatur, exceptis illis, quos supra LX. positos esse modo invenimus, quos in Canonicos constituendos esse suis temporibus concedimus. S. *Orgisii* Cantoris: *Hugonis* de Cohet: *Raginaldi*: *Girardi* de Cloïs: *Engelbaldi*: *Gilberti*: *Mathæi*: *Constantini* Loniot: *Bartholomæi* Vicveoni: *Petri* Johodi: *Vuillelmi* N. Cantoris: *Vuillelmi* N. Archiepiscopi: *Vuillelmi* Subdecani: *Letardi*: *Leodegarii*: *Leonii*: *Arnaldi*: *Arberti* de Foro: *Girardi* Dapiferi: *Stephani*, Sicca: *Joannis*: *Rainonis*: *Ramnulfi* Capicerii: *Rotberti*: *Rainaldi*: *Petri* Garnerii: *Vuillelmi* fratris sui: *Adelelmi*: *Petri* Gisleberti: *Viviani*: *Goffredi* Aquitanorum Ducis: *Vuillelmi* filii ejus, *Goscelini* Burdegalensis Archiepiscopi & Thesaurarii sancti Hilarii: *Isimberti*, Pictaviensis Episcopi, *Amati* Apostolicæ Sedis Vicarii: *Rainaldi* Thesaurarii: *Martini*: *Simonis* Prioris sancti Nicolai: *Guidonis* Abbatis Novi-monasterii: *Ademari* Abbatis sancti Martialis: *Odonis* Abbatis sancti Joannis: *Gervasii* Abbatis sancti Savini: *Bertranni* Abbatis sancti Viviani: *Al.* Juniani. *Hæc sunt nomina Laicorum.* Hugonis Surgeriarum: *Hugonis* Præpositi: *Petri* filii Acfredi: *Dorelli* de Monsteriolo: *Maingonis* de Mella: *Hugonis* de Lezignem: *Gautheri* de Corboanarii.

Ex tabulario Angeriacensi.

1076.
Besly p.
363.

ARBITER æternus ..... Ego *Helias* Rufus concedo Deo ... in præsentia Dn. *Odonis* Abbatis & *Ausculfi* Prioris Ecclesiarum Oxiaci & Fiscum Presbyteralem & Cimeterium ...... Hoc donum salvum faciam contra justos contradicentes ... Pergamenum propria manu super altare sancti Johannis apposui. Isti audierunt *Oddo* Abbas sancti Johannis: *Benedictus* Abbas sancti Maxentii ... Filii Heliæ posuerunt hanc Chartam super altare sancti Johannis, & Hugo de Surgeriis elevavit eam, præsente Alduino monacho ... Anno Incarnationis Dominicæ MLXXVI. Indictione XIV. regnantibus præcellentissimo rege *Philippo*, atque Victoriosissimo *Vuidone*, cognomento *Gaufredo* Duce Aquitanorum, residente in Episcopali sede *Bosone* Santonensi Episcopo.

Ex tabulario Vindocinensi. Cap. 268.

1079.
Besly p.
377.

UT Loco nostro ad utilitatem nobisque & posteris valeat, ad memoriam notificamus hic quam ...... *Vuido* venerabilis Comes Pictavis, remissionem Domino Deo & nobis fecerit de malis consuetudinibus quas homines ipsius injustè miserant in terras, quas in Santonio habemus. Cùm quadam vice idem Comes *Vuido* ad Monasterium novum, quod situm est in pago Santonico, infra Terras Sanctæ Trinitatis, cum pluribus de Baronibus suis advenisset, libenter & honorificè susceptus à nobis, omnem ei humanitatem, ut justum erat, exhibuimus ..... Assenserunt omnes & benedixerunt Deum & Comitem monachi, qui ibi præsentes erant, insuper & laïci, quorum ista sunt nomina. Hugo de Surgeriis: *Beringarius* Capellanus Comitis: *Mauritius* de Vulvento: *Robertus* de sancto Spano: *Radulfus* Maletatas ..... Anno ab Incarnatione Domini MLXXIX. Indictione I. X. Kal. Junii. Acta est ista concessio, à venerabili Comite Pictavorum *Vuidone*, infra terram quæ vocatur Maritima, apud Ecclesiam sancti Saturnini.

Ex Tabulario Vindocinensi. Char. CCCCXCIII. fol. 188.

1097.

RANNULFUS Gratia Dei, Sanctonensium humilis Episcopus, Universis sanctæ Ecclesiæ fidelibus. Bonorum omnium perseverat, quotiens Ecclesiarum causæ à quibuslibet terminantur; oportet necesse est, ut Episcopus, in cujus Diocesi Ecclesiæ sunt, de quibus agitur, testis adducetur, quatenus ejus judicio & testimonio causæ ipsæ finiantur, & finitæ prorsus sopiantur; Hujus rei *Goffridus* Vindocinensis Monasterii Abbas non immemor, in quadam causa quam de Ecclesia Beatæ Mariæ, adversus Hugonem de Surgeriis habebat, presentiam nostram, prout decebat, advocavit, ut videlicet concessione nostra ac voluntate causæ suæ finem imponeret. Hugo si quidem, predictam Beatæ Mariæ Ecclesiam, *Oderico* Vindocinensi Abbati, longe ante donaverat, in manu sua uti asserebat illius Ecclesiæ ordinationem retinens, ut si vellet etiam duodecim Monachis habitata maneret; quod tamen Abbas *Goffridus*, non annuebat, quoniam neque fe hoc vidiffe, neque unquam ab anteceffore fuo O-lerico, audiffe perhibebat. Sed ficut plerumque evenire folet, ut potentes mundi, quæfitis occafionibus, Monachos opprimant, hac occafione ille Monachos Vindocinenfes, fi quid aliquando ab eis extorquere non poffet, moleftare confueverat. Nos autem donationem quam prius de Ecclefia, Vindocinenfi Monafterio annuentes, quia hanc fibi poteftatem in ea retinuiffet, ignorabamur; quod cum agnoviffemus apud Podium-Rebellem, cum quibufdam Clericis noftris eum convenimus, fuper hoc ad rationem mittentes, cur fcilicet in dono quod puro corde Deo offerre debuerat, privatam fibi & Inordinatam poteftatem vindicaffet, quæ magis etiam damnationi ejus deputari poffet, quam faluti: nam ut facri Canones præcipiunt, nulli unquam Laïco difponendarum Ecclefiarum attribui facultas poterit. Monuimus itaque eum, ut in poteftate ac difpofitione Monachorum Vindocinenfium, fupradictam Ecclefiam omnino relinqueret, nec ulterius numerum duodecim Monachorum, quos ibi habere volebat nec poterat non poffe, ubi & impoffibilitas fubftantiæ temporalis & clauftrum non ad hoc idoneum minime finit, five etiam ubi horum alterum defuerit. Tunc ille animæ fuæ imminens periculum timens, quoniam multa à Monachis fub hac occafione male extorferat, fæpe dictam Ecclefiam & omnes res, tam mobiles, quam immobiles ad eam pertinentes, & requifitionem duodecim Monachorum, quam faciebat Vindocinenfi Monafterio, ac memorato Abbati Goffrido, qui præfens erat, in manu noftra videntibus Clericis noftris, fine cujufque hominum retractatione dereliquit; ita ut omni tempore deinceps in difpofitione, uti jam diximus, Vindocinenfium Monachorum Ecclefia ipfa, ficut eorum propria, fopita omni querimonia & contentione, confifteret. Nec prætereundum, quod propter hoc, quemdam Clericum, Goffridus Abbas Monachum fecit, qui pro Hugone, in Monafterio Vindocinenfi, omnibus diebus vitæ fuæ apud Dominum Deum intercederet. Hoc igitur privilegium Goffrido Vindocinenfi Abbati, ejufque fuccefforibus fubftituendis in perpetuum, ex parte Dei omnipotentis, ejufque beatæ Genitricis femper Virginis Mariæ, necnon beati Petri Apoftolorum Principis auctoritate & noftra, ut inconvulfum omni tempore maneat, confirmavimus. Quod fi quis in pofterum violator hujus noftri decreti fcienter extiterit, his nifi refipuerit, agnofcat fe perpetuo anathemate percuffum, atque à corpore fanctæ Ecclefiæ divifum, diaboloque cum impiis traditum. Qui vero confervator fuerit, benedictione & gratia Omnipotentis Dei perfruatur, & inter profpera humilis & inter adverfa maneat fecurus, ut divinâ mifericordiâ munitus, valeat cum juftis regna cœleftia intrare, & cum Chrifto fine fine gaudere. Hoc factum eft apud Podium-Rebellem, anno ab Incarnatione Domini MXCVII, indictione v. ubi ifti adfuerunt, quorum nomina infra fcripta funt, *Ramulfus* Sanctonenfis Epifcopus, *Rannulfus* Archiprefbiter, *Guitbertus* Sanctonenfis, *Garinus* Crociferarius Epifcopi, *Guillelmus* de Ingolifma, *Goffridus* Calvus Prefbiter, *Goffridus* Rufus Prefbiter, *Seguinus* de Campobono, *Audoinus* Prefbiter, *Guillelmus* Prefbiter, *Goffridus* Abbas Vindocinenfis, *Fredericus* Crociferarius Abbatis, *Goffridus* Prior Surgeriarum, *Andreas* M. *Reinaldus* M. *Arnaudus* Quocus Abbatis, *Rainaudus* Camerarius Abbatis, *Robinus* Præpofitus, *Gofcelinus* Famulus, *Chriftianus* Famulus, *Gauterius* Crifpellus Famulus, *Garinus* Sutor & Cellararius Podii - Rebellis, HUGO IPSE DE SURGERIIS, PETRONILLA ejus Uxor, de hominibus fuis *Petrus* Lemovicenfis, *Ainardus* de Branda, *Haimericus*, *Goffridus*, *Giraudus*, *Paganus*, *Guillelmus* Prefbiter Hugonis, *Fulconius* Miles Guillelmi Oftenfii, *Stephanus* de Pariciaco.

II. **H**UGUES & Petronille, laifferent pour enfans.

III. GUILLAUME MAINGOT, qui fuit.

III. CONSTANTIN DE SURGERES, qui eft mentionné dans une charte de Guillaume Comte de Poitou de l'an 1083. & dans un autre de Ranulfe Evèque de Saintes, pour l'Abbaye de S. Jean d'Angeli, de l'an 1096.

III. HUGUES de Surgeres, auffi nommé dans la charte de l'an 1096.

III. RANULFE de Surgeres, nommé avec fes freres dans la même charte de 1096.

III. ALOISE de Surgeres, qui époufa *Aimeri* Raimond Seigneur

de Malvau, fuivant du Chefne, en fon Hiftoire Genealogique de la maifon des Chafteigners.

III. Petronille de Surgeres, femme de *Raoul* du Puy-du-Fou,
fuivant une charte du tréfor de l'Abbaye de Maillezais
de l'an 1125.

III. G Uillaume Maengot ii. du nom, Sire de Surgeres &
G de Dampierre fur Voutonne, fut choifi avec Conftantin,
de Surgeres fon frere, par Guillaume Comte de Poitou, pour être
le defenfeur & le protecteur d'un Hôpital, que le Comte donna
l'an 1083. au Prieuré de S. Gilles de Surgeres, fondé par les predeceffeurs de ce Seigneur de Surgeres, & qui eft à prefent occupé par des Minimes. Il foufcrivit une charte en l'an 1087. par
laquelle Guillaume Duc d'Aquitaine augmenta & confirma, tout
ce que Guillaume dit Geofroy fon pere, avoit donné à l'Abbaye de Montierneuf. Constantin de Surgeres fon frere, a figné
dans une charte de Ranulfe Evêque de Saintes, qui eft dans les
archives de l'Abbaye de S. Jean d'Angeli, en l'an 1096. indiction
4. le Roy Philippe régnant & Guillaume Duc d'Aquitaine,
Hugues & Ranulfe de Surgeres freres de Guillaume & de
Constantin ont figné aprés Guillaume Comte de Poitou, *Geofroy*
de Preüilli Comte de Vendôme, *Pierre* Evêque de Saintes, *Hugues*
de Lezignan, *Aimeri* de Rancon, *Gilles* Dax, *Guillaume* de Mauzé,
Hugues de Doüé, *Geofroy* de Tonnay, dans une Charte de l'an
1096. 15. jours avant Noël. Le même Guillaume Maingot figna comme Procureur, Gardien & Depofitaire, une charte de l'an
1119. par laquelle, Guillaume Duc d'Aquitaine, confirme le don
fait à l'Abbaye de Montierneuf, par fa mere Aldearde Comteffe
de Poitou, & il foufcrivit en 1129. une autre charte, par laquelle
ce Prince accorda à la même Abbaye, un droit d'ufage dans la
foreft d'Argençon, fignée du Duc, de *Adelme* Evêque de Poitiers, de Guillaume de Surgeres, de *Guillaume* d'Afpremont
& autres, & rapportée par du Chefne, en fon Hiftoire de la Maifon des Chafteigners, fol. 422.

PREUVES.

Ex Tabulario S. Ægidii de Surgeriis.

1083. O Mnibus Jefu Chrifti fidelibus &c... plurimis præceptis evangelicis Guillelmus Comes
Pictavenfis commonitus, pro falute animæ fuæ &c... Domum &c... terram à decima
liberam &c... Deo & Priori fancti Egidii de Surgeriis, fuifque fucceffloribus &c... hoc donum factum fuit in Ecclefia fancti Andreæ, anno Incarnationis Dominicæ m.lxxxiii. vo-
catis à Domno Comite, Guillelmo Maengot & Constantino fratri fuo, ut deffenfores
& protectores hujus Domus effent.

Extrait de l'Original, qui eft dans les Archives du Prieuré de S. Gilles de Surgeres, à prefent Coüvent de Minimes.

Ex

Ex tabulario Monasterii novi Pictaviensis.

SIcut pigrorum defideria jubetur effe devitanda , Sic bonorum juftitia nobis proponitur imitanda ...... Et ideo Ego VVILLELMUS Aquitanorum Dux videns me non poffe fufficere , ad faciendum tam magna opera , ficut Patres mei fecerunt , in hoc utiliter mihi confului , fi eorum bona facta confervem , inter quæ præcipuè ftatui , apud me cuftodire & confervare , & poffe augmentare Monafterium , quod bonæ memoriæ Pater meus VVILLEL-MUS , qui & Gaufredus , in Suburbio Pictavæ Civitatis , à fundamentis ædificavit in honore Beatæ Genitricis Mariæ , fanctorum Apoftolorum Joannis & Andreæ , ubi ipfe tumulatus jacet , & ego Deo volente tumulandus fum , & omnis deinceps progenies mea : Quodque etiam de fuis redditibus & confuetudinibus dotavit , & tam auctoritate Apoftolica , quam regia , liberum & francum , abfque ulla inquietudine pofterorum meorum in perpetuum effe confirmavit. Et ego , concedente uxore mea & filio meo VVILLELMO , concedo & confirmo cuncta munimenta quæ pater meus eidem Monafterio dedit. Et concedo .... Factum eft in manu Marci prædicti Monafterii Abbatis , & Durannii Prioris fancti Nicolai & Martini Monachi. Anno Incarnationis Dominicæ MLXXXVII. regnante PHILIPPO Francorum rege. Teftes funt Savaricus clericus : Hugo frater meus Hugo de Doet : Rufus Bernardus : Dormiens Mainardus Cementarius : Adalalmus cliens : GUILLELMUS MANIGODI : Petrus Muardi : Arveus cubicularius : Frogerius cocus & alii plures.

1087.
Befly p.
404.

Ex tabulario Angeriacenfi.

CHARTA RANULFI Santonenfis Epifcopi , de Carentiniaco. Leodegarius de Brolio calumniam infert. Profertur judicium pro Angeriaco. Teftes ex laïcis , Iterius domnus Coniaci : Arnaldus Trancardus miles ejus : CONSTANTINUS DE SURGERIIS & alii. Anno ab Incarnatione Verbi MXCVI. Indictione IV. PHILIPPO rege dominante in Aquitania , VVILLELMO Ducatum tenente , eo tempore quo caftrum & arcem fancti Macarii obfidione premebat , & in brevi caftrum & ferro & incendio depopulavit & arcem munitiffimam cœpit.

1096.
Befly p.
412.

Ex tabulario Vindocinenfi.

IN NOMINE fanctæ & individuæ Trinitatis. GUILLELMUS Aquitanorum Dux. Univerfis fanctæ Dei Ecclefiæ fidelibus , pacem & quietem ..... Hinc igitur quod monachis Vindocinenfis monafterii violenter abftuleram , jufte eis reftituere dignum duxi. Abftuli fi quidem illis .... Prædictæ autem Terræ redditionem à me factam fuiffe apud Caftellum novum meum Banaum , nullus fidelium dubitaverit. Anno ab Incarnatione Domini MXCVI. Indictione IV. quarto Idus Decemb. XV. die ante Natale Domini. Ubi affuerunt ifti quorum nomina fubfcripta funt. GUILLELMUS ipfe Comes Pictavenfium : uxor ejus MATHILDIS : Hildegradis mater prædicti Comitis : Gosfridus de Prulliaco comes Vindecinenfis : Petrus Epifcopus Pictavienfis : Hugo de Leziniaco : Haimericus de Rancone : Giloius de Axiis : Guillelmus de Malfiaco dapifer Comitis : Hugo de Doado : Gosfridus de Tauniaco : HUGO DE SURGERIIS : RAMNULFUS DE SURGERIIS : Adelardus de Siriaco .... Gosfridus Abbas Malliacenfis : Guarnarius Abbas fancti Maxentii : Gosfridus Abbas Vindocinenfis. De monachis Vindocinenfibus , Herbertus Hofpitarius : Gosfridus dictus Martellus : Andreas de Podio - Rebelli Præpofitus.

1096
Ibid.

Ex tabulario Monasterii novi Pictaviensis.

IN NOMINE fanctæ & individuæ Trinitatis , Patris , & Filii , & Spiritus fancti. Ego VVILLELMUS Dux Aquitanorum , literis annotari mandavi donum quod feci Deo & S. Joanni Evangeliftæ , novi Monafterii , quod pater meus à primo lapide fundavit. Igitur donavi præfato monafterio , in Parochia de Jart , cum Capella fancti Nicholai , liberam & quietam , ficut eo liberam & quietam eam habebam , in quibus nihil mihi retinui. Totum donavi , totum conceffi , laudante & annuente VVILLELMO filio meo. His teftibus Marco Abbate , cui hoc donum factum eft : Adelelmo monacho : Frogerio : Roberto famulo : Vvillelmo Fortonis Cubiculario : Petro Upet Præpofito de Thalemundo : VVILLELMO DE SURGERIIS , procuratore & cuftode Medietariarum Comitiffæ. Concedo , & hoc ad ufus monachorum , in prædicta capella fancti Nicholai Deo fervientium , quod Aldeardis Comitiffa mater mea donavit præfato Monafterio , decimam fcilicet Medietariarum de omnibus bladis de

1119.
Befly p.
436.

L

Jart, ſicut colliguntur à meſſoribus. Decimam quoque ..... Facta eſt hæc cartha, Anno ab Incarnatione Domini MCXIX. Teſtes autem hujus donationis, prædictus Abbas Marcus: Durannus Prior ſancti Nicholai Pictavienſis, Martinus monachus: Savaricus clericus: Hugo frater meus: Hugo de Vvet: Aimo Rufus: Arvæus: Frogerius cocus: VVILLELMUS MANGOTI: Bernardus Dormiens: Petrus Ainardi & alii plures.

III. **L** E nom de la femme de GUILLAUME III. eſt inconnu, mais il eſt certainement pere de

IV. GUILLAUME qui ſuit, & de

IV. GILBERT de Surgeres, dit *de Naleas*, & plus vraiſemblablement de *Naliers* ou de *Nuaillé*, lequel conſentit à la fondation de l'Hôpital de Surgeres, faite par GUILLAUME ſon Frere, par la Charte cy aprés rapportée de l'an 1171.

IV. **G** UILLAUME MAENGOT, Sire de SURGERES & de Dampierre III. du nom, donna à *Pierre* Abbé de la Tenaille & à ſes Religieux, pluſieurs Domaines & Rentes, la Charte qui eſt dans les Archives de l'Abbaye eſt de l'an 1160. En l'an 1168. l'Abbaye de S. Leonard de S. Chaumes prés la Rochelle fut fondée: Il eſt dit dans le Titre de fondation, que GUILLAUME MAENGOT, Sire de SURGERES, en fut bien facteur; Il fonda avec BERTHE ſa Femme & GILBERT DE SURGERES ſon Frere en l'an 1171. un Hôpital à SURGERES, & le donna au Prieur & Religieux de S. Gilles de SURGERES, la Charte en eſt conſervée dans le Treſor de ce Prieuré. Il eſt qualifié Sénéchal de Poitou, dans des Lettres de Richard Fils du Roy d'Angleterre, données à Perigueux en l'an 1177. rapportées par du Cheſne, en ſon Hiſtoire de la Maiſon des Chaſteigners, page 422. En la même année, il donna à l'Abbaye de Nôtre-Dame de Labzie, pluſieurs rentes qui lui étoient dûës dans les fiefs de Vouvant, & dans la Parroiſſe de la Chapelle Tirœille, & l'Etang de Rochier, pour le ſalut de l'ame de BERTHE ſa femme, Fille *de Geoffroy de Rancon*, Seigneur de Taillebourg; Il eſt nommé avec elle, dans une Charte de donation faite en 1216. par GUILLAUME leur Fils, aux Moines de la Trinité de Vendoſme, & dans le teſtament du même de l'an 1221.

PREUVE.

Ex tabulario S. Ægidii de Surgeriis.

N OSCANT Poſteri noſtri, quod ego GUILLELMUS MAENGOTI & GILBERTUS Frater meus, pro ſalute animarum noſtrarum & Parentum noſtrorum, damus & concedimus, & franchimus, pauperibus elemoſinariæ de SURGERIIS à Vigeria &c. ſimiliter franchimus domum elemoſinariam, & omnes domos proprias ejus & omnes filias eorum, uticumque ſint, quamdiu cum eis manſerint. In mareſco quoque de Marena, omnia neceſſaria hominibuſque de laudari concedimus &c. .. hoc conceſſit Domina BERTHA prædicta, cum prædicto Domino & Franchimento &c.... Teſtes Domini GUILLELMI & GILBERTI & conceſſionis BERTHÆ, Jordanus de Lamorgeo:

Quintinus de Marciato : Lambertus Foreſtarius ? Arnaldus Ancais &c... Placuit Domino
GUILLELMO ut priora pacta per ſequentia roborarentur, ſtatuere cum priores & fratribus &c...
audientibus Petro Daniel , Priore Beatæ Mariæ de Surgeriis , *Gilberto* de S. Felicio &c...
Ego Ademarus, Dei gratia Xantonenſis Eccleſiæ Epiſcopus , omnibus fidelibus tam preſentibus
quam futuris hanc Cartam inſpicientibus notum fieri volo , quod GUILLELMUS MAENGOTUS &
GILBERTUS NALEAS frater ejus , hanc eamdem Cartam laudaverunt , eam domui Eleemoſi-
nariæ de Surgeriis & fratribus inibi commorantibus , eorumque ſucceſſoribus , in manu noſtra
donantes , & ſicut in ea continetur , eiſdem fratribus in clauſtro ipſius domus libere & actu
concedentes & hoc perpetuo &c... Sigilli noſtri munimine fecimus roborari at conſignari.
Actum eſt autem hoc anno ab Incarnatione Domini MCLXXI. Domino ALEXANDRO Papa
III. & LUDOVICO Rege Francorum, & HENRICO Rege Anglorum regnantibus, RICHARDO
quoque ejuſdem Henrici filio , Aquitaniæ Ducatum tenente.

Cet Extrait tiré de l'Original, qui eſt dans les Archives de ce Prieuré.

IV. **L**Es Enfans de GUILLAUME & de BERTHE de Rancon ,
furent ,

V. SIMON MAENGOD , nommé dans un rolle des Chevaliers
Bannerets du Comté de Poitou, conſervé dans le Tréſor des
Chartes du Roy, & rapporté par du Cheſne, en ſon Hiſtoire
de la Maiſon des Chaſteigners, page 58. & aux Preuves,
page 26. Il donna avec ſa femme THOMASSE & GUILLAUME
Fils de ladite Thomaſſe , aux Moines de S. Cyprien de
Poitiers , l'Egliſe de Sueles , par Charte conſervée dans le
Tréſor de ce Monaſtere. SIMON n'a point eu de ſuite connuë.

PREUVE.

Ex Tabulario S. Cipriani Pictavenſis.

SIMON MAINGODUS , Uxorque ejus THOMASIA & VUILLELMUS filius Thomaſiæ, conceſſerunt Monachis S. Cipriani , Eccleſiam de Suilers , cum omnibus rebus ad eam pertinentibus & quodcumque Goſtidus Presbiter de Vuillelmi tenuit , quæ ad ipſos pertinebat & quod
hoc Albertus Panet ejuſque uxor habebant , & quæcumque eis in antea ibi datur illis & quidquid amplius acquirere voluerint. Sign. SIMONIS MAINGODI , THOMASIÆ : VUILLELMI :
Alberti Milonis de Nicul , Aimerici Nepotis ejus , Rainaldi de Dulciaco , Vuillelmi Sarrace-
ni , Gofredi Presbiteri ejuſdem Eccleſiæ, Rainaldi Presbiteri , Adeberti de Alvernia , Petri
Stabuli , Gaufredi Prioris , Petri Monachi , PHILIPPO regnante.

V. GUILLAUME MAINGOT , qui ſuit.

V. HUGUES de SURGERES , Vicomte de Chaſtellerault , poſ-
ſeda ce Vicomté du Chef de ſa Femme, ÆNOR de CHASTEL-
RAULT, Fille de GUILLAUME Vicomte de Chaſtelrault, mort
outre Mer , au Siege d'Acre l'an 1190. & de CLEMENCE ſa
Femme. Il en prend la qualité dans la Charte qu'il a donnée,
pour confirmer la donation faite en 1108. par GUILLAUME
Sire de SURGERES ſon Frere, à l'Abbaye de S. Maixant , &
dans une autre Charte du mois de May de la même année,
par laquelle il donne à l'Abbaye de Fontevrault, cent ſols de
rente , qu'il prenoit ſur Iſſoudun du Chef de ſa mere , à
condition de celebrer tous les ans dans ledit Couvent l'An-

niverfaire de fadite mere & le fien ; Cet Acte eft fcellé en
cire blanche, fceau fur lequel il y a un Ecuffon fretté de
Vair & un Lambel de cinq pendans, ce qui fut confirmé
dans le même mois par Rad. d'Iffoudun fon coufin. La même
qualité lui eft encore donnée, dans une information faite tou-
chant la poffeffion de S. Remy-le-Château, & dans deux
Chartes des années 1211 & 1218. confervées à S. Hilaire de
Poitiers & à S. Gilles de SURGERES, comme le rapporte du
Chefne en fon Hiftoire de la Maifon des Chafteigners, page
424. On écrit qu'il n'eût qu'une fille unique, nommée CLE-
MENCE, mariée à GEOFROY de LUZIGNAN, Comte de la
Marche.

PREUVES.

*Titre de l'Abbaye de Fontevraud, tiré du Cabinet de M. de Gaignieres
à la Bibliotheque du Roy, Vol. cotté, Abbaye de Fontevraud, page 205.*

NOVERINT univerfi Chrifti fideles, ad quos prefens pagina pervenerit, quod ego HUGO
DE SURGERIIS Vicecomes Caftri-Eraudi, pietatis intuitu, & caritativè conceffi & do.
navi Deo & *Adili* Abbatiffæ, fanctiffimoque Conventui Fontis-Ebraldi pro falute animæ meæ
& meæ matris, in puram & perpetuam elemofinam, c. folidos annui reditus capiendos apud Exfoldunum in Natale Domini de c. libris redditus, quas ibi ex parte matris meæ annuatim duobus
terminis habeo & recipio, in Nativitate Domini L. libras & in Nativitate S. Joannis Baptiftæ
alias L. libras. Ipfos centum folidos volo & precipio, ut dicto termino Nativitatis Domini, de
meis L. libris recipiant & habeant liberè, quietè, pacificè, integrè, plenariè, abfque calumnia,
occafione & dilatione aliqua ; Abatiffa vero & Conventus, confilio bonorum & prudentium
Virorum, caritativè concefferunt, quod annuatim anniverfarium Matris meæ & meum facerent
& ad pitantiam fibi ipfo die anniverfarii dictos, c. folidos expenderent. Huic donationi meæ
interfuerunt GUILLELMUS Antiffiodorenfis, MANASSES Aurelianenfis, G. Catalaunenfis
Epifcopi, Odo Clementis Archidiaconus, Robertus Cantor Parif. & plures alii. Quod ut
ratum permaneat, prefenti Cartæ Sigilli mei robur & munimen apponi feci, actum in Capitulo
apud Fontem-Ebraldi, anno Verbi Incarnati MCCVIII. Menfe Maio.

Scellé en cire blanche fur lacs de Parchemin, d'un fretté de Vair & un Lambel de cinq pendans & pour Legende qui y refte, udi † S. Ugonis Surgerii.

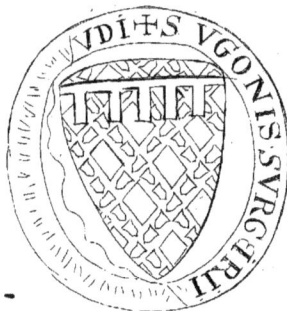

OMnibus Rad. Exfolduni dominus notum facio, quod donum illud centum folidorum
annui redditus, quod venerabilis cognatus meus HUGO DE SURGERIIS, Vicecomes
Caftri-Eraudi, donavit Deo & *Adilidi* abbatiffæ, de c. libris quas ex parte matris fuæ apud
Exfoldunum habet & recipit, Ego amore *Ale* matris meæ monialis Fontis-Ebraldi confirmo,

mo , præfenti carte figilli mei robur appofi feci. Actum an. Verbi incarnati 1108. mènfe Maio.

Scellé fur lacs de parchemin le fceau brifé. Tiré du même Cabinet & Bibliotèque du Roy au même Volume & même page.

Ex tabulario fanĉti Maxentii.

UNiversis Chrifti fidelibus præfentem paginam infpecturis , Hugo de Surgeriis Vicecomes Caftri-Ayraudi. In perpetuum temporalis actus memoria , fcripta firmari poftulat , ne repente proceffu temporis evanefcat. Ea propter notum facimus univerfis præfentibus pariter & futuris , quod cum nobilis vir Vvillelmus Maengo Dominus de Surgeriis frater nofter , Deo & Beato Maxentio & Monachis ibidem Domino fervientibus , caritative contuliffet & conceffiffet quidquid juris & exactionis habebat & habere debebat , tam ratione Præpofituræ quam Vigeriæ , in feodo & Prioratu Fontifloys , in hominibus videlicet , in terris , in vineis , in cenfu , in procuratione , & in omnibus aliis rebus , quæ in eodem feodo funt , & ad eumdem pertinent Prioratum , & ut quidquid homines terræ ipfius Vvillelmi propter primogenitos , in eodem feodo & prioratu voluerint habitare , & fuas ibi facere manfiones , ibidem ædificent & permaneant , & tam his quam omnes alii undique advenerint , de cenfu . . . . . . citu . . . de talliata , de præpofitura quoque & vigeria , & de omni exactione & fervitio liberi fint & immunes. Nos donationem ipfius ratam & firmam habentes , ipfam conceffimus & poft modum in capitulo S. Maxentii , eandem in præfentia multorum curavimus confirmare & figilli noftri patrocinio communire. Affiftentibus Gaufrido de Surgeriis fratre noftro milite & quibufdam aliis militibus. S. Vvillelmo de Carophio priore conventuali. S. Jordano fubpriore , Vvillelmo Abroci armario. S. magiftro Vvillelmo Sacriftæ. S. Bonaudo celléɾario. S. Michaële infirmario. S. Gaufrido Vender Priore Vetrinarum. S. P. Coco monacho & multis aliis. Factum in capitulo S. Maxentii iii. Kal. Maii , anno ab incarnatione Domini m c c viii. regnantibus illuftri Rege Francorum Philippo , fereniffimo Anglorum Joanne Rege , Domino Innocentio fumme Pontifice.

Tiré de l'Original , qui eft dans l'Abbaye de S. Maixant.

V. Geofroy de Surgeres , prit le nom de De Granges , & de luy eft fortie toute la maifon De Granges ; rapportée cy aprés dans fon rang.

V. GUillaume Maengot IV. du nom , Sire de Surgeres & de Dampierre , fils de Guillaume & de Berthe de Rancon , eut un don d'Alienor Reine d'Angleterre , Ducheffe de Normandie & d'Aquitaine en l'année 1199. par lequel la Reine le nomme Guillaume Maengot ou de Surgeres ainfi qu'il eft marqué dans la charte qui eft rapportée cy-aprés , tirée d'un volume cotté , *Abbaye de la Trinité de Vendôme* , du cabinet de M. de Gaignieres , étant à la Bibliotèque du Roy. Ledit Guillaume étant en procés avec l'Abbé & les Moines de Vendôme , il traita avec eux , & il leur donna ce que la Reine luy avoit donné , pour prier Dieu pour Jean pere du Roy d'Angleterre , & pour Eleonor fa mere , & Richard fon oncle ; & pour luy , & pour tous leurs parens & pour les fiens , ainfi qu'il eft expliqué dans la charte qui eft enfuite de la premiere , tirée du même endroit , & fcellée de fon fceau en cire blanche , qui eft un fretté de Vair. Il donna en 1208. à l'Abbé de S. Maixant tout ce qui luy appartenoit au Prieuré de la Fondeloye , du confentement de Berthome'e de Allemoigne fa femme , fœur de Gautier & de Guillaume d'Allemoigne Chevaliers , Seigneurs de Sazay , de Hugues & Geofroy de Surgeres fes enfans , & de Hugues & Geofroy fes freres par charte , dont l'Original eft confervé dans le tréfor de cette Ab-

M

baye, & rapportée par du Chesne, en son histoire de la maisou
des Chasteigniers page 424. Il fit son testament en 1221. il s'y
dit fils de GUILLAUME MAINGOT & de BERTHE fille de GEOFROY
de Rancon, il y donne aux religieux de S. Bibien d'Argenton,
tout le droit qu'il avoit sur le Moulin de Chaignou, & droit de
pasturage dans ses marais d'Aigrefeüille & de Boucon, ce qui fut
consenti par ses enfans y nommez.

PREUVES.

ALIENOR Dei gratia regina Angliæ, Ducissa Normandiæ, Aquitaniæ, comitissa Andegav. Archiepiscopis, Episcopis, Comitibus, Vicecomitibus, Baronibus, Præpositis,
Ballivis, & omnibus amicis, & fidelibus suis tam præsentibus quàm futuris. Noverint uni-
versi nostra nos præsenti carta, confirmasse Domui de Podio-Revelli, jura & omnes libertates suas, quas habuit à nobis & prædecessoribus nostris. Sciatis autem, nos in dono quod
fecimus VVILLELMO MAENGOTI, scilicet SURGERES, nil illi nec alicui alio dedisse in
domo de Podio-Revelli, nec in pertinentibus ejus, sed ipsam in protectione Dei, & nostra
specialiter suscepimus. Quare vos Archiepiscopi & Episcopi, teneri & custodiri faciatis, istas
verò libertates sæpe dictæ domui reddidimus, & sigilli nostri munimine roboravimus, apud
Rupellam hiis testibus, Karissima Filia nostra JOHANNA, Theobaldo priore sancti Ægidii de
SURGERIIS, Petro priore de Podio-Revelli, Rigero capellano nostro, Hamelino de Brolio, Petro capicerio militibus nostris, VVillelmo de sancto Maxentio clerico nostro, & aliis.
Datum anno Incarnationis Verbi MCXCIX.

Scellé en cire verte. Titre de l'Abbaye de la Trinité de Vendôme, tiré du Cabinet de M.
de Gaignieres, étant à la Biblioteque du Roy, Vol. cotté *Abbaye de Vendôme* fol. 31.

EXcellentissimo Domino suo HENRICO Dei gratia, illustrissimo regi Angliæ, domino
Hyberniæ, duci Norm. Aquit. & comite Andegav., locis in omnibus & ad omnia de-
votus miles VVILLELMUS MAINGOTUS sal. & perpetuum cum integra fidelitate servitium.
Regiæ celsitudini vestræ quam Deus salvam & incolumem custodiat, & faciat, omnium
inimicorum victricem, significare volo, quod querelæ illæ quæ diu inter me & Ecclesiam
Vindocinensem, pro domo de Podio-Revelli duraverunt, quod ab eis plura petebam, & pro
debito capiebam juxta conscientiam meam, in quibus Abbas & monachi Vindocinenses sibi
injuriam . . . . conquerebantur, nunc, per Dei, & vestri gratiam, sunt per bonam
pacem & firmam in perpetuum terminatæ. Forma autem pacis hæc est, quod ego nolens
contra Deum & ejus Ecclesiam diutius calcitrare, dedi & concessi Deo & Ecclesiæ Vindocinensi, in puram & liberam helemosynam, & quittavi pro salute animatum domini JOHAN-
NIS regis Angliæ patris vestri, & dominæ ALIENOR . . . Reginæ matris ejusdem, & domini
RICHARDI avunculi vestri, & vestra & mea, & totius generis vestri & mei, quidquid juris habebam vel petebam, vel petere poteram de donatione prædictæ dominæ ALIENOR reginæ, & domini JOHANNIS regis Angliæ patris vestri, in domo monachorum de Podio-
Revelli, & ejus pertinentiis, & in hominibus ejusdem villæ, quæ omnia videlicet pertinere ad Ecclesiam Vindocinensem dinoscuntur: ideoque vobis supplico, tamquam domino meo
karissimo, quatenus amore Dei & pietatis intuitu, & ad petitionem meam, quittanciam istam
dignemini prædictæ Ecclesiæ, per vestras patentes litteras confirmare.

Scellé en cire blanche d'un fretté de Vair, sceau de GUILLAUME MAINGOT. Titre
de l'Abbaye de Vendôme, tiré du Cabinet de M. de Gaignieres, étant à la Biblioteque du Roy, Vol. cotté *Abbaye de Vendôme*. fol. 31.

Teſtament de Guillaume Maingot.

UNIVERSIS. Bartholomæus Huquerelli cuſtos ſigilli regii ad contractus in villa Rupellæ. Noveritis nos vidiſſe quaſdam litteras, formam quæ ſequitur continentes. Ego VVILLELMUS MAHENGOTI, filius VVILLELMI MAHENGOTI & BERTHÆ filiæ GOFRIDI de Ranconio, faciens teſtamentum meum, dedi Sanctimonialibus ſancti Bibiani de Argentonio in Ballia de Aucher 12. libras cenſuales, quicquid juris habebam in molendino de Chagneu, & paſcuale in mariſcis meis de Agrifolio & de Bucone. Hanc donationem voluerunt filii mei VVILLELMUS & HUGO, & filiæ meæ BERTHA & LETICA. Anno ab Incarnatione Domini MCCXXI. Nos dictus cuſtos ſigillum regium duximus apponendum Rupellæ.

Titre original de l'Abbaye de Fontevrault, tiré du Cabinet de M. de Gaignieres à la Bibliotheque du Roy, Vol. cotté *Abbaye de Fontevrault.*

V. ENfans de GUILLAUME & de BERTHOME'E d'Allemoigne, ſa femme.

VI. GUILLAUME MAINGOT, qui ſuit.

VI. GEOFROY de SURGERES, conſentit à la donation faite par ſon pere l'an 1208. à l'Abbaye de S. Maixant, on preſume qu'il étoit mort, lorſque ſon pere fit ſon teſtament en 1221. puiſqu'il ne s'y trouve pas nommé, avec ſes autres freres & ſœurs.

VI. HUGUES de SURGERES, Seigneur d'Azay ſur Cher, Chevalier, approuva la donation faite par ſon pere en 1208. à l'Abbaye de S. Maixant. Il eſt nommé dans ſon teſtament de l'an 1221. La qualité de Chevalier luy eſt donnée dans une charte de l'an 1239. par laquelle il donna à l'Egliſe de S. Bibian d'Argenton 15. ſols. de rente, à prendre ſur ſon grand fief d'Aunis, pour l'entretien d'une lampe devant le tombeau de ſon pere.

PREUVES.

UNiverſis præſentes litteras inſpecturis, HUGO DE SURGERIIS miles, ſalutem in auctore ſalutis. Noveritis quod ego dedi Deo & Sanctimonialibus de Argentonio, pro ſalute animæ meæ & parentum meorum, & pro anniverſario meo annuatim faciendo, & una lampa ardens coram tumulo patris mei XV. ſol. annuatim reddendos, in redditu meo magni feodi de Alniſio, in feſto Omnium Sanctorum: & ut firmiùs hoc habeatur, dedi dictis Sanctimonialibus has patentes litteras ſigilli noſtri munimine roboratas. Actum anno Domini MCCXXXIX.

Le ſceau perdu. Titre original tiré d'un Volume cotté, *Abbaye de Fontevrault*, du Cabinet de M. de Gaignieres, étant à la Bibliotheque du Roy.

VII. HUGUES eut pour fils, GUILLAUME de SURGERES Seigneur d'Azay ſur Cher pere de GEOFROY de SURGERES Seigneur d'Azay, marié avec ALIX de Culant, fille de JEAN Sire de Culant, de Châteauneuf, & de Juloignes, & de JEANNE de Bouville Dame de Romefort & de Savigny en Berry. Elle étoit veuve de luy, & plaidoit pour son doüaire, en 1341. Elle se remaria à *François* de Linieres Seigneur de Rougemont, duquel elle étoit encore veuve en 1344. & plaidoit aussi pour son doüaire. Elle eut pour enfans de son premier mary.

VIII. JEAN DE SURGERES, Seigneur d'Azay, lequel se disoit heritier de sa mere en 1347. depuis ayant suivi le party des Anglois, le Roy CHARLES V. luy confisqua sa terre d'Azay; mais étant rentré dans son devoir, elle luy fut restituée par lettres de ce Prince, du mois de Mars 1372. il mourut sans enfans de même que

VIII. HUGUES DE SURGERES son frere, aussi Seigneur d'Azay, lequel se disoit comme luy heritier de sa mere, mort sans enfans.

VI. BERTHE de SURGERES, nommée dans le testament de GUILLAUME MAENGOT son pere de l'an 1221.

VI. LETICE de SURGERES, aussi nommée dans le testament de son pere de l'an 1221.

VI. GUillaume MAINGOT V. du nom, Sire de SURGERES & de Dampierre, fils de GUILLAUME & de BERTHOME'E d'Allemoigne, est surnommé *le Jeune*, à la difference de son pere qui vivoit lors, dans une charte de l'an 1117. par laquelle il approuva la donation faite par son pere à l'Abbé de la Trinité de Vendôme, & son sceau qui y est attaché, est un fretté de Vair, brisé d'un Lambel de cinq pendans, quoyqu'il fut fils aîné, ce qui est chose notable pour ce temps-là. Il est nommé dans le testament de son pere de l'an 1221. & il épousa une Dame nommée SIBILE, laquelle étoit veuve de luy en 1239. suivant une charte citée par du Chesne, dans l'Histoire Genealogique de la maison des Chasteigniers. En cette qualité & de Dame de SURGERES, ayant le bail de ses enfans, elle reconnut par ses lettres données à Paris l'an 1243. conservées dans le trésor des chartes, avoir fait l'hommage à ALFONSE Comte de Poitiers, d'un fief mouvant de Taunay-Voutonné, & s'être accordée pour le rachat dudit fief, de luy payer 200. livres.

Tiré de l'inventaire du trésor des Chartes, étant dans le Cabinet de M. Clairembault Genealogiste des Ordres du Roy. Vol. 1. fol. 844.

PREUVES.

PREUVES.

12.7.

UNiversis ..... VVILLELMUS MAENGOTUS junior Salut. Cùm vir nobilis & ftrenuus dominus VVILLELMUS MAENGOTUS Pater meus , pro bono pacis, confuetudines quas in Prioratu de Podio - Revelli & in hominibus ejus fe habere dicebar, pro c. folidos Pictav. me volente dimififfet , poft modum Vir nobilis , Domino infpirante , fuæ & prædecefforum & hæredum fuorum , volens longiùs providere faluti, pro falute animarum VVILLELMI Patris fui avi mei , & dominæ BERTHÆ matris fuæ aviæ meæ , & domini HUGONIS de SURGE-RIIS fratris fui , patrui mei , & dominæ BARTHOLOMEÆ uxoris fuæ matris meæ , & pro animæ fuæ propriæ redemptione , dictos c. folid. & omnes confuetudines , exactiones &c. dimifit & donavit , Ecclefiæ Vindocinenfi & Prioratui de Podio - Revelli ; & Ego approbavi. Acta eft hæc conceffio mea , apud SURGERIAS , in aula nobilis viri domini VVILLELMI MAENGOTI Patris mei , anno MCCXVII. præfentibus Rainaldo priore fancti Aniani ; Petro priore fanctæ Mariæ de SURGERIIS ; Hugone priore de Podio - Revelli ; Petro de Niolio ; & Vvillelmo Ifemberto militibus & aliis.

Scellé en cire verte fur lacs de foye rouge & blanche, d'un fretté de Vair & un Lambel de cinq pendans ; legende *Sigillum Vvillermi Maingot.* Extrait du Volume de M. de Gaignieres , cotté *Abbaye de Vendôme.* fol. 31.

VI. GUILLAUME & SIBILE fa femme , eurent trois enfans.

VII. GUILLAUME MAENGOT , qui fuit.

VII. HUGUES de SURGERES, Chevalier , fit un accord en l'an 1244. avec l'Abbé & les Religieux de la Grace - Dieu , dans lequel il eft dit , que les Seigneurs de SURGERES fes prédéceffeurs , étoient bienfaicteurs de cette Abbaye, & il s'obligea de leur payer 4. livres de monnoye par an , pour le vin qu'il devoit porter à leur cellier prés Marcillé. La Charte en eft confervée dans le tréfor de cette Abbaye. La qualité de Chevalier lui eft donnée dans un contrat de vente, qu'il fit au mois de Fevrier 1259. du confentement de GUILLAUME MAENGOT fon frere aîné , à l'Abbeffe de Fontevraud , d'une rente de 50. livres à prendre fur la Prevôté de la Rochelle. Cet Acte

N

eſt ſcellé de trois ſceaux, l'un du Sénéchal de Saintonge, & les deux autres de GUILLAUME MAINGOT, & de HUGUES DE SURGERES avec leurs contreſcels, ſur leſquels ils ſont repreſentés à cheval, tenant de la main droite une épée nuë, & de l'autre un écu fretté de Vair, celui de GUILLAUME en plein & celui de HUGUES avec un lambel de cinq pendans, & leurs chevaux caparaçonnés & parſemés de leurs Armoiries, ainſi qu'ils ſont repreſentés au bas de la Charte. Cette vente fut approuvée au mois d'Avril 1260. par ÆLINE ſa femme, laquelle ſe dit fille de feu Monſieur GAUVAIN de Taunay, & ſcella du ſceau de ſon mary. Il ratifia au mois d'Avril 1268. la vente faite à l'Abbeſſe de Fontevraud, par GUILLAUME Seigneur de SURGERES ſon frere, & ſcella cet Acte de ſon ſceau & contreſceau.

Taunay de Sable à un Cor de chaſſe d'argent garny d'or & lié de gueule.

PREUVES.

1259.

GE HUGUE DE SURGERES Chevalers, freres au noble homme Monſeignor GUILLAUME MAINGOU Seignor de SURGERES, fois aſſaveir à tous ceaus qui ceſte preſente verront & orront, que cum ge oguiſſe on gariment à monſeignor freres deſſus nommez, CL. liv. de rende en la prevoſté Monſeignor le Comte de Peiters en la Rochelle. Je fois aſſaveir à tos, que d'icelles CL. liv. de rende, ob laſſentement & ob la volonté à mon davant dis freres, ge ay vendu & otreié à la religioſe Dame Sœur Johanne de Breine, adoncques Abbaiſſe de l'Abbaye de Fontevrault & au Couvent de celui meiſme lieu, les L. liv. de rende, daus quaus davant dites L. liv. de rende, je me ſuis deſveſtus & deſſaiſis, en la main & en la preſence de mon davant dit freres & de Monſeignor Jean de Sours Chevalers, Seneſchau adoncques en Xaintonge, por noſtre Seignor le Comte de Peiters : Li quau à ma priere & à ma requeſte & par mon commandement, avont veſtu & ſaiſi la davant ditte Abbaſſe de Fontevrault & le Couvent d'icelui meiſme lieu, & mis en planere & corporau poſſeſſion, & en paiſible & perpetuau ſaiſine, à tenir & à aveir & eſpletter, à domaine & à durableté, à eaus & à lor ſucceſſors & à lor commandement, à faire tote lor volunté, delivrement & planerement, ſans tout contredit, por mil livres de Peitevins, que la davant dite Abbaſſe & li Couvens de Fontevrault m'en donnerent & payerent enterinement en deniers contez. Leſquaus deners ge ogui & recegui, & m'en tengui & teint por bien payez, & ai renuncié à tote exception de non nombrée, & de non ogüe & de non reçue, peccant & de menor prés & ſans, à rendre & à prendre, & à receiver chacun an & durablement, à la davant ditte Abbaſſe & au Couvent de Fontevrault, & à lors ſucceſſors, & à lors commendement, les davant dittes L. liv. de rende, à la Feſte Noſtre Dame ſainte Marie Chandelor. C'eſt aſſaveir que ge HUGUE DE SURGERES deſſus nommez, & ma terre, & totes les meies chouſes, mobles & non mobles, & nomement les C. livres de rende, qui me reviaignent en ladite Prevoſté, ſommes tenus à garir & à deffendre, à la davant ditte Abbaſſe & au Couvent de Fontevrault & à lors ſucceſſors & à lor commandement, les davant dites L. contre totes gens, franches & quittes & delivrés de tos deveirs & de totes obligations, & de tos empaitremens, aus us & aus couſtumes dau Pays. Et ſi ladite Abbaſſe & li Couvent de Fontevrault, ou lors ſucceſſors ou lor commandement, en fazeient couſt, ou miſſion, ou demore, par deffaut de gariment, ge HUGUE DE SURGERES deſſus nommés, & ma terre, & totes les meies autres chouſes deſſuſdittes, lor ſommes tenu de rendre & d'amander tos les dommages, enterinement ſans contredit & ſans delaiement, dont il ou lor ſucceſſor, ou lor commandement, devient eſtre creu, en cort & fors cort & par tos autres luces, par lor ſairement, ſans autre prove. Et ge VUILLEMES MAENGOZ Sire DE SURGERES deſſus nommez, de qui li deſſuſdit HUGUE DE SURGERES mi freres, deveit en gariment totes les CL. livres de rende deſſuſdites, fois aſſaveir à tos, que mis devant dis freres, a fait la davant dite vende dau L. liv. de rende deſſuſdites, par ma volunté & par mon aſſentement, & ge m'en tengui & encore m'en teint por bien payez, & voil & otrei, por mei & por mes hers, & por mes ſucceſſors & por tos les miens, que ceu ſeit ferme & eſtable à perpetuité ſans ceu que ge, ne mi her, ne mi ſucceſſor, puiſſiunt jamais venir encontre la davant dite vende, ne autre por nos en nule manere, ne par raiſon de preſmeſce de lignage, por quoi nos en puiſſiunt faire reſcosse, ne par raison de ceu que mis dis freres, a mis en main de religion ladite rende, ne par autre chouse qu'à je voeil & otreie, & consant que ladite Abbasse & li Couvens des-susdits, ayent & tiengent & preingnent & recevent & esplettent, bien & en pais à tos-jors mes, perpetuaument, lesdites L. liv. de rende, & lor ai quipté & dau quipté, per-petuaument por mei & por mes heirs & por mes successors & por tos les miens, tote la dreiture enterinement que ge aveie & aveir peusse & deusse, aus L. liv. de rende dessusdi-tes, & avont renuncié en icefte vende, & en icefte quittance, & en icefte nostre fait, ge Hugue de Surgeres & ge Vuillaume Maengou dessus nommez, à tote force & à tote aide de leis & de canon, & à tos privileges, & à totes costumes, & à totes nove-les institutions, & à tote exception de fait & de dreit, & à tot dreit écrit & non écrit, & à totes autres chouses, enterinement, qui nos porroint avier avenir, contre lesdis & con-tre la tenor de cette Charte, fust en Cort d'Eglise ou en Cort Laie, & en garentie. Et en fermeté durable de cette chouse, nos en avons donné por nous & por nos heirs, & por nos successors, à la davant dite Abbasse & au Couvent de Fontevrault, & à lors successors & à lor commandement, cette presente Charte, la quau li davant dit Seneschau de Xainton-ge, saiela & confirma à nos requestes de son saiau, sauve la dreiture de nostre Seignor li Com-te de Peiters, & l'autrui, & nos meismes y appofames les nos saiaux, en maire garentie de verité. Ceu fut fait l'an de l'Incarnation Jesu Christ mil & deus cens & cinquante & neuf, ou meis de Fevrer. Scellé en cire verte, sur un cordon de soye rouge de trois sceaux. Sur le premier est un pallé, avec des bandes brochantes sur le tout & pour legende, *S. Johannis de Sours militis*, & pour contrescel une Teste d'homme contournée, avec la même legende. Sur le second se voit un homme à cheval, tenant de la main droite une épée haute, & de la gauche un écu fretté de Vair, le cheval caparassonné aux mêmes Armes, & pour legende S...... Maingo *militis*, & pour contrescel les mêmes Armes, & pour legende *Sigillum domini* Guillaume Maingou. Sur le troisième sceau, se voit un homme comme au se-cond, l'écu fretté de Vair, & un Lambel de cinq pendans, & le cheval caparassonné com-me le premier, & pour legende S. Hugonis de Surgeriis *militis*, & pout contrescel un écu de même, & pout legende *Contra* S. Hugonis de Surgeriis *militis*.

Extrait d'un Vol. du Cabinet de M. de Gaignieres, à la Biblioteque du Roy, cotté, *Ab-baye de Fontevrault*. fol. 477.

1260. GE Aeline , fille-fahu Monfire Gauvain de Taunay , femme de Monfire Hugue
de Surgeres Chevalers , fois affaveir que la vende daus L. livres de rende , que mis
davant dis Sires ; à la Religiofe Abaffe & au Couvens de Fontevrault , il la fift ob ma volonté , & je m'en tenqui & encore m'en teint por bien paiée , vers eft que icefte L. livres de
rende , font daus CL. livres de rende , que mis davant dis Sires aveit en la Prevofté de la Rochelle,
ge Aeline deffus nommée en ai donné ces prefentes Lettres , les quiaus mi Sires Jehan de
Sours , Chevalers , Senefchau adoncques en Xaintonge , por notre Seignor le Conte de Peiters
faela de fon faiau , & li davant dis mis Sires Hugue de Surgeres mis Sires & mis maris,
y appofa enfément à ma requefte fon faiau , l'an de l'Incarnation Jhefu Chrift mil CC. & feitfante
ou meis d'Avril , fcellé de deux fceaux , l'un, eft rompu & l'autre fcellé de cire verte entier ,
pendant à un cordon de fil blanc , qui represente un homme à cheval , avec l'efcu de Surgeres
pareil au fceau precedent.

Extrait d'un Volume du Cabinet de M. de Gaignieres, étant à la Biblioteque du Roy , cotté
Abbaye de Fontevrault , fol. 463.

VII. Geoffroy de Surgeres Chevalier , approuva la vente
faite en 1268. à l'Abbeffe de Fontevrault , par Hugues
Seigneur de Surgeres fon frere & il y appofa fon
fceau, qui a un chef pour brifure. On n'a pas connoiffance
qu'il ait laiffé pofterité.

VII. GUillaume Maengot VI. du nom , Sire de Surgeres
& de Dampierre , fils de Guillaume & de Sibille. La
qualité d'Ecuyer lui eft donnée , dans des Lettres du mois de Septembre 1240. confervées dans le Tréfor des Chartes du Roy , par
lefquelles il promet au Comte de Poitiers , de lui delivrer fon Château de Surgeres , toutes fois & quantes qu'il en fera requis &
de n'y faire aucune Forterefle de nouveau. La qualité de Chevalier
lui eft donnée dans l'Acte de vente faite à l'Abbeffe de Fontevrault
par Hugues de Surgeres fon frere puîné , au mois de Fevrier
1259. & il le fcella de fon fceau, qui eft reprefenté au bas dudit Acte.
Il époufa premierement une Dame nommée Alix , puis Sedille
de Chevreufe , fille de *Guy* II. du nom , Seigneur de Chevreufe ,
& d'*Heliffente* de la Rocheguyon. Elle lui apporta quelques terres
en Poitou , dont il fit hommage au Comte de Poitiers en 1263.
& en 1268. au mois d'Avril , du confentement de ladite Sedille

Chevreu- fe a la Croix cautonnée de 4. Aigles de....

fa

sa femme & de Hugues & de Geoffroy de Surgeres ses freres. Il vendit à l'Abbesse de Fontevrault 50. liv. de rente, de 1200. liv. qu'il prenoit sur la Prevôté de la Rochelle. Cet Acte est scellé de son sceau, où il est representé à cheval, pareil à celui cy dessus, avec le contresceau, & de celui de sa femme, sur lequel, elle est representée en Robe longue, avec un Manteau fourré de Vair, ayant sur le poing gauche un Oiseau de Proye, & pour contresceau un Ecu Fretté de Vair ; les sceaux de Hugues & Geofroy ses freres, y sont pareillement, avec le sceau de *Jean* de Villette Senechal de Saintonge. En 1271. au mois de Decembre, il vendit à *Pierre* de la Brosse, Chambellan du Roy,100. livres de rente sur ladite Prevôté. Et au mois de Fevrier de l'an 1273. il vendit encore au Roy Philippe III. une rente de 50. livres sur la même Prevôté. Il ne vivoit plus l'an 1283. que sa Veuve vendit pour le prix de 1066. livres, à l'Abbé & Couvent de S. Denis en France, 466. arpens de bois qui avoient jadis appartenu au Seigneur de Chevreuse, assis prés des Vaux de Cernay & appellez la Haye d'Yvette. Par les Actes conservez en original, dans le Trésor des Chartes de cette Abbaye, elle se qualifie Dame de Chevreuse & Veuve jadis Monseigneur Guillaume Maengot, Sire de Surgeres, Chevalier. En 1284. elle reconnut tenir du Comte de la Marche, 30. livres de rente qu'elle prenoit sur la Prevôté de Gomez-le-Chastel & qui avoient été donnez à *Guy*, Seigneur de Chevreuse son pere, par *Yoland*, Comtesse de *la Marche*. Ce Titre est conservé dans le Tresor des Chartes du Roy & scellé de son sceau, sur lequel elle est representée en Robe fourée de Vair : tenant sa main droite sur l'estomach & de la Gauche un Oiseau de proye, à chacun de ses côtez se voit un Ecusson, le premier fretté de Vair, & le second de Chevreuse, qui est une Croix hachée, accompagnée de quatre Aigles & autour pour Legende S. *Sediliæ Dominæ Surgeritarum & Caprosiæ*, au contresceau les deux Escussons sont partis, & autour se lit, S. *Sediliæ Dominæ Surgaritarum & Caprosiæ*. La même année, le Dimanche aprés la S. Laurens, elle vendit à *Pierre* de Vendôme Clerc, 26. liv. parisis de rente, faisant partie de ladite rente de 30. livres.

PREUVES.

1268.

G E Guillaume Maingou, Chevalers Sires de Surgeres en la Diocese de Xaintes ; fois assaveir que ge étaus en ma bonne santé & en ma bonne memoire, ob lobtrei & ob la volunté de Sedille ma femme & de mon Sire Hugue de Surgeres & de mon Sire Jofrey de Surgeres mis freres Chevalers, ay vendu & livré por mon besoin, à la Religiouse Dame a suer *Johanne* de Breine, adoncques honorable Abaesse de l'Abaye de Fontevrault, & au Couvent d'icelui mesme luee, 1. lib. de rende, de dous cens lib. de rende, que ge aveie & prenée chacun an, en la Prevosté Monseignor le Conte de Peiters en la Rochelle, daus quaus L. lib. de rende dessusdits, ge me suis devestus & dessasis en la main & en la presence de Monsire *Johan* de Villette Senechau adoncques en Xaintonge, por Monseignor le Comte de Peiters ; li quaus Senechaus en a vestu & sazi lavanditte Abaesse, & ge Sedille dessus ditte femme epouse dau davantdit Monsire Guillaume Maingou, & ge Hugue de Surgeres & ge Jofrey de Surgeres, Chevalers freres germains d'icelui meimes Guillaume Maingou, faisons sçaveir, que li dis Guillaume Maingou, a fait ladite vende ob nostre obtrei & ob nostre asseutement & ob nostre volunté, & en avont donné cette presente Charte

O

faielée d'un faiau à mei GUILLAUME MAINGOU & dau faiau à mei SEDILLE fa femme, & dau faiau à mei HUGUE DE SURGERES, & dau faiau à mei JOFREY DE SURGERES deffus nommez & mi Sires *Johan* de Villette Chevalers Senefchaus deffus nommez, y appofa au treffy à requefte de nos tos deffus nommez, le fon faiau, l'an de l'Incarnation Jefhu Chrift MCCLXVIII. ou meis d'Avril. Scellé de cinq fceaux pendans à un cordon de foye jaune, rouge & verte. Sur le premier fceau eft un homme à cheval, tenant d'une main l'épée haute, & de l'autre un écu fretté de Vair, le cheval caparaffonné aux mêmes Armes, & pour legende. *S.* MAINGO *militis,* le contrefceau a les mêmes Armes, & pour legende *Sigillum Domini* GUILLAUME MAINGOU. Sur le fecond, fe voit une Femme en robe avec un manteau fouré de Vair, & tenant fur le poing gauche un oifeau, & pour contrefceau un écu fretté de Vair, legende, *S. Dominæ* SURGERIARUM. Sur le troifiéme fe voit un homme comme au premier écu, fretté de Vair, & un Lambel de cinq pendans, & pour legende, *S.* HUGONIS DE SURGERIIS *militis,* le contrefceau a les mêmes Armes, & pour legende, *Contra S.* HUGONIS DE SURGERIIS *militis.* Le quatriéme fceau eft un écu fretté de Vair, & un chef & pour legende, *S.* JOFREY DE SURGERES *Chevalers.* Sur le cinquiéme, eft un écu avec un chef chargé à dextre d'un Lyon paffant, legende *S. Johannis de Vileta militis,* le contrefceau eft de même, & a pour legende *Contra figillum* †.

Du Volume de M. de Gaignieres, cotté *Abbaye de Fontevrault.* fol. 477.

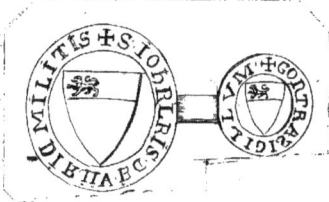

L ETTRES en Latin, par lefquelles *Alfonce* Fils du Roy de France, Comte de Poitiers & de Touloufe, confirme la vente faite à GUILLELMO MEINGOTI *Domino* SURGERIARUM, aux Abbeffe & Couvent de Fontevrault, de L. liv. de rente monnoye Poitevine, qu'il prenoit chacûn an sur la Prevôté de la Rochelle, données à Long-Pont, l'an 1268. au mois de Juin & scellées.

Du Volume de M. de Gaignieres, cotté *Abbaye de Fontevrault* fol. 481.

VENTE faite à *Pierre* de la Brosse Chambellan du Roy, par GUILLAUME MANGOT Sei- 1271.
gneur de SURGERES, & par SEDILE sa femme, de c. livres de rente en la Prevôté de la Rochelle, l'an 1271. au mois de Decembre.

De l'inventaire du trésor des Chartes du Roy, Vol. 2. fol. 1657.

LETTRES du Roy PHILIPE III. au Prevôt de Tours, à ce qu'il ait à payer à *Pierre* 1271.
de la Brosse son Chambellan, c. livres Tournois de rente, sur la Prevôté de la Rochelle, que GUILLAUME MANGOT Seigneur de SURGERES, avoit vendu audit *Pierre* de la Brosse,
à Paris l'an 1271. au mois de Decembre.

De l'inventaire du trésor des Chartes du Roy, Vol. 2. fol. 1657.

VENTE de L. livres de rente, à prendre sur la Prevôté de la Rochelle, faite au Roy PHILIPE 1273.
III. par GUILLAUME MAINGOT Seigneur de SURGERES, l'an 1273. au mois de Fevrier.

De l'Inventaire du trésor des Chartes du Roy, Vol. 1. fol. 664.

VENTE faite par SEDILE Dame de Chevreuse, veuve & femme jadis Monseigneur GUILLAU- 1283.
ME MAINGOT Chevalier, Sire de SURGERES, à l'Abbé & au Convent de S. Denys en
France, de 466. arpens de Bois, qui furent jadis au Seigneur de Chevreuse, seans prés des Vaux-
de-Cernay, appellés la haye d'Yvette, pour le prix de 1066. livres, l'an de grace 1283. en la vigile de la Chandeleur, scellé en cire verte, le sceau perdu.

Titre original en parchemin de l'Inventaire de S. Denis, tiré du Recüeil historique de
l'Ordre du S. Esprit, étant dans le Cabinet de M. Clairembault, Vol. 40. fol. 6703.

SEDILE Dame de Chevreuse, tient de son heritage Gomez-le-Chastel, sçavoir xxx. livres de 1284.
rente, du don de noble Dame *Yoland* jadis Comtesse de la Marche, à noble homme Monseigneur *Guy*, jadis Sire de Chevreuse son cher pere, dont elle est en l'hommage du Comte de la Marche, l'an 1284. Scellé de son sceau, où elle est representée vêtuë d'une robe fourée de Vair, tenant sa main droite sur son estomach, & sur sa gauche un oiseau : à ses deux côtés sont deux écussons, l'un fretté de Vair, & l'autre a une Croix achée, accompagnée de 4. aigles, & pour legende, *S.* SEDILIÆ *Domine* SURGARITARUM *& Caprosie.* Sur les contresceaux sont les mêmes
Armes, partis avec la même legende.

Tiré des Chartes du Roy, layette *Vendôme*, rapporté dans le Recüeil historique de l'Ordre
du S. Esprit, étant dans le Cabinet de M. Clairembault, Vol. 40. fol. 6739.

VII.   **L**ES enfans de GUILLAUME & de SEDILLE sa femme furent.

VIII. GUILLAUME MAINGOT , qui suit.

VIII. HUGUES de SURGERES , Seigneur de la Bougueraigne , a fait la branche de LA FLOCELIERE , rapportée cy aprés.

Bechet au
Lion de ...
& une Bor-
dure de ...
chargée de
4. Besans
de ....

VIII. LETICE de SURGERES , fut mariée premierement par son pere , à *Aimeri* Bechet Chevalier , fils d'un autre *Aimeri* Bechet , puis elle épousa *Pierre* de Marcillac , Seigneur d'Amville.

VIII.   **G**UILLAUME MAINGOT VII. du nom , Sire de SURGERES & de Dampierre. Cette qualité lui est donnée , dans un Acte de donation faite au mois de Mars , avant la Feste de l'Annonciation 1277. par *Agnés* , femme de *Pierre* Chabot de Genoüillé Chevalier , à *Alart* Ostenc , qu'il scella de son sceau , sur lequel se voit un fretté de Vair , & sur le contrescel un Echiquier. La même qualité de Chevalier lui est encore donnée , dans le partage de la succession de ses pere & mere , fait l'an 1287. entre HUGUES DE SURGERES son fils , & HUGUES DE SURGERES , Seigneur de la Bougueraigne son frere , auquel temps il ne vivoit plus. Ce partage sera rapporté dans la branche de LA FLOCELIERE , pour en prouver la separation.

PREUVES.

1277.   **G**E ALART Ostenc , & ge EVE sa feme , faisons assaveir à tos ceaus qui ceste presente Charte verront & orront , que cum ceu en arrere Madame *Agnés* , femme Monsire *Pere* Chabot de Genoillé Chevaler , nos eust sedé & otroée trente sols de anneau de rende , & nos en eust mis en plenere & corporau possission , à tenir & à aver , & à recever , & à nos & au derrain vivant de nos dous , & à nos heirs & à nos successors & à nostre commandement , perpetuaument chacun an , ou temps de vend , sur les complans de son grand Fei de la Jartie en Aunis. , qui est prés de la Maillolere des Piners pour sien , & des Piners essues desdits complans , & dessus aves diran , que ele a & que aver poet , & deve ou Fei dessusdit. Nos faisons assaveir à tos , que nos de nos bones & plenaires voluntez , per comunau accort & per communau assentement , ob l'otrei , & ob la volunté de la davant dite Madame *Agnés* , & daudit Monsor *Pere* Chabot son Seignor , avons vendu & livré & octrée , & laissé & quitté à *Aimery* de Chairai Valet , les davant dits trante sols de rende , & tot le dreit & tote la demande & tote l'obligation , & tote la raison enterinement , que nos & chacun de nos avioin & que aver poion & devion , on davant dit fei , por raison dau trente sols de rende dessusdit , & en tote autre manere , & nos en somes desvestu & dessaisi , desja de tot en tot , & en avon vestu & saisi le davant dit *Aimery* de Chairai , & mis en plene & corporau possession , & en pasible & perpetuau saisine , en reportant & mettant de nos persones en la femme tot que de dreit de domaine , de raison , d'action , de saisine & de propreieté nos y avions , & que aver y poions ou devions per quelcunque dreit , & per quelcunque cause à aver , & à tenir , & à espleiter à domaine & à durableté , à lui & à ses heirs & à lor commandement , & à faire en tot lor volunté delivrement & plenerement à vie & à mort , sans contredit , sans peje & sans dreiture , & sans raison nulle , que nos ou nos heirs , ou nos successors ou autres , por raison de nos , y puissions aver , ne prendre , ne demander jamais , en
nul

ᵒnul temps , pour nule manere que foit ou puiffet eftre , pour treize livres de torneis qu'il nos
en a donné & paié enterinement en deners contes. Lefquels deners nos avons eu & reçu , &
nos en tenifmes & tenons por bien paiés. Et avons renoncé à tote exception de noftre nombré
& de noftre reçuë pettrine , & ge *Pere* Chabot Chevalers , & ge *Agnés* fa feme deffus nommée , faifons affaveir à tos que li devant dit *Alart* Oftenc & ladite *Eve* fa feme , ont fait
la davant dite vende , & totes les davant dites convenances , chacune por fei ob noftre affentement & ob noftre volunté , & nos nos en tenifmes & tenons por ben paié , promettants por
l'obligation de tos nos biens , de non venir encontre jamais en nul temps & nule manere que
foit ou pueffe eftre. Encore faifons affaveir , nos *Pere* Chabot & *Agnés* fa feme deffus nommée,
que nos volons & otreions & nos affentons , tot plenement desja por nos & por nos heirs , &
por tos nos fucceffors , & por tos les nos , que li davant dit *Aymeri* de Chairay & fi heir & fi
fucceffor à lor commandement , aient & pregnent & recevent , les trente fols de rende deffufdits dau comptans dau dit Fei , appartenans à mei *Agnés* deffufdite , de tos les premiers profits , & de tos les premiers fruits qui y feront , & qui feront eus & reçus doudit Fei chafcun
an & durablement en temps de vendange. Et eft affaveir que nos *Alart* Oftenc & *Eve* fa feme
& *Agnés* deffus nommée , & totes les nos chofes enterinement tel & que nos avons & que nos
aurons quelcunque parts quelles foint , nobles & non nobles , & chafcun de nos lefqoeles choufes por fe & precipaument por le tot , fomes tenus à guarir & à defendre , & à entiner durablement au davant dit *Aimery* de Chairay , & à fes heirs & à fes fucceffors & à lor commandement les davant dit rente fol de rende contre totes gens , francs & delivrés de tos deus , de
totes dettes , de totes obligations , de tot alienement & de .... & autres empefchements. Et
fi li davant dit *Aimery* de Chairay , & fi heir , & fi fucceffor , ou lor commandement en fai-
fiant couft ou meffion , ou demore , ou en efteent en domage , en plaideat , ou en quelcunque
autre manere que ceu fuft , ou peuft eftre , por deffaut de garantiment , ou de tenance , ou de
paiement de ladite rente , ge *Alart* Oftenc & ge *Eve* fa feme , & ge *Agnés* feme dudit Monfor *Peire* Chabot deffus nommé , fos l'obligation de tottes les nos davant dittes choufes & de
chafcaine por fei , leur fomes & ferions tenus de rendre & damander tos les domages enterinement , dont il , à lor commandement fereent cru por lor ferment , fans autre prouve. Et avons
renoncié en cefte ditte vende & en ceft noftre fait , en tot & par tot à tote faire & à tos autres delais & autres canons & autres exceptions de fait , & tos privileges de Crois , donés & à
doner & à tot dreit écrit & non écrit , & à totes choufes enterinement , que nos poireent avenir encontre , fuft en Cort d'Eglife ou en Cort laye. Et tote la tenor de cette Charte , avons
juré fur le faint Evangile Noftre Seignor , de tenir & garder bien & leaument fans jamais venir
encontre per nos, ne per autre en nule manere. Et en garantie de cefte chofe , nos deffus nommez en avons donné audit *Aimery* de Chairay cefte prefente Charte , fcelée à nos requeftes du
faiau Maitre *Giraut* de Circieres Arcediacre d'Aunis , & dau faiau noble homme Monfire GUIL-
LAUME MAINGOU Chevaler , Seigneur de SURGERES à la juridiction dau queu noble , nos
nos s'oppofafmes , quant à ceft notre fait & les nos chofes , fans autre feignoirie avoer de nos,
ledit GUILLAUME MAENGOU Sire de SURGERES Chevaler , à ces Lettres prefent , appofaf-
mes noftre faiau, fauf noftre dreit & l'autrui , à la requefte dau queu deffufdits , & les aftreions
par jugement à garder fermement totes les chofes deffufdites. A ceu ..... centoir & accorder,
furent prefens pour tefmoins .... de la Gort , & Thomas Sirgeot , Beffange clerc. Ceu fuft
fait l'an de l'Incarnation Jefus Chrift mil deux cent & feiffante & dix fept , ou meis de Mars
davant la Fefte de l'Annonciation Noftre Seignor.

Il y a un fceau fretté de Vair , qui a au contrefcel un échiquier , autour duquel eft écrit ,
S. DOMINI SURGERIARUM. Extrait de l'original , qui eft dans le trefor du Marquifat de la Floceliere.

LE nom de la femme de GUILLAUME eft inconnu; mais il eft bien prouvé, qu'il eut pour fils unique.

IX. HUGUES de SURGERES II. du nom, Sire de SURGERES & de Dampierre Chevalier, premierement qualifié Valet, par le partage fait le Mercredy avant la Nativité de S. Jean-Baptifte de l'an 1287. entre luy & HUGUES DE SURGERES fon oncle de la fucceffion de GUILLAUME MAINGOT, Sire de SURGERES, & de celle de SEDILLE fa femme, fes ayeul & ayeule, où il eft marqué, que GUILLAUME MAINGOT fon pere & fils dudit GUILLAUME étoit mort. Il fe qualifie Chevalier dans une quittance qu'il donna, étant à S. Jean d'Angeli en 1294. à M. Charles de la fomme de 500. liv. de fes gages pour avoir fervi à la Rochelle, cette quittance fcellée de fon fceau en cire verte d'un fretté de Vair. Il fit un accord avec le Prieur de Puy-Reveau en 1296. auffi fcellé de fon fceau avec un contrefcel femblable à celuy, dont GUILLAUme Sire de SURGERES fe fervit en l'an 1277. Il époufa ALIX de Parthenay fille de *Hugues* l'Archevêque, Seigneur de Parthenay. Il eft nommé avec elle & avec GUILLAUME & GUIART leur fils dans un acte paffé entr'eux & HUGUES fon oncle, le Vendredy aprés la Nativité de Noftre-Dame 1296. fcellé de fon fceau & contrefceau, & dans des lettres de vente faite par GUILLAUME Sire de SURGERES fon fils en 1301. par autres lettres de fon même fils, en datte du Vendredy aprés la Fête de S. Martin d'Efté de la même année, tirées de la Chambre des Comptes de Paris. Il fe voit que fa femme étoit reftée veuve de luy, & avoit été tutrice de plufieurs enfans tant fils que filles.

Parthenay burelé d'argent & d'azur de 10. pieces & une bande de gueules bio:hante fur le tout.

PREUVES.

1294. JE HUGUES Sire de SURGERES Chevalier, fois à favoir à tous ceaus qui ces prefentes Lettres verront & orront, que le Lundy aprés la quintane, en l'an de grace mil & cc. & quatre-vingt-quatorze, ge agvi & recegvi à S. Jean d'Angeli, de Monfor Charles vc. liv. tz pour raifon de mes gages de la Rochelle, lefqueus vc. livres ge agvi & recegvi par la main de Johan de Condé, & en temoin de varité, ge en ai donné audit Monfor Charles ces prefentes Lettres faelées de fayel, & fut foit & donné à S. Jean d'Angeli en l'an & jour que deffus dit.

Scellé en cire verte d'un fretté de Vair, tiré d'un recüeil de titres fcellez, étans dans le Cabinet de M. Clairambault vol 104. fol 141.

A Tous ceaus que cestes presentes Lettres verront & orront. Hugue Sire de Surgeres Chevalers. Salut en notre Seignor. Scachent taust que nos en usant de justice & de Seignorie, cusson fait prendre gages en la ville de Puy-Reveau, & le prious daudit leut, nos eust sus contrait encourt & en cause, davant Maistre Pierre de Bailleus, adonques Seneschau de Xaintonge, por notre Seignor le Roy de France, & dist que celle por le nos avom foit faire à tort & en prejudice de luy & de sa priorté, por ceu que il avoit en la ville & en terreour de Puy-Reveau, toute Justice haute & basse, & eissi aveit ele esté explettée de ses ancestres, & de luy en present, por tant de temps, come memoire dome se puet recorder, sans ceu que nos ne nos ancestres hy eussom contredit, ne expletté justice, haute ne basse en rient, & daus davants dits explets, il nos ait acertanez soffisablement par plusours garants dignes de fei, & meismement nos ait acertanez par lettres soffisans, dau don & dau franchisses que lor fit la Reoyne *Aliener*, de la Ville dau terreour de Puy-Reveau dessus-dits, & nos ait encore acertanez de la ratification & de la quiptance, que notre ancestre firent & donnerent en lor lettres, aux ancestres daudit Prious de la Ville & dau Terreour de Puy-Reveau dessusdits. Nos en confessant & reconnoissant, que les Prions par bons expleis, ha d'ancienneté haute & basse justice en la Ville & en Terreour de Puy-Reveau desfusdit, avom fait restitution plenere & entere, daut gages que nous avions fait prendre en ladite Ville de Puy-Reveau, & volent por nos, & por nos heirs, & por tos les nos, & por tos ceaus qui ont & auront cause de nos, que li dit Prious & si successor, aient & explettent haute justice & basse & tous les cas & les choses qui y appartenent & appartenir se puent & deuent en la Ville & en Terreour de Puy-Reveau dessus nommez durablement bien & en pais, sans ce que nos ne nos heirs lor y puissom faire ne mettre empeschement, contredit ne destorbance en nulle maniere, ne par ressort daugeuns, nos, ne nos ancestres, ni avom point expletté, si cum nos somes sofizablement acertanez, ne par nul autre cas qui scit ou puisse estre, & encore nos acertanez diligentement de notre fait & de notre dreit, & eau sus mure deliberation ob plusieurs sages hommes, renonçant por nos & por nos heirs en celui notre fait & es choses desfusdites de ladite prise & anccntom de tout en tout, & à tout dreit ecrit & non ecrit, & à totes les choses que nos ou nos heirs pourrient avoir & anneanter ou prendre es choses dessusdites, ou aucunes delles & qui pourrient faire encontre ledit Prious ou encontre sondit Priore, & volom encor & octroiom, por nos & por nos heirs, que tout le dreit ecrit & non écrit qui aus davant dites choses que nos avom dessus dit conforter & faire valoir sont necessaires, soient en pour exprés & pour specifié entierement & parfaitement, ainsi come si nous l'eussions ecrit mout à mout en cestes lettres, sauve la drecture notre Seignor le Roy & lautrui. Et à faire toutes justes davant dites choses, furent presens Monsor Iofrei de Surgeres notre oncle, & Guillaume Brulon, Frere Jean Prior de Notre-Dame de Surgeres, & Frere Pierre Selaice de Puy-Reveau, & Jean Girart notre Chatelain de Surgeres, & por quoy cestes choses dessus dites soient fermes & estables durablement nos davant dit Hugues Sire de Surgeres en avom donné por nos & por les notres au dit Prior & à ses successors cestes presentes Lettres seellées de notre propre sceau, ceu fut fait l'an de l'Incarnation Jesus-Christ mille & deux cent & quatre vingt & seze, ou mois de Mars aprés l'Anunciation Notre Dame.

Extrait de l'Original qui est dans le trésor de l'Abbaye de la Trinité de Vendôme.

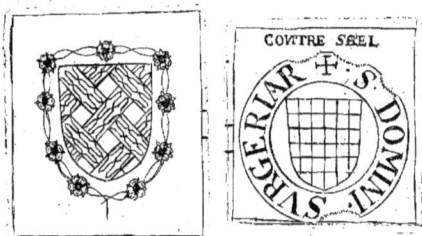

A Touts ceaus qui ces presentes Lettres verront & orront. Hugue de Surgeres Chevalers, Sire de celui leue, & Alix de Parthenay sa feme, Guillaume Maingou & Guiart de Surgeres lors fils, & André Boinet de Boesse. Salut en nostre Seignor. Scachent touts que come Monseignor Hugue de Surgeres Sires de la Bougueraigne, & Monsor *Guillaume* Raimont Sires de Malevau Chevalers, doyent & aient prins & soint tenus, chacun pour le tout, rendre & paer à Thome Jude Marcheant de Florensact de Torn,

à Hormanot fils dudit Thone , fix cent & trante livres, & cefte dite fome de pecune , lefdits Seignours de la Bougueraigne & de Malevau , ayent confeffé eaus devoir audit Thone &
Hornanot , de caufe de preft & de vende de chevaux , & lors en ayent obligé lors biens &
lors corps , à tenir oftage dans la Ville de S. Jean d'Angely , & nientmoins lors biens remettre à execution, pour lors payer & rendre lefdites fomes de pecune , dedans certains termes,
contenus & divifés en Lettres que ils lor ont donné , faellées dau feel de la Senefchauffée
de Xaintonge , eftablie à S. Jean d'Angely pour noftre Seignor le Roy de France. Je ledit
Sire de SURGERES confeffe & reconnois que lefdits Seignors de la Bougueraigne & de Malevau hont fait les promeffes , les conceffions & les obligations deffufdites , pour moy & à mes
requeftes , & promes pour .... de moi non contefter , ceu que il les farhont confeffé
devoir de prefent & de vende de chevaux .... ge les devois audit Thone. S'eft à faveir quatorze cens livres de principal , & fix cens quatre livres & dix livres pour depans &
pour domages , que il difoit li avoir fait encontre moi pour auquazion defdites quatorze cens
livres , dont nos lefdits Sires de SURGERES , ALIX de Parthenay fa feme , GUILLAUME &
GUIART lors fils , & André Boinct , promettons & fomes tencus , chacun pour le tout , lefdits Seignors de la Bougueraigne & de Malevau , & chacun deaus & lors heirs & tous lors
biens aquiter & delivrer enterinement de totes les fomes de pecune deffufdites , & garder non
endomager de touts les maux , dommages & ennuis , qui lors en pourroit lors avenir en quelconque maniere que ceu fuft , ou peut eftre , envers ledit Thone & Hormanot , & envers touts
autres quelconque , enforte que touts nos , lefdis Sires de *Surgeres* & *Alix* fa feme & *Guillaume* & *Guiart* lors fils , volons , oftroions & expreffement nos confentons , que lefdits Seignors
de la Bougueraigne & de Malevau ayent , preignent , levent , cuillent , & reçoivent , ou faffent
prendre , lever , cuillir & recevoir pour eaus & por autre de lor propre authorité , fans offenfe
de dreit & de nule autre perfone , & fans aplegement , ne autre delatoire , que nos pouffons
proupoufer , & non contrectans privileges d'année , graces , dons ou à doner de Roy ou d'autre Prince , auxqueus nous renoncions expreffement , de nos aires , de aguray & de catai , ou de
laine de celle que meux il voudront , tant de blei , que fera meftier & neceffaire à faire audit
Thone & fon fils , le payement que il lor devent fere tenu , & hont promis fere chacun an des
fomes de pecune deffufdites , jufqu'à tant , que les payements de toutes lefdites fomes ils aient
accompli entierement & tant valor fera meftier à eaus garder non endomager de touts les maux,
domages & ennuis qui lor en feroint avenus ..... Et pour tenir , garder , accomplir & entre-
tenir toutes les choufes deffufdites en la manere deffufdite , nos HUGUE Sire DE SURGERES ,
ALIX fa feme , GUILLAUME & GUIART , & André Boinet deffufdits , & chacun de nos por
le tout , obligeons aufdits Seignors de la Bougueraigne & de Malevau , nos & tos nos biens , mou-
bles & immoubles , prefens & avenir , & nos lefdits homes à tenir oftage à S. Jean d'Angely
tant longuement ... Et volons , que paffé chafcun defdits termes , nos & ge ladite ALIX puf-
fions eftre contraints par la prife & par la vende de nos biens , & nos lefdits homes par la prife de nos corps .... Et ge ladite ALIX renonçant expreffement au benefice de Velleyan , à
l'otentiq *Si qua mulier* à dote & donation por nopces , & à toute obligation que ge ay &
aveir puis , & doy , ou bien & aus choufes dudit Seignor de SURGERES mon Seignor. Et nos
lefdits GUILLAUME & GUIART fpeciaument renonçons au benefice .... que nos & chacun
de nos avons & aveir povons & devons , ou biens & ou choufes de nofdits pere & merc , ou
de lun deaus ..... Et totes les davant dites choufes , & chafcun pour foy , nos lefdits Sires
de SURGERES , ALIX fa feme , GUILLAUME & GUIART lors fils ...... & ge dit Sires
de SURGERES à ladite ALIX ma feme , & audit GUILLAUME & GUIART mes fils , ai doné
& doine authorité & affentement , quant aux choufes contenues en ces Lettres , & en tefmoin des
chofes deffufdites , nos donnons audit Seignor de la Bougueraigne & de Malevau , ces Lettres
fcellées .... Donné prefents fire Pierre Boyfange , fire Aimery Apurot , Monfor V.... de Gour-
ville Chevaler , & Johan Bon cler , le Vendredy emprés la Nativité noftre Dame , l'an de grace MCCLXXXXVI.

Extrait de l'Original , qui eft dans le tréfor de la Floceliere.

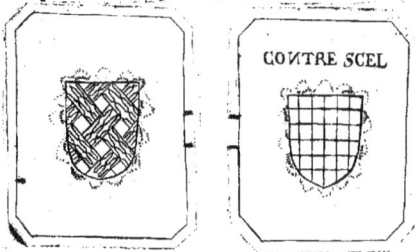

CONTRE SCEL

IX. Hugues & Alix de Parthenay fa femme eurent pour enfans.

X. Guillaume Maingot qui fuit.

X. Guiart de Surgeres, nommé dans l'Acte cy-deffus, de l'an 1296. & dans des lettres de vente faites au Roy par fon frere aîné, l'an 1301. mort fans enfans.

X. Guillaume Maingot VIII. du nom, Sire de Surgeres & de Dampierre, eft nommé avec Guiart fon frere, dans l'acte cy-deffus, paffé l'an 1296. entre fes Pere, & Mere, & Hugues de Surgeres fon grand onclé, il eft auffi fait mention de luy & de fes Pere & Mere, dans un contrat de vente fait à Guillaume l'Archevêque Seigneur de Parthenay, Vouvant & de Taillebourg, par Pierre Bouchard, Chevalier Seigneur de Cornefou & Yoland de Rochefort fa femme, de la tierce partie des biens d'Alix de Rochefort, & de l'hebergement de Loayres, excepté la terre de Torras, & les garnifons du château de Rochefort, dont le titre eft rapporté en l'inventaire du tréfor des Chartes, vol. 1. fol. 676. Il vendit au Roy Philippe le Bel deux rentes, l'une de 45. liv. & l'autre de 28. liv. par lettres données à S. Jean d'Angeli l'an 1301. fcellées & confervées dans le tréfor des Char-tes. Il paroît dans un acte tiré de la Chambre des Comptes, que dans la même année il fervit dans la guerre de Flandres, avec un Chevalier & fept Ecuyers, fous le commandement du Seigneur de Bailleus Senéchal de Saintonge, & fous le Seigneur de Bonneval, comme il fe juftifie par une quittance qu'il leur donna, étant à S. Jean d'Angeli, de la fomme 195. liv. qui luy étoit dûë pour fes gages & ceux de fa compagnie, le Lundy avant la Madelaine 1304. fcellée en cire verte de fon fceau fretté de Vair. Il époufa premierement *Jeanne* de Preüilly, avec laquelle il vivoit ès années 1307. & 1314. fecondement *Thomaffe* d'Albret fille de *Amanieu* VI. du nom, Sire d'Albret & Vicomte de Tartas & de *Rofe* du Bourg Dame de Vertueil & de Vegre. En l'an 1333. il tranfigea avec l'Ab-bé de Vendôme & les Religieux de cette Abbaye, & l'acte eft fcellé de trois fceaux, dont celuy de Guillaume eft reprefenté, par un homme à cheval armé tenant fon épée nuë à la main & fon bouclier dans l'autre, fur lequel eft un fretté de Vair, & fon che-val caparaçonné parfemé des mêmes armes, confervé en entier en l'Original dans les archives de ladite Abbaye.

Preüilly d'or à trois aigletes d'a-zur pofées deux & une.

Albret de gueules plein.

PREUVES.

Vente de 45. liv. de rente affifes à Crain, & de 28. livres de rente au Roy Philipe le Bel par Guillaume Maingo Seigneur de Surgeres à S. Jean d'Angeli l'an 1301. 1301. fcellée, dans laquelle eft fait mention de Hugue Seigneur de Surgeres pere dudit

Q

GUILLAUME, de GUIART DE SURGERES frere dudit Guillaume, & D'ALIX DE PAR-
THENAY leur mere.

Inventaire du tréfor des Chartes, étant dans le Cabinet de M. Clairambault, Vol 1.
fol. 677.

Ex Camera Compotorum Parifienfium, ex Regiftro rubeo.

1301.   A Tous ceux qui ces prefentes Letres verront & orront GUILLAUME MENGO, Sire de
SURGERES, Salut en nôtre Seigneur durable, fçachent tuit que comme pour raifon
d'une compofition jadis faite, entre noble Dame Madame ALIX de Parthenay ma mere, ça
en arriere tutrice de moy & de GUIART de SURGERES mon frere, & des autres enfans,
freres & fœurs de moy & de GUIART, tant par nom de luy que par nom de tutrice de
moy & dudit GUIART & des autres enfans, & moy ledit GUILLAUME prefent d'une part,
& M. Pierre Bouchart Chevalier & Madame Hyolent de Rochefort fa femme d'autre, fus
le Chaftel & les homages, & les garaines & les forefts en la haute Juftice de Rochefort,
lefquaux chofes Aymeris de Rochefort valet, mort jadis Seigneur de celuy lieu, avoit donné
à noble homme Monfieur HUGUE DE SURGERES mon pere, jadis Seigneur de celuy lieu,
& à ladite Dame Alix ma mere &c. Meffire Pierre de Bailleus Chevalier le Roy Senéchal de Xaintonge, le Vendredy aprés la Fefte de S. Martin d'Efté l'an 1301.

1304.   G UILLAUME MAINGO, Sire de SURGERES, reçoit de M. Pierre de Bailleus Chevalier
notre Sire le Roy & fon Senéchal en Xaintonge, & de M. Pierre de Bonneval Chevalier du Roy, par la main de Giraud Tronguiere 195. liv. pour foy, un Chevalier & fept
Ecuyers à aller à la guerre de Flandres, pour un mois à S. Jean d'Angeli, le Lundy avant
la Magdelaine 1304. fcellé en cire noire fretté de Vair.

Tiré d'un recüeil de Titres fcellez, étant dans le Cabinet de M. Clairambault, vol. 1.
fol. 83.

1333.   S CACHENT tous prefens & avenir, que come contefts fut meu, ou en efperance de mouvoir, entre nous GUILLAUME MANGO Seigneur de SURGERES Chevalier, d'une partie,
& nous Frere Jean humble Abbé dou Mouftier de Vendôme, & le Couvent dudit Mouftier,
de l'autre, ce eft à fçavoir, que nous dit Abbé & Convent difions & propoufions, por caufe de noftredit Mouftier, encontre ledit Seigneur, que il nous eftoit tenu & obligé, par raifon de Huguet Girard, noftre donné, en fix feptiers de froment de annuel & perpetuel rente ou
environ, & en 8o. feptiers ou environ de arrerages de ladite rente.
    Item. En XXV. livres à payer une fois, por raifon d'un cheval, que Frere Goffrai Bertier,
adonc Prieur de Puy-Reveau li vendit, ou temps que il vivoit.
    Item. En D. livres ou environ, par caufe de amende, ou amendes, ou paines, commifes & ga-
giées doudit Seigneur à nous Abbé deffufdit, fi comme nous difions, & en plufieurs autres
actions & demandes perfonnelles, que nous declarions contre ledit Seigneur. Nous ledit Seigneur
difant & propoufant plufieurs caufes, fais & raifons au contraire, & que nous ne leur eftions
en rien tenus ne obligés. Encore difions & propoufions encontre lefdits Religieux, que toutes
les chouffes que il avoient acquifes, par titre de donnation ou autrement dudit Huguet Girart,
de Renauft Chayllon & fa femme, & de Johan frere dudit Renauft, en nos fiefz ou rere-
fiefz, que il eftoint tenus mettre hors de lour main, & requerions que il l'en meiffent hors,
dedans le temps que raifon & couftume de Pays donne, & requerions en ce mefme, contre lefdits Religieux, que comme il teniffent & efplettaffent, ou autres par nom de eux, plufieurs
biens, qui furent Guillaume Girart dit Morant, Frere dudit Huguet, lefquels biens nous ef-

toint obligez en deux mille livres ou environ, que ledit Moran avoit reçû de noftre Terre, dont il n'avoit oncques conté avec nous, fi comme nous difions, & plufieurs autres demandes. Nous davant dits Religieux, difant & propoufant plufieurs caufes & raifons au contraire, & que nous ne li eftions en riens tenus ne obligez, par les caufes deffufdites. A la parfin dou confeil des prudes homes affemblez d'une partie & d'autre, & intervenant fur ce le confentement de nous parties deffufdites, a efté & eft fur ce pacifié, tranfigé & accordé entre nous dites parties, en la fourme & maniere qui s'enfuit. Ce eft à favoir, que le devant dit Seigneur, & fes heirs & fucceffors, & ceux qui caufe ont & aront de lui, font & demeurent quittes, dechargez & defobligez & tous leurs biens, dès ores en avant, & perpetuellement envers nous deffufdits Religieux, & noftredit Mouftier, & ceux qui caufe ont ou aront de nous, au temps prefent & avenir, de toutes & chafcunes les actions & les demandes deffufdites & dependances d'icelles & de toutes autres, quelles que elles foint, reaux & perfonaux, ou autres doit temps paffé, jufqu'à la datte de ces prefentes Lettres. Et nous ledit Seigneur, pour nous & por nos heirs & fucceffours, quittons perpetuellement lefdits Religieux, & leur dit Mouftier & leurs fucceffours, de toutes les obligations, actions & demandes, que nous avions & poüions avoir, encontre lefdits Religieux & leur dit Mouftier, par caufe ou refon des deffufdites perfonnes ou de aucunes d'icelles & de leurs biens, fauve & retenu, à nous & à nos heirs & fucceffours, toute haute juftice, juridiction moyenne & baffe, & aux devoirs & rentes anciens es choufes defudites. Et pour bien de paix & en aumofne & pour nous dit Seigneur & JOHANNE de Pruilly Dame de SURGERES, noftre loyale compaigne, nos peres & nos meres & nos heirs & fucceffours, prefens & avenir, eftre participans & conforts en tous les bienfaits & fpirituelz, Meffes, Oraifons, jeûnes, aumofnes, abftinences & autres bienfaits & actions fpirituelz audit Mouftier de Vendôme, & por tous les membres d'icelui, & pour faire folemnellement, une fois tous les ans audit Mouftier, commemoration & anniverfaire de nous dits Seignour & dame, peres & meres & de nos heirs & fucceffours, fi comme deffus eft dit, nous davant dit Seignor avons donné & octroié, & avons voulu & voulons, que lefdits Religieux ayent & tiennent paifiblement & perpetuellement, les devant dites choufes données & acquifes, des perfonnes deffufdites, leurs donnez & toutes les choufes que lefdits donnez tenaient par eux, ou par d'autres, ou qui par raifon de eux ou de lui lour pourront efchoair.

Item. Et le herbergement de la Chaignée, o les vignes, & o les prez qui y appartiennent, ainfi comme eft la cloufture des foufiez, qui funt environ les vignes, lefquelles choufes de la Chaignée funt anciennement tenues doudit Mouftier, fi comme dient lefdits Religieux.

Item. Un Fief, qui fut à feu Bouri de Chambon, tenant à la cloufture defdites vignes devers Soleil couchant.

Item. Une piece de pré fife au fié qui fut d'Icart de la Panfere vallet de Peire, & fut Guillaume Chadeau, lefquels herbergement, vignes, fiefs & pré furent à Meffire Pierre Fouquau, fans ce que nous ledit Seigneur, ne nos heirs & fucceffours, ou ceux qui de nous auront caufe, les puiffions contraindre à finer ne à mettre hors de leur main, fauve & retenu, à nous expreffement, & à nos heirs & fucceffours, fus lefdites choufes & biens, haute juftice & juridiction moyenne & baffe, & tous nos devoirs, rentes & couftumes, que nous avons accouftumez avoir au temps & paravant que lefdites perfonnes & leurs biens fuffent donnez audit Mouftier. Et anquores, avons voulu & voulons, de grace efpecialle en aumofne pour nous & pour nos heirs & fucceffours, que les devant dit Religieux, puiffent au temps avenir acquerre en choufes roturieres en nos fiefs, foixante livres de rente en outre, en tos rerifiefs en roture, ou choufes à l'equipollent, fans ce que lefdits Religieux, ne leurs fucceffours en foint tenus de finer o nous, ne o nos heirs ou fucceffours, & ne puiffent eftre contraints par nous ne par nofdits hoirs ou fucceffours, à finer ne à mettre hors de leurs mains, fauve à nos heirs & fucceffours expreffement retenu les choufes & fur les choufes, que lefdits Religieux acquereront en nos fiefs ou ricrefiefs, fi acquerre les veullent, & en toutes les autres chofes deffufdites, toute haute juftice, & juridiction moyenne & baffe, telles comme nous les y avions paravant, & toutes les rentes, couftumes & devoirs, & autres chofes, deües à nous & à autres fur lefdites choufes, ou par caufe d'icelles anciennement. Et en outre, eft parlé & accordé entre nous parties deffufdites, que une maifon & les appartenances d'icelles eftant prez d'icelle mezon, laquelle eft en la Ville de SURGERES, au Quarrefour de la Bardonniere, entre le chemin par où l'on va de SURGERES à Gueret, & le chemin qui vat de chez Gilles au Marchié de SURGERES, & fut jadis ladite mezon André Daguro, & une mote qui eft aux biez du Moulin que tiennent les Boquez de SURGERES, qui eft appellé le Moulin à la Dame, & un eftau à Bourcher en la coüie de SURGERES, lefquelles mezon, mote & eftau nous avions baillé audit Huguet Girart, paravant qu'il fut donné doudit Mouftier, à tenir & à efpletter fon viage tant folement, tantouft & après la mort doudit Huguet, reyendront à nous ou à ceux qui caufe aront de nous, fans ce que nous lefdits Religieux, ou autres par caufe ou refon de nous, y puiffons rien avoir ne demander en proprieté ne autrement. Et n'eft l'entention de nous parties deffufdites, en cet accord ou tranfaction, foit contenu ne compris, riens dés choufes ou appartenances qui touchent le Prieuré noftre Dame de SURGERES, ne ne fi facent prejudice en aucunes choufes, ne audit Mouftier de Vendôme, par caufe dudit Prieuré en aucuns legs, ou au Mouftier, si faits leur ont esté anciennement. Et nous Religieux dessusdits, avons promis & promettons sur l'obligation de biens de nostre Moustier desusdit, presens & avenir , & nous devant dit Seigneur , sur l'obligation de nous , de nos heirs & de nos biens presens & avenir , l'une partie à l'autre , que nous tendrons & garderons , & ne venderons , ne ferons venir encontre les choses dessusdites , ou aucunes d'icelles, par nous ne par autre au temps avenir , pour quelque cas ou reson que ce soit. Et en temoin desquelles choses & confirmation perpetuelle , nous Religieux dessusdits d'une partie , & nous dessusdit Seignour d'autre , avons apousé nos sceaux à ces presentes Lettres , lesquelles sont faites & doublées originaument sous nos dessusdits sceaux , desquelles nous dessusdit Seignour avons lune , & les susdits Religieux ont l'autre. Donné le seize jour du mois de Decembre , l'an de grace mil trois cent & trente & trois.

> Copie tirée sur l'Original , qui est dans les Archives de l'Abbaye de la Trinité de Vendôme , & rapportée fol. 47. du Vol. cotté , *Abbaye de la Trinité de Vendôme* , du Cabinet de M. de Gaignieres , à laquelle Charte il y a trois sceaux attachés. Celui du milieu est de l'Abbé , celui de la gauche est des Religieux , & celui de la droite est de Surgeres , qui represente un homme à cheval , armé , ayant l'épée nuë à la main , & sur son écu qu'il tient de l'autre main , un fretté de Vair , & le caparaçon de son cheval parsemé de Vair.

X. **L**es enfans de Guillaume & de Thomasse d'Albret furent.

XI. Guillaume Maingot, Sire de Surgeres & de Dampierre.

XI. Jeanne de Surgeres.

XI. **G**Uillaume Maingot IX. du nom, Sire de Surgeres & de Dampierre , servit le Roy dans ses guerres, sous le commandement du Seigneur de Maignac Senéchal de Saintonge , auquel il donna quittance de la somme de 40. liv. qui luy étoit dûë sur ses gages, le Mardy après la My-Aoust 1337. scellée de son sceau en cire verte, d'un fretté de Vair. Il épousa *Jeanne* de Chabannois fille de *Eschivart* Seigneur de Chabanois & de Confolent, laquelle étant restée veuve de luy & sans Enfans avant 1342. se remaria avec *Miles* de Thoüars, Seigneur de Pousauges.

Chabanois d'argent à 2. Lions de gueules palsans l'un sur l'autre.

PREUVES.

PREUVES.

Guillaume Maingo Seigneur de Surgeres reçoit de M. de Magnac 40 liv. fur ſes gages en 1337. le Mardy aprés la My-Aouſt, ſcellé en cire verte, d'un fretté de Vair.

Tiré d'un recüeil de ſceaux, étant dans le Cabinet de M. de Clairambault, Vol 2. fol. 210.

XI. Jeanne de Surgeres devint Dame de Surgeres & de Dampierre, par le decés ſans enfans de Guillaume ſon frere. Elle epouſa premierement Jean l'Archevesque Seigneur de Parthenay, avec lequel elle vivoit l'an 1343. Elle n'en eut point d'enfans, & ſe remaria avec Aymar de Clermont, Seigneur de Hauterive & du Paſſage en Dauphiné. Elle eſt nommée dans le contrat de mariage de Joachim de Clermont ſon fils, du 13. Decembre 1379. par lequel il ſe voit qu'elle vivoit encore alors. Cet Aymar étoit fils de Aymar de Clermont & de Agathe de Poitiers, & il eut pour fils Joachim de Clermont Seigneur de Surgeres & de Dampierre, de Hauterive & du Paſſage. Il épouſa en premieres nôces Isabeau de Surgeres, fille de Jacques de Surgeres Seigneur de la Flocelliere & de Marie de Laval. Et en ſecondes, Jeanne d'Auſſeure, fille de Jean d'Auſſeure, Seigneur d'Azay & de Marie de Baucay Dame de la Mothe-de-Baucay, du premier mariage vint Triſtan & Anthoine qui ſuit. Triſtan n'eut point d'enfans de ſa femme Catherine d'Amboiſe, fille de Hugues Seigneur de Chaumont & de Anne de Saint-Verain. Du 2. mariage vint François de Clermont, dont il ſera parlé cy aprés, & Marie de Clermont mariée à Guillaume de Couldun. Anthoine de Clermont, Seigneur de Surgeres épouſa en premieres nôces Ieanne d'Amboiſe, dont il n'eut point d'enfans, & en ſecondes nôces Catherine de Levis, fille de Anthoine de Levis Comte de Villars & d'Iſabelle de Chartres, dont il eut, Anthoinette & Loüiſe de Clermont; Anthoinette fut mariée quatre fois, ſçavoir à Chriſtophle d'Arien, à Anthoine de Belleville, à Henry de Levis, & à Jean de Maumont, & n'eut point d'enfans. Le Château de Surgeres fut démoli par ordre du Roy Louis XI. & Charles

R

VIII. son fils, donna à *Henry* de Levis & à *Anthoinete* de Clermont sa femme, par Lettres patentes du 4. Avril 1483. la permission de faire sortir hors du Royaume mille tonneaux de bled, sans payer aucun droit pendant dix ans, pour aider à rebâtir le Château de Surgeres, suivant le Titre Original en parchemin, étant dans le Cabinet de M. Clairambault.

Loüise de Clermont resta seule heritiere, & épousa en premieres nôces *Iean Aubin* de Malicorne, ils eurent un fils qui ne laissa pas de posterité. En secondes nôces, elle épousa *Roderic* de Fonseque, de la maison de MONTEREY en Espagne, leurs enfans furent *Emond, Magdeleine* qui épousa *Charles* du Bouchet, & *Helene* qui épousa *Philippe* de Barbesieres. *Emond* de Fonseque Seigneur de SURGERES épousa *Ardoüine* de Laval, fille de Pierre de Laval & de *Philippe* de Beaumont, leurs enfans furent *René*, & *Iean* qui fut Evêque de Tulles; *Renè* de Fonseque Seigneur de Surgeres, épousa en premieres nôces *Renée* de Parthenay, fille de *Iean* l'Archevêque Seigneur de Soubize, & n'en eut point d'enfans; en secondes nôces il épousa *Anne* de Cossé, fille de *René* de Cossé Comte de Brissac & de *Magdeleine* Gouffier. Ils eurent pour fils, *Charles* de Fonseque Seigneur de Surgeres, qui épousa *Esther* Chabot fille de *Charles*, & petite fille de *Charles* Chabot Seigneur de Jarnac, & de *Magdeleine* de Puiguyon; ils n'eurent que deux filles, *Diane* la plus jeune épousa *Iean* Chasteigner, Seigneur de la Rochepofay, *Helene* l'aînée Dame de SURGERES, épousa *Isaac* de la Rochefoucault, Baron de Montendre, & eurent pour enfans *Charles* qui suit. *François* dont il sera parlé ensuite, *Marie* de Fonseque mariée à *Guy* Chabot II. du nom, Baron de Jarnac, & *Lucie* de la Rochefoucault, qui épousa en premieres nôces *Geofroy* de Durefort, Baron de Cusaquez, issu de même maison que les Maréchaux de Duras & de Lorges : Et en secondes *Cesar* de Costentin, Comte de Fismes & de Tourville. De ce dernier mariage est issu entr'autres Enfans, *Anne-Hilarion* de Costentin Comte de Tourville, Maréchal & Vice-Amiral de France, mort en 1701.

Charles de la Rochefoucault de Fonseque, Marquis de Montendre, substitué au Nom & aux Armes de Fonseque, épousa *Renee* Thevin, fille de *François* Seigneur de la Dubliere, & en eut *Charles-Loüis* de la Rochefoucault de Fonseque, Marquis de Montendre, qui épousa *Madelaine-Anne* Pithou, fille de *Pierre* Pithou, Conseiller au Parlement & de *Chrestienne* Loysel. Il en eut *Isaac-Charles* de la Rochefoucault, Comte de Montendre, Brigadier des Armées du Roy, Colonel du Regiment Royal des Vaisseaux, tué au combat de Luzarra en 1702. *François* de la Rochefoucault, Chanoine Regulier de l'Abbaye de S. Victor à Paris. *Loüis* de la Rochefoucault, Marquis de Montendre, Aîné de sa branche; & *Paul-Auguste-Gaston* de la Rochefoucault, qui a épousé *Anne-Marie-Loüise* Chabot, Comtesse de Jarnac, fille Aînée & heritiere de *Guy-Henry*

Chabot, Comte de Jarnac, à cause de laquelle il a pris le Titre de Comte de Jarnac. Les autres Enfans de *Charles* de la Rochefoucault & de *Renée* Thevin font *Helene* de la Rochefoucault. *Lucie*, mariée au fieur de Maniban de Bordeaux & *Marie* de la Rochefoucault.

François de la Rochefoucault, Marquis de SURGERES, Fils puîné d'*Ifaac* & de *Helene* de Fonfeque, époufa *Anne* Philippier, & eurent pour Fils *Charles-François*, Marquis de SURGERES, marié à *Charlotte* fille de *Benjamin* de la Rochefoucault, Seigneur d'Eftiffac & de *Anne* de Villautreis, leurs enfans font *Charles*, Marquis de SURGERES, marié avec *Helene* Chabot, fille de *Louis*, Comte de Jarnac & de *Catherine* de la Rochebaucourt, & *François* de la Rochefoucault Comte & Seigneur de Surgeres, qui a époufé *Angelique* de Lée.

François de Clermont, fils de *Joachim* de Clermont & de *Jeanne* d'Auffeure, eut en partage les terres de Hauterive, du Paffage & autres en Dauphiné, & Dampierre, Azay, le Val-Dorquaire, Mafchegouz, & S. Eftienne fur Sigogne. Il époufa en premieres nopces, *Ieanne* fille de *François*, Seigneur de Montberon & de Maulevrier, & de *Louife* de Clermont. En fecondes Nôces il époufa *Ifabeau* Chaudier, dont les defcendans s'établirent en Dauphiné, ayant eu en partage les terres fcituées en cette Province. Du premier Mariage de *François* de Clermont, vint *Guillaume* de Clermont, Seigneur de Dampierre, qui époufa *Ieanne* Huyte, dont les enfans furent, *Jacques*, *Louife* & *Catherine*, *Louife* époufa *Jean* de Sainte Maure, Seigneur de Jonfac, *Catherine* époufa *Guy*, Seigneur de Mareüil & de Pranzac.

Iacques de Clermont, Seigneur de Dampierre, époufa *Claudine*, fille de *Guillaume* de faint Seigne, Gouverneur de Luxembourg, & n'eurent qu'un fils nommé *Claude* de Clermont, Seigneur de Dampierre, qui époufa *Ieanne*, fille de *André* de Vivonne, Seigneur de la Chafteigneraye & de *Louife* de Daillon de Lude, & n'eurent qu'une fille nommée *Claude-Catherine* de Clermont, mariée premierement à *Iean* d'Annebaut, Baron de Rets & de la Hunaudaye, qui lui donna la Baronnie de Rets & étant veuve & fans enfans, elle époufa *Albert* de Gondi, Duc, Pair & Marêchal de France, Chevalier des ordres du Roy premier Gentilhomme de fa Chambre & General des Galeres, & lui porta les terres de Dampierre, & de Rets, qui fut érigée en Duché-Pairie.

C'eft cet *Albert* de Gondi, qui fut comblé d'honneurs & de biens, fouz la Regence de Catherine de Medicis. Il fut pere de *Charles* de Gondi, Marquis de Belle-Ifle qui fuit; de *Henry* Cardinal de Gondi Evêque de Paris; de *Philippe-Emanuel* de Gondi mentionné cy aprés; de *Iean-François* de Gondi premier Archevêque de Paris, & de fix filles.

Charles de Gondi époufa *Antoinette* d'Orleans-Longueville, & fut

Pere de *Henry* de Gondi, Duc de Rets, qui épousa *Jeanne* de Sçepeaux & en eut *Catherine* de Gondi femme de *Pierre* de Gondi son cousin, Duc de Rets, & *Marguerite-Françoise* de Gondi Epouse de *Loüis* de Cossé Duc de Brissac, dont *Henry-Albert* de Cossé, Duc de Brissac, mort sans enfans & *Marie-Marguerite* de Cossé, Epouse de *François* de Neuvile, Duc de Villeroy, Pair & Marêchal de France, & Mere de *Loüis-Nicolas* de Neuville, Duc de Villeroy, Capitaine des Gardes du Corps, qui par le decez de la Duchesse de Lesdiguieres, se trouve Seigneur du Duché de Rets.

Philippe-Emanuel de Gondi, troisiéme fils *d'Albert* de Gondi & de *Claude-Catherine* de Clermont, épousa *Françoise-Marguerite* de Silly, & en eut *Pierre* de Gondi Duc de Rets, qui suit, *Henry* mort sans posterité & *Jean-François-Paul* de Gondi, Cardinal de Rets, Archevêque de Paris.

Pierre de Gondi devint Duc de Rets, par son mariage avec *Catherine* de Gondi sa cousine, dont il eut six enfans mâles, morts sans posterité. *Marie-Catherine* de Gondi Superieure Generale de la Congregation du Calvaire & *Paule-Françoise-Marguerite* de Gondi, Epouse du Duc de Lesdiguieres, dont un fils unique, mort avant elle, sans Enfans.

HISTOIRE
GENEALOGIQUE
DE LA MAISON
DE SURGERES.

SEIGNEURS DE LA FLOCELIERE
EN POITOU·

VIII. HUGUES DE SURGERES Seigneur de la Bou-
gueraine, du Breüil, de Valans, d'Alery , de Migré, de Cherüe, de Meindroux & de Sigogne,
fecond fils de GUILLAUME MAINGOT VI. du nom,
Sire de SURGERES & de SEDILLE DE CHEVREUSE
fa femme, eft qualifié Chevalier dans un Contrat de vente à luy

S

fait , au mois de Mars 1283. de certaine terre mouvante de Hugues
Seigneur de Surgeres , auquel acte il y a un sceau, qui a d'un
côté un fretté de Vair , & au contrescel un Echiquier. Le partage
qu'il fit avec le même Seigneur de Surgeres son neveu, de la
succession de ses pere & mere , au mois de Juin , le Mercredy avant
la Nativité de S. Jean-Baptiste 1287. par lequel il eut pour sa part
les terres cy dessus nommées , & 100. liv. de rente sur la Prevôté
de la Rochelle , le qualifie aussi Chevalier, qualité qui luy est
encore donnée , dans un Contrat de vente à luy faite le Samedy
devant les Roraisons 1293. auquel il y a un sceau, qui a d'un côté
un fretté de Vair & au contrescel un Echiquier, & dans un autre
acte passé entre luy & le Seigneur de Surgeres son neveu , l'an
1296. cy devant rapporté page 59. Il épousa Jeanne de Sanzée
ou de Sauzée qui étoit veuve de luy , & plaidoit contre Guy de
Surgeres son fils , & contre les executeurs de son testament ,
suivant un acte du Mercredy avant Pâques 1298.

PREUVES.

1283. UNiversis præsentes litteras inspecturis. Aimericus Galerne de Mota-Auberti , æter-
nam in Domino Salutem. Noveritis quod ego vendidi & concessi Domino Hugoni de
Surgeriis , militi Domino, Domino de la Bougraigne , sextam partem quam habebam in Molendino suo in Villagio de Mota-Auberti , & in juribus & pertinentiis dicti Molendini ,
& omne jus quod in dicto Molendino & in omnibus juribus & pertinentiis suis habebam ,
& habere poteram & debebam , sive in lucro bladi & farinæ , sive in piscariis aquarum , &
in omnibus rivagiis ...... plantariis arborum , sive in quibuscumque rebus & juribus consi-
stant , & de dicta sexta parte quam habebam in dicto molendino , & in omnibus juribus &
pertinentiis suis in quibuscumque rebus & juribus constet , habebam & habere poteram & debebam , posui dictum Dominum Hugonem de Surgeriis militem , in plenam corpora-
lem possessionem , ad tenendum & expletandum sibi & heredibus suis , aut mandato suo , in
perpetuum , & pacificè possidendum , pro pretio viginti & quinque librarum , currentis monetæ , quas à prædicto Domino Hugone de Surgeriis milite , habui & recepi , gratanter
& integrè , in pecunia numerata , & de dictis viginti quinque libris , me tenui & tenco
plenariè pro pagato , renuntians super hoc omni exceptioni non numeratæ pecuniæ , non tra-
ditæ , non solutæ. Quam prædictam sextam partem , quam habebam in dicto Molendino de
Mota-Auberti , & in juribus & pertinentiis suis , & omne jus quod in dicto Molendino &
in omnibus juribus & pertinentiis suis habebam , & habere poteram & debebam , promisi
pro me , & meis , & tenemur , Ego & meis deffendere & guarire , plenariè in perpetuum , contra Æliciam uxorem meam & contra heredes suos , & contra omnes alias gentes , dicto
Domino Hugoni de Surgeriis militi , & heredibus suis , aut mandato suo , ab omnibus
obligationibus & regressionibus , & ab omnibus impedimentis , ab defensione mei aut meorum
venientibus , contradictione aliqua nonobstante. Et si propter defensionem dicti garimenti con-
tingeret , dictum Dominum Hugonem de Surgeriis militem , aut heredes suos , quocumque modo damna pati aut facere missiones , Ego & mei tenemur eis dicta damna & dictas
missiones , ad juramentum suum , sine alia probatione , integrè ressarcire. Et ad hæc omnia &
singula promissa firmiter observanda , obligavi & adhuc obligo , & me & heredes meos , &
omnia & singula bona mea mobilia & immobilia , præsentia & futura , & renuntiavi , in hoc
facto meo , & super omnibus & singulis promissis , exceptioni doli mali , & deceptionis ultra dimidiam justi pretii & justi valoris , & cujuslibet lesionis & deceptionis , & omnibus
privilegiis impetratis & impetrandis , & omni privilegio Crucis sumptæ aut sumendæ , & omni auxilio & beneficio Juris Canonici & Civilis , quæ me aut meos juvare possent , ad ve-
niendum contra prædicta , & alteri parti & suos nocere , & juravi ad sancta Dei Evangelia,
me firmè observaturum in perpetuum dictam venditionem & tenorem , & dicta præsentium litterarum , & contra , per me aut per alium de cætero non venturum. Et in testimonium pro-
missorum , dedi & concessi , pro me & meis , dicto Domino Hugoni de Surgeriis militi,
Domino de la Bougraigne & suis , has præsentes litteras sigillo viri nobilis , Hugonis Domini Surgeriarum Valeti , de cujus dominio movet res prædicta , ad precum mearum in-
stantiam sigillatas , cujus nobilis juri & jurisdictioni , quo ad præmissa suppolui me , & omnia

oona mea , fine alio dominio advocanda. Et Ego dictus Hugo Dominus Surgeriarum Valetus , ad inftantiam dicti *Aimerici* Galerne , his præfentibus litteris figillum meum apponi fecî , in teftimonium veritatis , falvo jure meo & alieno , & prædictum de affenfu fuo , condemno ad omnia promiffa firmiter obfervanda. Ad hæc autem videndum , audiendum & concordandum , fuerunt præfentes vocati pro teftibus , Amorofius Beiffanges & Thomas Barbitonfor de Surgeriis. Pactum & actum anno Domini MCCLXXXIII. menfe Martii , ante Feftum Dominicæ Annuntiationis.

> Il y a un fceau fretté de Vair , qui a au contrefcel un Echiquier , avec trois Fleurs de Lys au tour , une en pointe & une à chaque côté , & autour du fretté de Vair , il y a des Lettres non expliquées en partie rompuës. Cette copie tirée fur l'Original , qui eft au Tréfor de la Flocelicre.

A Tous ceaus qui ceftes prefentes Lettres verront & orront. Que partis fiont par A. B. C. **1287.** Hugue Sires de Surgeres Vaflet , & Hugue de Surgeres , Sires de la Bougraigne , Salut en noftre Seignor. Que je dit Vaflet fois affaver , que come Miffires Hugue de Surgeres , Chevaler deffus nommez , mon Oncle , euft demandé freirefche e leyau partie à mon Seignor Guilleame Mangou Chevaler , Seignor de Surgeres mon Pere fahu , de toute la Terre qui fut à mon Seignor Guilleame Mangou Chevaler , mon Ayou , Pere jadis à mondit Pere & à mondit Oncle .... dis mis Pere , lui euft ballé & livré por toute leyau partie & freirefche de ladite Terre mon Ayou , l'arbergement & la Ville de la Bougraigne , & tous les fez & rierefez , & tous les homenages , e ob tous les dettems , e ob toute la Seignorie , & ob les garennes de Lievres , e de Conilz , e de Perdriz , ob les deffens d'aygues e de boys , e de rivieres , e ob la veerie grante , petite , e ob la grant juftizce , e ob toutes les autres apartenances qui y apartiennent e apertenir y poent e devrent , e ob tout le dreit , e ob toute la raifon que li diz mis Ayous y avet & aver poet e devet , e ob tout que que Seignor aver poet e det en fa Terre , pour dreit & pour couftume de terre en la Ville de Turgine , ob toutes ces autres apartenances , e li fimonere au Cofdrey , enfement , ob toutes ces apartenances e la Ville de Livay , ob toutes ces apartenances , e la Ville de la Mote-Aubert , ob toutes ces apartenances , e ceu que Helies d'Autouches cler , ten dau dit mon Oncle , à Sarcou , e la Ville dau Veil - Efpauft , ob toutes ces apartenances , e ceu que li heir fahu Guillaume Bariller out , e tiennent dau dit mon Oncle en la Ville de la Gauberterie e dau Cofdrey , e en lour apartenances , e chacune de ceftes chofes li oguift baillé mis Pere , ob tout fez e dreit , e toute veerie grant e petite , toute Seignorie , e ob toute aute juftizce , e ob complans , e ob terrages , e ob tout dreit , e ob toute auftre raiffom que Sires poet aver en fa terre fanz ceu que il riens retinft à fey , e cent folz de rende tous les ans , rendans à la Fefte de la Magdeleine en leyre d'Agurey , e dis e oift feterées de terre , qui funt affifes entre la mayfonz Hugue Loat , e la mayfonz Pere Grantvent e l'Efpauft de Boiiffe , & les Villes d'Aubroil de Serens , e d'Aubroil de la Riorte , e ceu que Guilleames Barrabins Vaflet , e fi perconier tiennent dau dit mon Oncle , en la Ville de Corgnolée , e ob toutes apartenances ob toz les terrages e les complanz , e ob touz les homenages , ob touz les devers , e ob tote gatene , e ob touz deffens de lievres , e de conilz e de perdris e d'autres beftes , einffin come ladite garene s'eftant e duret , e ob tote la veerie grant e petite , e ob tote autre juftizce , e ob tote autre feignorie , & ob tot autre dreit e raifom , que fires poet aver & devet e deit en fa terre , por dreit e por couftume de terre , e cent livres de rende à prandre chafcun an , en la Prevofté de la Rochelle , e les Villes de Valans , e d'Auftouches , e d'Atorenfement , ob toz les fez e les rerefez , e ob toz les terrages , e ob toz les complans qui y apartenent , e ob les homenages , e ob les devers qui y afieferent , e ob les garenes , e ob les deffens de lievres , e de conilz , e de perdris e de peifons , e ob toz les bois , e ob totes les rivieres , e ob tote la juftizce grant e petite , e ob totes les autres apartenances gtanz e petitz , qui en touz lefditz leus , e en chafcun

par fey , y apartenent e apartenir y poent e devent par dreit ou par coftume de terre , e encore
un Arbergement qui eft à SURGERES , ob ces apartenances , e ob tote la grant e la petite veerie , fauve e la aufte juftizce que ge retient à mei c à mes hers touziorz mais de celui Arbergement , e de fes apartenances fens riens plus , & tout ceu li euft ballé mis dis Pere , e
livré à tenir e aver de lui & de fes hers audit mon Oncle , e à fes hers à homenage lige , e à dis
livres de plait de morte main , fans riens plus que il en deguift faire , e ob tout ceu,li dis HUGUE
mis Oncle , requift ledit mon Pere en fa vie , que il hamendaft e li creuft fadite partie eftre plus
bien affereit , que il ne li aveit baillé , fi cum il difeit. E cefte mefme requefte il me feit emprés
la mort de mondit Pere , ce li dis mis Pere , en . . . . la mort de lui , li refponfif-
fom e deiffom , que nuil amendement , ne nuil crées , ne deveit eftre faiz , car il aveit aguité
fuffizablement fa freirefche e fa feiau partie de toute ladite terre mon Ayou fon Pere. E fur ceu
maint contenz fuffent , entre nos , e à la fin par le confeil de nos amis comunaus , fi li dis
HUGUE mis Oncle fe mift aut & bas , en mon dit e en ma volunté , de fadite requefte e de
fadite demande , e ge le prins fus mei , e ge apenfiz e enquis fur ce deligentement du dis e
vouffi , e en grés dire aveil per mei , e per mes hers , e per mes fucceffors , que toutes les choufes deffufdites , & chacune par fei , ob touz les artigles deffus diz e nomez , e ob totes lor
apartenances e ob tot que que li dis mis Oncle aveit e teneit , au jor que cift accort fut fait ,
feient e remaiger par partie & par freirefche audit HUGUE mon Oncle , e à HUGUET , e à
GUIART , e à SEDILLE , e à LEUZIE fes enfans , e à celui de ceus qui forvivra , e à autres enfans fe il fe mariot , e les euft , ou à un fi que un ne hi aveit , e à lour hers , e à lour fucceff-
fours de chafcun de aus , à fayre en tout plenere volunté à vie e à mort , de tout ou de partie ,
fegunt coftume de Pays , fenz contens e fenz debat,que ge ne mis hers lour y puiffons faire en nuil
temps , e totes lefdites chofes e chafcune par fei , ge conferme e aprove , acertenez fur bien par-
fietement audit HUGUE mon Oncle , e au fouftenir durablement à eaus , ob ledit homenage
e ob ledit dever faifant à mei e au meins , fanz nul autre dever , e fenz nul autre fervice , en
la manere qui deffus eft devifée , fauve à mei & au meins tote efcherie de cofté , fi hele y aveneit ou dites chofes , que il me deveit , qui fut home à Monfeignor de Fors , e la aute juftiz-
e fi fucceffors , fi cum deffus eft dit agent e tiengent e prengent à touziorz mais , en amerdement
e en creis de freirefche e de partie , toute la aute juftizce que je avoye e povoye en fé on rierefé Popelin , que li har fahu Aimery Armant tienent de mei , retenu à mei e aus meins l'o-
menage e la dever fenz rien plus , e encore li bail Pierre Creis , l'omenage e le dever que Hugue-
tot ou li fon her ou qui de li aut caufe , faifeent jadis ou deveent faire à mei ou aus meins , de ceu
que il preneet e avoit on fé de la Corgnolée , e tout iceiz qui y affiert e y apertient , e enquo-
re tout iceiz que ge avoie e pouvoye en la Ville de Charves feit en tailles , en gelines , e en autres chofes , ob tot que que y aparteint , e la aute juftizce , e un pré qui eft prés la Ville de Charves , qui eft appellez le pré Corneaus , e le dreit & la raifum que ge avoye furs lome d'Aubroil
de Serens , ob tout que que il me deveit , qui fut home à Monfeignor de Fors , e la aute juftizce , e toute ma raifum autre que ge avée à difcer , fauve l'omenage , e le dever , e la garde que
eil d'Alemoigne me deivent , que ge reteins à mei fenz rien plus , e tout ceu deffufdit , voil e
comant , que li diz HUGUE mis Oncle , fi her e fi fucceffor tiengent e prengent e ayent durablement , en feifent à mei e aus meins , lomenage e le dever deffus nomez fenz nule auftre chofe que il en fazeent à mei ni aus meins. E ge HUGUE DE SURGERES Chevaler , foiz à faver
à touz , que ge toutes les chofes deffufdites , ai prins e reçu greantablement , por tote freirefche , e por tote leyau partie , e por tot le dreit , que ge avoye & aver poet e devée , en tote
la Terre daudit mon Pere , e en tote la Terre Madame SEDILLE fa feme ma Mere fahue , e
de tote la Terre de mondit Pere e de madite Mere , excepté les chofes deffufdites ge . . . . . .
quites durablement audit HUGUE Seignor de SURGERES mon Neveu , e aus fens , fauve e refervé à mei e aus meins , leyau e efchete de cofté , fe le y aveneit , e avons . . . . totes les
chofes deffufdites e aus chafcunes par fei nos HUGUE DE SURGERES Chevaler , e HUGUE DE
SURGERES Vaflet , Sire de SURGERES renoncé chafcun de nos par fey à tote force , e à tote
avie de lez e de canon , e à tote fraude , e à tote voine , e à tote lezion e deception , e à toz
prinfes de crez , prifes e à prendre , e generaument à toutes chofes autres que de fait ou de
dreit poirient aver à nos ou aus noftres avenir encontre , fuft en cort de l'Eglife ou en cort
Laye , e avons juré au fainz Evangiles noftre Seignor , à tenir e à garder bien e leyamunt
e durablement toz les diz e la tenor de ceftes Lettres , fenz venir encontre jamais par nos ne
par autres. E en temoing de ces chofes , nos li dis Chevaler e Vaflet , avom fait faire de noftre quomunau affentement ceftes prefentes Lettres parties par A. B. C. lefquez nos avons fait
feler du feau de la Senefchauffée de Xaintonge , eftabli à Sainct Johan d'Angely por noftre Seignor le Roy de France , par la main de Robert de Vayres , adonques tenant iceau , e de noftre
affentement à ceu tenir garder , e non venir encontre , par le jugement de la Cort noftre Seignor ledit Roy nos jugé a e quondemna. Ceu fut fait prefentz temoings Monfeignor Pierre
du Pleffoys Chevaler , e Pierre fon filz Vaflet , e Johan Aymon , Gavario Mués , Guillaume
Birevoft , Guillame Brillon , e Aimeri de Campagnac , le mardy avant la Nativité de Saint
Johan Baptifte , l'an de grace mil deux cent quatre vingt e fept , ou mois de Juing ; le feeau
rompu , & il n'y refte qu'un cordon de foye.

Copie tirée de l'Original , qui eft au Tréfor de la Floceliere.

A tous

A •Tous ceaus quy ceftes prefantes Lettres verront & orront *Andrés d'Aucoux* de la Mote-Aubert , & *Florance* fa feme, Salut en notre Seignour , feachent tous que nos davant dis *André* e *Florance* avon vendu & otreié de comuno afantement e de notre bone volunté à Meffire Hugue de surgeres Chevallié , Seignour de la Bougtaigne , toute notre patrie e tout le dreit e la raifum que nos avom ou aver poions , en la heyre de ladite Mote-Aubert feit en bleb , en vin , en trages , en conplans , en rendes , en chariies , en lin e en quelconques auftres chaufes , que ceus feit ou puiffe eftre. Encore li avom vendu e oĉtreié , toute notre partie , e tout le dreit , e la raifom que nos avom e prenions ou aveir poions e devions , ou moulin de Chanteloup , tous apartenans daudit moulin , daus queus toute davant dite chofe de chafcune , nos nos fomes devettu e defaifi desja de tout en tout , e en avom veftu e faifi le devant dit Meffire Hugue de Surgeres , & mis en plenere haire e corpore pocceffion , e en pazible e perpetue faizine , en trefportant e metant de nos perfones en la fiene , par la baillée e par la tradition de cefte prefente Lettre , toute raifum de dreit , de domaine , de proprieté , de pocceffion , de raifum , d'aĉtion , de nom , de cauze , de titre e de faizine , que tos e chafcune de nos , por ce avions ou aver poions e devions , en toute les davant dite chozes , e ou chafcune par cé , por quelconque manere que ceu fuft ou peuft eftre , à tenir e aver e à expleter à domaine e à fes hers , & à fes fucceffors , à lor comandement , e à fere en lor plene volunté delivrement fans contredit ; por le prix de cent folz de la monée corent , lefqueus nos en avom heus & receus daudit mon Sire Hugue de Surgeres en deners conté , e nos en teinfmes , e tenoms por bien paié , renonfiant à exception de non eus , e non refus. Promctons & fomes tenus , fous l'obligation expreffe , e fpecié de nos , e de nos hers , e de toutes les nos chozes enterinement , que nos avons e que nos orons , quelconque part que elle feient e feront , meubles e non meubles , prefens e avenir e fous l'obligation de chafcune chauze , fpeciomont e exprefamant , pour cé , e pour le tout garantir e defendre durablement , audit mon Sire Hugue de Surgeres , e fes hers , e fes fucceffors , e à lor comandement , toutes les davant dites chauzes , e chafcune pour cé , contre toutes gens e delivrés de toutes obligations , de toutes deptes, de tous evenemant, e de tous empefchemens. E fi le dis mon Sire Hugue ou fes hers , ou fes fucceffors , ou lors comandement en foufrient ou en foutenient domages en plaidant , ou en quelconque autre maniere que ce fuft ou puft eftre , par deffaut de gariment , & ce fouz l'obligation defufdite, lor fomes tenus de rendre e amander tous lefdits domage , enterinement fans contredit , dont il , ou li , e deaus pour ce , ou lor comandement ferient cru en cort e fors cort par lor fairement , fans autre prove. E avons renoncié en cefte noftre nom e en cefte noftre davant dit fait , e ge *André d'Aucoux* e *Florance* deffus nomée , bien acertenés de noftre fait , à toute force , e à toute haide de lez , de canon , e à tous privileges , e à toute couftume , e à toutes nouvelles inftruĉtions e conftruĉtions , e à tous droits , efcrips e non efcrips , e au privilege de la Croix , prize e à prendre , e à toute exception de fait e de dreit e de fraude , de tous mauvais contraĉts e de decevance , outre la maytié de jufte prix e nomement à laide dau benefice de Velleyen , e à toutes autres chauzes enterinement , quelconque elles feient ou puiffient eftre , qui nos porreient ahider aucunement encontre , fuft en cort d'Eglife ou en cort Layc. E avons juré fur les faints Evangiles noftre Seignour , de nos bonne volunté , à tenir e à garder les dis e la tenor de cefte Lettre durablement , fans jamais venir encontre , por nos ne por autre en nule manere des aures en avant , e à garantir de cefte chouze en avons donné audit Monfire Hugue de Surgeres nos les prefentes Lettres , e au fus de noble homme Sire Hugue Sire de Surgeres Chevalé , en ceu juridiĉtion nous avons fomis nos biens quant à ceu fait , fans autre Seignorie avoher , conforma , à nos requeftes , de fon faiau , ge nos Hugue Sire de Surgeres defufdit , à la requefte daudit *André* e de ladite *Florance* , avons en cefte prefente Lettre appofé noftre faiau , fauve noftre dreit e l'autrui , e les condamnons par jugement de lor affentement , à tenir e à garder les convenances deffufdites. A ceu voir & oir furent appellez par Garimant , Guillaume Proos d'Ireigne e Joan Pinea cler. Ceu fut fait le famedy avant les Roraifons , lan de l'Incarnation Jefus Chrift mcclxxxxiii. ou meis de Miais.

Le fceau un peu rompu , ayant d'un côté le fretté de Vair , & pour contrefcel un Echiquier. *Tiré fur l'Original étant dans le Tréfor de la Floceliere.*

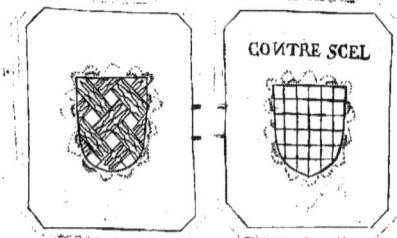

CONTRE SCEL

T

1298.

A Tous ceux qui ces prefentes Lettres verront & orront. *Guillaume* Payraus clerc, te-nant le fel pour noftre Seignor le Roy de France, en la Senefchauffée de Poitou à Niort eftablis, Salut en noftre Seignor. Sçachent tous prefens & avenir, que come contens fut emous entre Madame JEHANNE DE LA SAUZE'E, Feme jadis de Monfour HUGUE DE SURGERES Seignor de la Bougraigne, d'une partie, e GUIART fils doudit Monfour HU-GUE, Monfour *Eble Bodinot*, Monfour *Pierre dou Plaßois* Chevalers, e Frere *Jean* Fou-quaut execoutours daudit Monfour HUGUE, d'autre partie, fus ceu que ladite Dame deman-doit audit GUIART, e aus executours davants dits, qu'il li delivriflent cent livres de rende, lefquelles ledit Monfour HUGUE, li aveit leeflées e aflignées pour nom e pour raifon de doüai-re en la Paroiffe d'Aubreil de la Recorte, e en la Paroiffe de Charue, e en la Paroiffe de Saint Laurans de la Barrere, e aus choufes aflifes prés defdites Paroiffes, demandoit encore, qu'une fomme de deniers de chofes que ele li avoit fait avoer, au temps qu'il vivoit, e li dit Mon-four HUGUE les li aveit otées, e promis rendre, jufqu'à la montance de fix vingt livres : e de plus demandoit encore ladite Dame, la moitié en une plante de biens immeubles que autres e execoutours avient e detenient, qui n'avient pas efté partis e ladite Dame, e qui furent des biens compris audit Monfour HUGUE e à ladite Dame, e aux coux biens immeu-bles, ele difoit foi avoer la moitié, tant par couftume de Pays, que pour convenances : e de-mandeit encore ladite Dame, la moitié en une plante de biens immeubles que autres e execoutours avient e detenient, qui n'avient pas efté partis caus e ladite Dame, e qui furent des biens compris audit Monfour HUGUE, au temps qu'il mouruft, e li dis GUIART, e li dit executours, oppofient e difent maintes raifons en-contre ; e memement, que ladite Dame aveit une quantité de meubles, qui deuflent eftre partis e divifés entre eaux, lefqueux ele n'aveit pas apportés en partie : e difient encore, que ladite Dame, emprés la mort doudit Monfour HUGUE, aveit renoncé aus convenances faites, entre li, e fon dis Seignour, e c'eftoit de tout fife au teftament daudit fon Seignour. A la parfin, emprés maintes allegations, fut accordé dau confeil de prudes homes, e de l'af-fentement daus dites parties, en la manere qui s'enfuit. C'eft à faveir que la davant dite Dame aura, prandra, expleitera, por fei e por autres, pour nom e pour raifon de fon doüere, e de tout fon droit, à fon ufage tant feulement, toutes les choufes quelconques, feyant aus Pa-roiffes deffufdites, qui furent audit fon Seignour, ainfi come il ufeit e expleteit pour fon droit, au temps qu'il vivoit, c'eft à faveir, en couftumes, en terres, en vignes, en complans, en herbergement, en maifon, en peiflages, e fruis, e iffuës, e en toutes autres choufes, ainfi come ledit fon Seignour ufeit e expleiteit, e come deffus eft dit en outre par li tant feule-ment : excepté les garenes e toute jouftice e toute Seignourie, aute e baffe, e excepté les bois : lefqueux choufes demourent audit GUIARD, e fes heirs, e à fes fucceffours, ou à ceaus qui auront caufe de li, fauve tant que ladite Dame porra faire prendre des conils e des lievres eftant aus Paroiffes deffufdites, e aus garenes, à l'ufage de fon otel, tant que ele y fera refi-dence aufdits hebergemens tant feulement, e fauve l'ufage à ladite Dame e à fes gens que ele porra prendre au bois de Mefchegou, à l'ufage de fadite maifon tant feulement, e fauve tant, que fi il aveit ailleurs bois foffifans à edifier, e fi dite maifons euffent mettier de redreffement ou d'amendement, ele en porroit prendre à s'en faire tant feulement, appellé à ceu ledit GUIARD ou fon commandement. Encore fut accordé, que fi les homes ou aucun de ceaus, defaillent, ou eftient en demeure, de poyer à ladite Dame les couftumes ou les autres ren-des, fi come deffus eft dit, elle porra par fei ou par fes gens, vanger e prandre, par faute de paiement e nou autrement, e lever l'amende jufqu'à fept folz e demi tant feulement. E fi ainfi efteit que ledit GUIARD, ou autre pour nom de li, faififlent les biens defdits homes, qui à ladite Dame deveroient aucunes choufes des rendes deffufdites, ladite Dame porra pran-dre tant des biens defdits homes que ele foit peyée, e pour l'amende de fept fols e demi tant feulement, nonobftant ladite faifine.

Item. Aura ladite Dame les dreits des tonneas de vin, qui feront vandus en ladite terre, fans tendre, e qui feront amenez de la Ville.

Item. Aura ladite Dame les ventes e les honneurs des choufes, rantes venduës aufdites Paroiffes, e baillera faifine aus acheteurs, ledit GUIARD prefent ou fon comandement, fi eftre pouvient ou appellez foufifament li ou fon commandement, que il eftablit aufdites Pa-roiffes. E fi li dit GUIARD veaut la choufe vendue retenir, come Sire de fief, il le peut fere, e peiera à ladite Dame les coutumes qui ferient dhues pour raifon des choufes, fans fraude d'un cofté ni d'autre. E fi ladite Dame, ou autre pour li, faififlent les choufes, pour defaut de payement des coutumes, e li dit home ceffeffant fa faifie, ele porra lever lamande de fept fols e demi tant feulement.

Item. Fut accordé entre les parties deffufdites, que ladite Dame aura e prendra foixente livre pour toutes demandes de meubles poiés pour une fois, lefqueus li dit GUIARD e fis executours feront tenus rendre à ladite Dame à la Fefte S. Michel prochaine avenaut, e les domages fi aucuns en i aveit par defaut de poiement. E eft tenu li dis GUIARD de de-fendre e garantir à ladite Dame toutes les choufes deffufdites, felon coutume e ufage de Pais.

Item. Eft accordé, que li dit GUIARD aura e prendra les deveirs e les homenages qui font dheus defdites choufes, pour raifon defdits homenages.

Item. Eft accordé entre lefdites parties, que elles font e demeurent quittes les unes envers les autres, de toutes demandes, noms, actions, reaus & perfonnaus, regardant les perfones e les choufes deffufdites, dau tant paflé, jufqu'à la datte de cefte prefente Lettre, qui demeure en leurs forces, en leurs vertus, toute ceſte chouſe e chaſcune par ſei, ſi come deſſus ſont deviſée les devant dites parties, devant nous *Guillaume* Peirans deſſus dit perſonnellement eſtabli, ont confeſé e reconnu eſtres vraies, faites e accordées entre eaus, en la manere e en la forme deſſuſdite, promettront e encore promettent celles parties, pour eaus, e pour les lours, toutes les davant dites chouſes & chacunes de celles, tenir e accomplir fermement e garder ſans enfraindre, & li davant dits executours que il aureront ob leffet, envers frere *Guillaume* Daupin le coexecutour, que les davant dites chouſes, e chacune d'icelles, aura ferme e ſtable, e que il ne vendra encontre par ſei ne par autre, a ceu obligent la davant dite Dame e ledit GUIARD, tous lors biens meubles e immeubles preſens e avenir, e li dit executour, tous les biens a eaus commis, pour raiſon de execution dau teſtament deſſuſ-dit, e de non venir encontre, chacun de ceaus en donne ſa fei corporelement, renonceant à toute exception de leſiou, de fraude, de force, de crainte e de paour, de leſion e deception outre la moitié de dreit, preſens e avenir, reſtitution en terme e a contraire e benefice de dreit, e à non declarer, e à toutes autres raiſons, allegations, privileges graces, indulgen-ces, coutumes, uſages, retabliſſements e autres cavillations de dreit e de fait, que lon pouroit dire e oppoſer, encontre les montant e la teneur des preſentes Lettres, en aucuns temps, en garantie de laquelle chouſe nous *Guillaume* Peirans deſſuſdit, à la requeſte des davant dites parties e de chacune de elles, le ſeel de noſtre dit à ces preſentes Lettres avons appo-ſé, ſauf le dreit du Roy e tous autres, e les avons jugés par le jugement de la Cort du Roy, à la juriſdiction e coertion dauquel chacun a ceu ils ont ſoumis e eaus e tous lors biens, preſens appellés à ceu Jean Danea *Guillaume* Gachet, Thomas Bachim, Nicholas de Be-gouin, Pierre Bonnet, Charle de ſaint-Gelais, Guinet de Beachamp. Ceu fut fait e donné le jour de Mercredy avant Paſques, l'an de grace 1298.

Les preſentes Lettres ſcellées d'un ſceau, où eſt un Ecuſſon en triangle, ſemé de Fleurs de Lys, & au tour une écriture, dont les lettres ſont rompuës, & ſur le contreſcel un rond ſemé auſſi de Fleurs de Lys, *Tiré ſur l'Original, étant au tréſor de la Floceliere.*

VIII. ENfans de HUGUES, Seigneur de la Bougueraigne.

IX. HUGUES DE SURGERES, mort jeune ſans poſterité.

IX. GUY DE SURGERES, qui ſuit.

IX. GUy DE SURGERES I, du nom, Sire de la Bougueraigne, de Valans, de Mëindroux &c. eſt nommé dans le par-tage fait en 1287. entre ſon Pere & HUGUES, Seigneur de SUR-GERES ſon neveu. Il eſt qualifié Sire de Meindroux, dans un de-nombrement qui luy fut rendu, le Samedy avant la Feſte de la Madelaine 1297. Il plaidoit contre JEANNE de SAUZE'E, veuve de ſon Pere, le Mercredy avant Paſques 1298. dont le traité eſt cy devant rapporté, Il épouſa premierement OLIVE DE LA FLOCE-LIERE, fille unique de *Jeofroy* Seigneur de la Floceliere & de *Ieanne* de Châteaumur, dite de *Belleville*, il eſt nommé avec elle & qua-lifié Seigneur de la Bougueraigne & de Valans, dans un échange que fit *Guillaume* de la Floceliere, le Jeudy aprés la S. Marc 1305. Il épouſa depuis *Nicole* Raymond, Dame de Ozillac, comme il ſe ju-ſtifie par une donation qu'elle luy fit, le Vendredy aprés la Fête de la Sainte Croix 1318.

Floceliere de....à ſix merlettes de ſable.

Raimond loſangé d'or & d'a-zur & un Chef de gueules.

PREUVES.

GE Johan de Fors fois à ſaver à tous ceaus qui ceſte preſente verront & orront, que ge ſuis home lige à GUIART DE SURGERES Monſeignor Sire de Maindroux à cent ſoulz de pleit de Mortemain .... Plus teint dans le fei & la garene de ſa Seigneurie,

1297.

dedans la Paroiſſe de Forge , & ſi come & vient d'Aubrefort d'au pré de Forge , au Car-
refour devant la maiſon Thomas Leuraut , à main dextre , & di qui s'en vat . . . . des
unis , & di qui s'en vat à la Mothe , qui fut à Catherine Elvige , & di qui ſe deſſend au pré
aus Ogiere , & di qui ſe deſſand la voie qui veit vers la Boudounere , juſques aus meſons daus
Quoilliere , & daus Mothes deſſand au pré d'Aucouſtz , entre les terres aus Thiebaudeaus ,
& le molin dau pré d'Aucouſtz , deſſand aus haye dau pré aus Boneteaus , & di qui ſe deſſand
au pré ſahu Bretheloméé Clergé , ſi comme li fouſſez ou en levée à main dextre , & di qui
deſſand à la Roche au Bovier , ſi comme li vat devers le mariere , & di qui ſe deſſand ſi come li foſſez de . . . . . . ou enlevée , excepté le pré de la Pralle , & di qui ſe deſſand dreit
au taillis daus Fontaines & di qui auſdites Fontaines , ſi comme les fauſſez daus taillis ou enlevée à main dextre , & di qui ſe deſſand à l'Ecluſe de Manderoux , ſi comme li fauſſez jointe
le Marais ou enlevée & de l'Écluſe , dreit au molin de Manderoux , ſi come li fauſſez l'E-
cluſe ou enlevée à main drextre , & daudit molin deſſand , ſi comme le chemin veit vers Villeneuve , juſque aus chief dau bois dau has de Manderoux , & di qui deſſand entre ledit bois
& les prez de Manderoux , qui ſe tient aus champs daus Dolledreet à la cornere dau pré . . .
en ma Seignorie , ſi come li fauſſez . . . . . . à l'environ de ladite , daus prez s'en deſſand joſte
le Marois au Pont dau pont de bois & ſe deſſand joſte les Meſtairies qui furent . . . .
de S. Vincent à main dextre , ſi comme li fauſſez ou enlevée & di quy ſe deſſand joſte le
Marois au Pont & dau Marois au Pont dreit à la Doe Baſtard . . . . de Noet , & di
guy s'en deſſand à la beſchée de ſeli fauſſez d'Aubin de Monſieur Longe à main dextre &
di qui s'en deſſand joſte le Fei Monſieur Longe à la voye qui vint de . . . . à ma Terre, leſdites
diviſes ſe exceptié le Fié & l'Erbergement au Borde & les apartenances en que gremant teint
vers ma garanne . . . . à mes Homes que teint à mon Fé & en mon rierefé. Encore
teint en mondit Fé , une piece de Terre, qui eſt appellée la piece d'Aufcombre , que j'ay
de preſent , de laquelle piece de Terre , il teint mes Homes liges dedans les bonnes de mondit Fé en la Paroiſſe de Forges aſſemblement ou lommage maitre Pierre de Puy-Peſrouart ,
laquelle Terre ſe tenant d'une part à la voie qui vait dau preis de Forges à la . . . .
& à la voye qui veit de ladite . . . . au Fé de Monſour Longe , d'autre part , &
à la voye qui veit daudit Fé audit prei de Forges. Encore tout le Fé qui fut à Hillaire
Augis , dedans le même Hommage qui eſt dedans la Paroiſſe de Forges , dauquel Fé ledit
Ennau eſt mes Homes Liges , & ledit metre Pierre de Puy-Peſrouart , eſt Home Lige au-
det Ennau , par raiſon daudit Fé , qui fut audit Hillaire à Manderoux , ó larbergement
Edmau Boiſſinot , & les apartenances qui ſont entre le Molin de Manderoux d'une part &
joſte le prei Chenu qui fut Catherine . . . . & joſte le preiz Nouraux & les Marois
du Chevrau , de autre à une piece de Terre qui eſt ſize en votre Fé, tenant à la voie daut
li vient de Meſon Laurente Davor , à la meſon aus Negre , & tenant d'autre part à lour
harbergement , & d'autre coſté à la meſon Evefquat, ſauve la coutume que vos avez ſur mes
Homes , & larbergement aus Thiebaudeaus & les appartenances , c'eſt à ſaveir le preit & les
vignes audit metre , tenant à la Treille de l'Aumoine d'une part, & juſque à la vigne André Caſſaud , d'autre daus Fé Manderoux , tenant au grand chemin Rochellay d'une part ,
les vignes au . . . . de S. Vincent d'Argenſon d'autre & toutes les Terres & les vignes qui ſont entre les vignes de l'Aumoine dau Fé de Manderoux d'une part & à la vigne
qui fut dau Fé Chelicre d'autre & la Voie qui veit de l'oſme de Puy-Giraudeau au Perrefolle d'autre & ſe tiennent au grand chemin Rochellay , & les terres & les vignes , &
la vigne qui fut Guillaume G. Quergil, qui ſe teint d'une part à ladite voie qui veint du
Puy-Giraudeau vers Perrefolle , & d'autre part aux vignes & aux terres qui ſont à . . . . .
qui ſe teinnent d'une part à la vigne de l'Aumoinerie & toute autre part à la Chaume
où eſt la Juſtice , & une piece de vigne & de terre qui ſont les vignes à la Daquenelle &
toutes les terres qui ſont dans le cours de l'Aigue de la Lorrances d'une part , juſques aus
terres qui ſont au Jaſée & au Negretz , & d'autre qui ſont appellées les terrés daus Ardil-
licres , & une piece de terre de chaume qui ſe teint au chemin Rochellay pres de la Mote
dau Molin d'Avivans &c. Et de toutes les chouſes deſſuſdites ; javou & teins la quarte
partie , ſauvée le quart de ladite quarte partie , à la fé & à lhomage deſſuſdit & de Monſeignor ; protheſtant que ſi je tenois aucune chouſe de mondit Seignor en lhommage deſſuſdit , que je ne euſſe declaré cet écrit , que au pluſtaux que je le ſeroie , que je li decla-
reroie , & que ceſte deſclaration ne me nuiſet en garantie de la chouſe , que ge JOHAN
deſſuſdit aye donné à Monſeignor deſſuſdit. Cet preſent eſcript ſeellé à ma requeſte daus
ſeiaus honnorable homme Aymar Liecharde , Archepreſtre de Surgeres. Donné au jour de
Samedy avant la Feſte de la Magdelaine , en l'an de grace 1297.

　　Il y a un ſceau, dans l'Ecuſſon duquel il y a deux figures humaines , & autour des
　　Lettres Gotiques moitié effacées, & au contreſcel , le Blazon eſt effacé, & il y a
　　Lettres Gotiques autour. *Cette Copie tirée de l'Original , qui eſt au tréſor de la Floceliere*

1305.　SACHENT TOUS ceus qui ceſte preſente Lettre verront & orront , que je GUILLAUME
　　　DE LA FLOCELIERE valet, ay baillé & octroié , par nom de pur & perpetuel eſchange
ou permutation , à Monſour GUY DE SURGERES , Seignour de la Bougraigne & de Va-
　　　　　　　　　　　　　　　　　　　　　　　　　　　　　　　　　　　　　　　lans ,

fans & à Dame Olive de la Flocelière fa Feme, la moitié d'un herbegement, fi come il fe porfuit en longour & en largour, & la moitié des Vergers & des cloifons appartenant audit herbegement, affis en la Ville de Beauvoir, entre le Pont de S. Philbert d'une partie & la doue Poiffonne & la mefon Quoquilan, de l'autre, à laver, à tenir, à poffon & à expletter la moitié daudit herbegement & des vergiers & cloifons deffufdits, apartenant audit herbegement, des ores à tous temps mes paifiblement, en perpetuel heritage defdits Guy & Olive, de tous hairs & de tous fucceffours; auront le dreit Seignorie, raifon & demande, que je ledit Guillaume y aveir & poyent & deveint haveir & les en a mis pour eux, & leurs hers, en planere & corporau poffeffion, par la baillée de cefte Lettre. Et pour affurance, cens, rentes affis en un fié tefu en hommage de Monfeignour de Belleville, lefquels cens & rentes, lefdits Monfour Guy & Olive me hont baillé & octroié à mey & à mes heirs & lours tous mes heritages, en recompenfations, retour & efchange de la moitié defdits herbegement vergers & cloifons, lefquelles choufes je lour promets garantir & deffendre paifiblement vers tous, felon ufage & coutume de Pays, fus l'obligation de tous mes biens prefens & avenir, & ay juré je le davant dit Guillaume, foubs les faints Evangiles notre Seignour, ceft efchange ou permutation & la tenour & tout le dever de cefte Lettre, le havoir enthier, tenir & garder fincerement & d'accomplir efficacement, fans jamais venir ou pouvoir venir encontre, par aucune raifon ou caufe. En tefmoin defquelles choufes, ge ledit Guillame ay donné aufdits Guy & Olive, pour eux & pour lours hairs, cefte prefente Lettre feellé à ma requefte doux feaux, jadis ctabli à la Roche-fur-Yon, pour noftre Seignor le Roy de France & je ay *André* Juge garde en celuy temps dudit feau, à la requefte doudit Guillaume, ledit feau apoufé à cefte prefente Lettre, en tefmoin de ce, fauf dreit d'autruy. Donné, fait, & paffé par le jugement de la Court noftre Seignour le Roy, tefmoin de ce prefent *Jefrey de la Flocelière* Guillaume Mefte & Guillaume Cotteau, le Jeudy emprés la S. Marc Evangelifte 1305.

Il y a un fceau entier, l'Ecuffon femé de Fleurs de Lys, & au contrefel une Fleur de Lys. Copie tirée fur l'original, qui eft au Trefor de la Flocelière.

A Tous ceux qui cefte prefente Lettre verront & orront. Nicole Raimonde feme Monfiour Guy de Surgeres Chevaler, Seignour de la Bougueraigne & de Valans, octorizée pleinement de mondit Seignour, à faire toutes les choufes & chafcune pour fei contenuë & efcripte en cefte Lettre, Salut en Noftre Seignour. Scachent tous, que ge non contrevenue, non deffue, non requife, non contrainte, ne pour fraude, ne pour aucune maniere de coaction ou de circonvention à ceu & come difois, de mon propre mouvement, de certaine fcience, de ma pure liberalité, & que bien m'en plaift, ai donné & octroié, & donne encore, tranfporte, cede & octroie en cet efcrits, par vraye, pure, fimple & abfolue & perpetuaument & non revocable donation, faite entre vifs pour moi, pour mes hers & fucceffors, & pour tous ceux qui de moi auront caufe, ob infignuation deue & folemnelle, de droit & en ces efcripts, à mon cher & amé Seignour ledit Monfiour Guy, pour foi, pour fes hers & pour tous ceux qui de eaus auront caufe, à ce prefents, & ladite donation recevant, tant en comparfation & en guerredon des grands travaux & mifes, qu'il ha fouffert & mis & fouffert, & met tous les jours, pour conquaire & avoir mon doüaire, contre ceaux qui empefchement y ont mis & mettent, qu'au tous ceaux qu'il ha fouftenu giand travaux & grande depance, pour anneanter une donation, de quoi les heritiers de mon premier Seignour fe voulloint efforcer contre moi, de la tierce partie de mon heritage, que il me foutenoint que je havoie donné à mon premier Seignour & difoint que je en havoie donné une Lettre, de quoi il vfoint contre moi, feellée du feel le Roy, eftabli à Paracou laquelle mondit Seignour a atraite à foi, que pour ceu que bien me plaift, & que il la bien refervi : Tous mes biens mobles, droits, noms, caufes, actions & raifons prefents & avenir, & chefcun pour foi, & tous mes aquets faits & à faire, par qu'aucune caufe qu'il m'a avantagée, & puiffent avenir, tant meubles que non meubles, enfemblement, ob tout le droit & domaine, la proprieté, la poffeffion, la faifine, le nom, la caufe, l'action, la feigneurie & la raifon enthierement à moi & à mon droit competant, ou qui me peuvent ou pourient apartenir, par qu'aucune raifon ou caufe en tous les biens & en toutes les choufes deffufdites, & en chafcune par fei prefens & futurs. A tenir, à avoir, à exploitter & à proceder perpetuaument, par lui, par fes hers & fucceffours, & par ceaux qui de eaus auront caufes & affaires, en toute leur pleniere volonté, à vie & à mort, fans contredit & fans riens y retenir à moy, ne aus mens, & fans que leurs hers ou autres pour caufe de moi, leur en puiffons jamais rien demander, fi advient que Dieu faffe de moi fon commandement, avant que de mondit Seignour. Et encore fois à fçavoir, je ladite Nicole, que pour les caufes deffufdites, & car bien me plaift, ai donné & octroié & donne encore & octroie par vraye, pure & enthiere & non revocable donnation, faite entre vifs, pour moy, pour mes hers & fucceffours, & pour tous ceux qui de moi auront caufes, audit mon cher Seignour prefent, & ladite donnation recevante, la tierce partie de tous les biens & de toutes les choufes non mobles, tant de mon patrimoine, que autre mon matrimoine perfent & avenir, par quelque droit & caufe, fucceffion efchaefte & raifon qui ceft advenu & me pou;

V

roint advenir , & à havoir lors & de ceste chouse que à lui plus à pleinement feront recognuës
& de mes herbergements celui que il mieux aimera ou voudra , excepté l'arbergement de la Mothe de la Paroiffe de S. Jean d'Angle , lefquelx fut à Monfeignour mon Pere , & auroit ledit
harbergement tombé en mon partage , & à tenir & à havoir & à exploitter & à poceder ladite
tierce partie , par ledit Monfiour GUY , & par ceux qui de lui auront caufe , & à prendre
& lever par leurs mains & faire leurs profis de tous les fruits , profits & emolumens qui y croif-
fent , franchement & paifiblement de fon viage , & dau temps qu'il vivra tant feulement , fans
aucuns empefchements de mis hers , ne autres pour caufe deaus tous y puiffent mettre ne faire.
Et emprés fou deceds de mondit Seignour , incontinent que Dieu aura fait de lui fon commandement , veil & octroie & me plaift en bonne fciance pour moi , pour mes hers & pour tous
ceaus qui de moi auront caufe , que ladite tierce partie , foit à perpetuauté , ob plein droit
de domaine , de poffeffion & de propriété , de poffeffion & d'ufufruit , aux enfans mafles que je ai & que je
aurai dudit Monfiour GUY mon Seignour , à tenir , à avoir , à exploitter , & à poceder perpetuaument par eux , par leurs hers & fucceffours , & par ceaus qui de aus auront caufe & affaire , en toute leur plaine & deliberée volonté à vie & à mort , pour caufe de donation pure ,
fimple , abfolue & perpetuau & non revocable , que je leur en fois , desja entre vifs en cet efcrit
& advantage , en outre leur droite partie & portion de tous mes autres biens , mondit Seigneur à ceu prefent & recevant ladite donnation par nom , & corps de fefdits enfans mafles ,
qui font iffi & iftront de moi & de lui , come leur Pere & leur loyau adminiftrateur ; fans por
aucune partie , droiture ou raifon , que mes autres hers , que ai heu & que je pourai havoir
d'autre mariage , ou aucuns deaus ou autre pour eaus , y puiffent demander , havoir ne prendre ,
ne leur y faire , ne mettre aucun empefchement jamais en aucun temps , quar desja je les en prive
& efclus en cet efcris , & prometz & convenance expreffement par ferme & folemniau & entrepou-
fée ftipulation , pour moy , pour mes hers & fucceffeurs , à mondit Seignour à ce prefent , & lefdites donnations & tous lefdits & la teneur de cefte Lettre , tant pour fei , que pour fes hers &
fefdits enfans mafles , & pour tous ceaus qui de eaus auront caufe recenans & leur oblige les doues
pars remanans de toutes les choufes de mon patrimoine & de mon matrimoine , prefent & avenir ,
& chafcunes choufes efpeciaument & expreffement pour fei & pour le tout , de tenir & garder fermes & ftables lefdites donnations , & chacune pour fei , & de non les rapeller ou revoquer en tout
ou en aucune partie , en teftament ou fors de teftament , en efcrit ou fors d'efcrit , pour cas d'ingratitude , ni pour nul autre cas , caufe ou raifon que foit ou puiffe eftre , & de les avoir , garantir
& deffendre perpetuaument à mondit Seignour , & à fes hers , & à ceaus qui deaus auront caufe ,
lefdits meubles & aquefts , noms & actions. Si advient moi mouruffe advant mondit Seignour , ladite tierce partie , tant de mondit patrimoine que de mondit matrimoine , tant come il vivra , eit
delezée avecq garantie & deffendre perpetuaument , emprés le deceds de mondit Seignour & de
mefdits enfans mafles que je ai & aurai de lui , & à ceaus qui de eaus auront caufe , ladite tierce
partie de mon patrimoine & de mon matrimoine , contre tous & à tousjours , & contre chacun pour
fei , franche , quitte , paifible & delivrée de tous deus , charges , debtes , obligations , allenations de
toutes manieres , de evictions , & de tous empefchemens quelques ils foint & puiffent eftre , ob
rendant & faifant les anciens dus que deffus font dus tant feulement fans rien plus. Et fi advenoit ,
ledit Monfiour GUY mon Seignour morir , dont Dieu l'en gard , avant qu'il euft choifi ledit herbergement , & ladite tierce partie , & pris , ge voil & octroie à mefdits enfans mafles , que je ai &
aurai de mondit Seignour , que il ou le tuteur ou curateur d'eux , emprés mon deceds , ainfi que
deffus eft dit , puiffe prendre & choifir ladite tierce partie & ledit herbergement, & de lour rendre
& amander tous les coumiffions & domages , qu'ils auroint & foutiendroint en plaidant & en quelque autre maniere , par defaut des choufes deffufdites , ou d'aucunes d'elles , lour garder , en-
tretenir & accomplir à la defclaration de leur fimple ferment , ou de l'un deaus , ou du porteur de
cefte Lettre , fans charge d'autre preuve. Et fi lefdites donnations , ou aucunes d'elles , ne pouoint
ou ne devoint eftre , & valoir , par droit ou par us , ou par couftume de Pais en tout , voil je &
octroie pour moi , pour mes hers & fucceffours , qu'icelle donnation , qui en tout ne pouroit valoir ,
vaille & foit ferme & ftable , en la plus grande partie au plus grand profit & au plus grand joyment , qui feront , & pourront eftre à mondit Seignour , & à fes hers , & mefdits enfans mafles ,
que je ai & aurai de lui , felon que droit , couftume , ufage & raifon , à chafcune de cefte dite
chofe par foi pouront apartenir , & desja je me demetz , deveft & deffaifis , de toutes les choufes
defdites donnations , & de chafcune par fei , & de fait & de droit , & par la tradition de cefte
prefente Lettre , & par les caufes deffus dites , en veft & faifit , & en met en plaine & corporau
poffeffion & faifine , mondit Seignour & fes hers , & leur en fais desja pleniere ceffion en ces efcrits ,
pour les caufes deffus dis , & les en fai & eftabli de plain droit Seigneurs , de par eux en la leur
choufe , à tenir , avoir & exploiter & à proceder par eaus , par leurs hers & fucceffours , fi come
deffus eft dit , & tous les exploits qui feront faits par moi ou par autres , ou choufes defdites donnations , come elles font eftablies , desja faites par nom & corps , au profit & à tout commandement
de mondit Seignour , à cefte fin qu'il n'y puiffe eftre dit ou allegué , que au temps de mon deceds
je en fuft demourée en poffeffion par nom de mondit Seignour & de fes hers , & jaçoit que mondit Seignour foit entré en foy & en homage , & en poffeffion , & en faifine par nom & corps pour
moy des choufes fufdites , voil je & octroie pour moi & mes fucceffours , que ledit heirs puiffent
changer & muer par nom à l'option & prouffit de nofdits enfans lefdites poffeffions en pretent &
rendent homage , & y foit receus à la fimple requefte , comme vray proprietaire & poffeffeur en fon

propre & privé nom defdites chofes & fouz la regie ou la tenure de cette Lettre, les Seigneurs à qui la foy & homage font à recevoir, que le y recevent à fa fimple requefte fans contredits. Et voil & octroy pour mey & pour tous mes hers, & pour ceux qui de mei auront caufes, que tous les droits & liayns de Droit, d'ufage & de coutume, qui font & feront neceffaire à fortifier & à faire valoir lefdites donations & toutes les chofes, & chacune par foy contenues & ecrites en cette Lettre, foient tenu pour ecrit par mey & expreffement devifez mot à mot en cette Lettre, & que ledit Monfiour Guy & fes hers, & lefdits Enfans mâles, ou ceaus qui de aus auront caufes, les puiffent alleguer ou propoufer, & en demander, requaite & avoir plein joyment, en court & fors de court, en jugement & fors de jugement, tout autre plainctmens, comme ce ils etoient ecrits, mits & expreffement devifez, mot à mot, non gratuitement, queuque raifon, allegations, bans & deffances, qui feroient dites ou prepoufées à lencontre, ou par mey eft demouré que ils ne foient ja fpecifié, moi tenant a payée de ladite generauté & damné & aftraint en ces ecrits, mes hers & ceaus qui de mey auront caufes, à tenir & à garder ferme & ftable, & à accomplir toutes les chofes & chacunes pour foy contenues & ecrites en cette Lettre, & de non jamais venir ou attenter encontre, & à rendre & à payer à notre Seigneur le Roy de France, ou audit Monfiour Guy & à fes heritiers, & à fefdits Enfans ou à l'un deaus ou au porteur de cette Lettre à leur fimple requefte, comme paine promife & comme debte principau, mille livres de tournois petits, c'eft à fçavoir la moitié à notre Seigneur ledit Roy, & l'autre moitié audit Monfiour Guy & à fes heritiers & à fefdits Enfans, à chacune fois par foy que mes heritiers ou aucuns deaus vendroient ou rebelleroient ou objecteroient, ce que à Dieu ne plaife, encontre lefdites chofes ou aucunes d'elles ou que il defaildroient de les accomplir. Pour la quau peine rendre & payer à mondit Seigneur & à fefdits Enfans, ou à leurs hers ou à lun deaus, toutes les fois & à chacune par foy qu'elle feroit commife je leur oblige mes heritiers & lefdites doues pars de mondit patrimoine & matrimoine & chacunes chofes & fpeciaument & expreffement pour foy & pour le tout, & ladite paine commife ou non commife, ou payée ou non payée. Noiantmains veil je & octrois pour moi, pour mes hers & fucceffeurs, que tous lefdits & la teneure de cette Lettre & chafcunes pour fei foient & remaingent ferme & ftable, & en leur force & vertu, & reuonci en tout yceft mein fait, Je NICOLE deffufdite plainement inftruite pour mei, pour mes hers & fucceffors à tout ufage, à toute couftume, franchife, etabliffement des Villes & de Pays, à tous privileges, benefice, indulgeance, graces & referipts de la Cour de Rome & de la Cour Rayau empetrez & à impetrer, & de Crois prife & à prendre, & aux droit qui veulent, que donation foubs mort outre cent deniers d'or ou cent fols faite fans folemnaux infignuation de Juge, ne vaillent, & à tous les droits qui deffandent, donation eftre faite entre mary & mouglhié durant leur mariage, & à tous les cas, caufes ou raifon, & à chacun pour fei, pourquoi telle donation povent eftre revoquées. Car je voil & octrei pour mei, por mes hers & fucceffors, que por aucuns cas, caufes ou raifon, les donations deffufdites ou aucune delle ne puiffe eftre revoquées ou apetitées, & fe de droit ou de couftume ou de ufaige, lefdites donations ou aucunes delles ne pouvent valer & tenir : noientmains voil je & octroie por me, por mes hers & fucceffors, que ou prejudice de moy & de mes hers, elles & chacunes delles vangent & tiennent, à laide dau benefice de Velleyen, & de tout autres benefices & droits introduits en faveur de femmes, & à toute exception de fait & de droit & de decevance, de fraude, de roiberie, de une chofe faite & d'autre efcrite, & à toute force & à toute aide de lois & de canon, & à totes inftitutions & conftitutions faites & à faire, à tous cas & à condition fans caufe & de non droiture caufes, & à tous droits efcris & non efcris, & au droit qui veut que generau renonciation ne vaille, fors en tant comme elle eft expreffe & expreffiaument & generaument par expreffe convenance que je en fais por mei, por mes hers & fucceffeurs, oudit Monfieur GUY, por foi, por fes hers & fefdits enfans à toutes exceptions, deceptions, actions, petitions, deffenfions, cavillations, raifons & autres chofes, & à chacunes par foi, qui de fait ou de droit ou de cotume pourient moi ou mes hers, ou aucun deaus aider à venir encontre les choufes deffufdites, ou encontre aucune dicefte en cour d'Eglife ou en cour Laye, par qu'aucune raifon ou caufes. Et ai juré & jure au faint Dieu l'Evangile corporaument touché, à tenir & a garder ferme & ftable, le contenu de cette Lettre fans rien y enfiaindre, & fans jamais venir, objacter ou attempter encontre par mei ou par autre, pour aucun cas, caufe ou raifon qui foit ou puiffent eftre, & en garentie & en fermeté des choufes fufdites & de chacuns por fei, Je NICOLE deffufdite en donne por mei & por tous les mens audit Monfiour Guy, & à fes hers & à mefdits enfans mafles que jai & aurai de lui, cette prefente Lettre, fcellée à ma fupplication & requefte, du feel de la Senefchauffée de Xaintonge eftabli à Saint Jean d'Angely pour noftre Seigneur le Roy de France, par la main de *Guillaume Flory* clerc Garde adonque dudit Seigneur & Juge de la Court d'icelui feel, auquel je ai infignué ladite donation prorogent & avouent fa jurisdiction & moi y foumettant & mes hers & tous mes biens, quand pour ceft fait, fans autre Seigneurie ou juge avouer. Et nous *Guillaume* Flory Juge de ladite Cour, avons receu à la requefte de ladite NICOLE ladite infignuation, & y avons entrepoufé & entrepoufons à ladite Lettre deffufdits, noftre autorité & decret & la confermons entant comme il nous appartient, & à la requefte de ladite NICOLE avons apoufé à cette Lettre ledit feel en confirmation de toutes ces choufes : prefens temoins Jehan Duiffea, Jehan Granzay Valets & Jehan Oger clerc, le Vendredy après la Fefte de fainte Croix de May, l'an de grace mil trois cent & dix huit : Signé *Guillaume Flory.* Il y a un fceau reprefentant d'un côté un champ femé de Fleurs de Lys, avec deux figures humaines, une paroiffant à genoux, l'autre par derriere tenant un fabre à la main, au tour duquel fceau paroît une legende en lettres Gothiques , & au contrefcel un Ecuſon de France.

Copie tirée fur l'Original , qui eſt au tréfor de la Floceliere.

IX. **G**Uy de Surgeres, a eu d'Olive de la Floceliere, fa premiere femme.

X. Guy de Surgeres , qui fuit.

Et de Nicole Raimonde , la feconde.

X. **H**Ugues de Surgeres , Seigneur de Valans & du Breüil , qualifié Chevalier, dans une quittance , donnée à Jean Chauvel , Treforier des Guerres, le vingt quatre Septembre 1350. étant lors à Niort , de la fomme de 35. liv. tournois, qui lui étoit dûë , fur fes gages & de cinq Ecuyers de fa Compagnie, fervans fous M. *Guy de Néelle* , Marêchal de France , Lieutenant pour le Roy és Pays de Poitou & de Saintonge , fcellée de fon fceau en cire rouge , fur lequel fe voit un fretté de Vair avec un Lambel. La même qualité de Chevalier lui eſt aufſi donnée , dans des Lettres du Roy *Iean* , données à Paris le 13. Octobre 1354. par lefquelles ce Prince lui fit don de 1000. liv. à prendre fur la recette d'Anjou & du Maine , en confideration des ſervices qu'il lui avoit rendus contre les Ennemis , és parties de Saintonge , en qualité de Capitaine de Surgeres & de Bourneuf en Aunis , & de ce qu'il avoit été pris en la Compagnie du feu Marêchal de Néelle , & mis à grande rançon. Il fut peu aprés tué , fervant contre les Anglois , à la Bataille qui fuivit le Siege de S. Jean d'Angely.

PREUVES.

1350. **H**Ugues de Surgeres Chevaler , reçoit de Jean Chauvel , Treforier des Guerres , fur fes gages & de cinq Ecuyers , fous M. Guy de Neelle , Seigneur de Mello , Marêchal de France , Lieutenent en Poitou , Saintonge , Angoumois & Perigord , trente cinq liv. tournois , à Niort le 27. Septembre 1350. Scellé en cire rouge d'un fretté de Vair avec un Lambel.

Tiré d'un recüeil de fceaux , du Cabinet de M. Clairambault , Vol. 1. fol. 88.

JEAN PAR LA GRACE de Dieu Roy de France. A nos amez & feaux Treforiers à Paris, & au Receveur d'Anjou & du Mayne , ou à fon Lieutenant , Salut. Sçavoir faifons que pour les bons & agreables fervices que noftre amé & feal HUGUES DE SURGERES Chevalier, jadis Capitaine de par nous à Surgeres & à Bourneuf en Aunis , és parties de Saintonge fur les frontieres de nos Ennemis , nous a fait ou temps paffé , & que efperons qu'il nous faffe ou temps avenir , & auffi pour confideration de ce qu'il fut pris par nos Ennemis , en la Compagnie de noftre amé & feal Chevaler , le feu Marefchal DE NEELLE , dont il a efté mis à grande rançon , à icelui Chevaler avons donné & donnons cette fois, de grace fpecial , la fome de 1000. livres tournois , à avoir & prendre fur la Recette de toi Receveur , par telle maniere & condition , que de tout ce qui deu lui eft , ou qu'il , fes hoirs , ou autres pour li , pouroint jamés ou temps avenir reclamer , ou demander en une affignation n'aguere faite fur toi Receveur , par Nous , nos Treforiers , pour ledit Chevaler , de la fomme de 545. livres ou environ , & laquelle il a eue & reccue de toi , fi comme il dit , il baille à toi Receveur bonnes Lettres de quittances , fous feel autentique , par lefquelles il nous quittera à toujours mez de ladite affignation. Si vous mandons & etroitement commandons , que par la maniere & condition deffufdite , vous faffiez payer , bailler & delivrer audit Chevalier , ou à fon certain commandement , ladite fomme de 1000. livres tournois , des revenus , profits & emolumens de ladite Recette , & gardiés bien que en ce n'ait aucun deffaut. Si nous donnons en mandement par ces prefentes , à nos amez & feaux les Gens de nos Comptes à Paris , que en rapportant ladite affignation , avec les Lettres & cedules dont elle fait mention , & lefdites Lettres de quittance fous feel autentique , comme dit eft , & ces prefentes & autres Lettres de quittance defdits mil livres tournois , ils allotient icelles mil livres tournois , és comptes de toi Receveur , ou de ceux ou celui à qui il appartiendra , fans aucun contredit , nonobftant quelconques autres dons ou graces , par noftre tres cher Seigneur & Pere , que Dieu abfoille , ou par nous faits audit Chevalier , ne quelconques Ordonnances ou deffenfes , faites ou à faire au contraire. Donné à Paris le 13. jour d'Octobre , l'an de grace 1354. & feellé fous le feel du Chaftelet de Paris , en l'abfence du grand.

> Titre en parchemin , tiré d'un recüeil de fceaux du Cabinet de M. de Gaignieres , à la Biblioteque du Roy.

X. GUILLAUME DE SURGERES , qualifié Chevalier , dans une quittance qu'il donna à Regnaud Croullebois , Receveur de Saintonge , le 22. Octobre 1340. étant alors à la Rochelle , de la fomme de 66. liv. tournois , qui lui étoit düe fur fes gages , & ceux de fes Gendarmes , fervans fous M. *Ithier de Magnac* , Capitaine & Sénéchal de Saintonge , fcellée en cire rouge, d'un fretté de Vair avec une bordure. Il mourut fans Enfans.

Tiré d'un recüeil de fceaux, étant dans le Cabinet de M. Clairambault , Vol. 104. fol. 8143.

X. PHILIPPE DE SURGERES , morte fans alliance.

X. THOMASSE DE SURGERES , morte auffi fans alliance.

X

Argenton
d'or à trois
Tourteaux
de gueules
accompa-
gnés de 7.
croifées d'a-
zut pofées
3. 1. & 2. 1.

X. JEANNE DE SURGERES, mariée avec *Geofroy d'Argenton*, Seigneur d'Argenton en Poitou , comme il fe trouve dans des Lettres de l'an 1340. confervées dans le tréfor des Chartes , par lefquelles *Guy* , Seigneur *d'Argenton* leur fils, paffa procuration à *Guillaume d'Argenton* fon neveu , pour vendre 100. livres de rente , qui lui étoient duës fur la Prevôté de la Rochelle , du chef de JEANNE DE SURGERES fa mere , fille de GUY DE SURGERES. Elle fortoit d'une des plus anciennes Maifons de Poitou , laquelle finit dans la perfonne de *Bruniffente* Dame *d'Argenton*, femme de *Thibaut Chabot* Seigneur de la Greve & de Moncontour, dont vint *Catherine Chabot*, laquelle porta les biens de la maifon d'Argenton, dans celle de *Chaftillon fur Marne* , l'une des plus anciennes, des plus grandes & des plus illuftrées du Royaume , par le mariage qu'elle contracta l'an 1445. avec *Charles de Chaftillon* fur Marne , dont la pofterité poffede encore à prefent la Baronnie d'Argenton.

Gilbert
d'argent à
un Aigle à
deux teftes
de Sable.

X. GUY DE SURGERES, II du nom, Sire de la Floceliere, Chevalier, époufa premierement fuivant des memoires GILLE GILLEBERT. Secondement il fut marié par fon Pere, & en prefence de *Ieanne de Chafteaumur* , Dame de la Floceliere, fon Ayeule maternelle , par traité du Dimanche après la S. Denis 1321. dans lequel il eft qualifié valet , avec Dame MARGUERITE DE BOURNEUF , veuve de *Guillaume Chabot* Chevalier, Seigneur de la Mothe-Achart & de la Tourmeliere, & fille de *Iean de Bourneuf* Seigneur de Rets. Il eft qualifié Chevalier dans un Jugement rendu , par les Officiers de fa Cour de la Floceliere , le Dimanche avant la Nativité de S. Jean Baptifte 1326. fcellé de fon Sceau, qui eft un fretté de Vair , avec un Echiquier fur le contrefceau. Il fervit avec un Chevalier & cinq Ecuyers de fa compagnie , fous M. Savary de Vivonne Seigneur de Tors, au voyage d'Amiens, comme il s'apprent d'une quittance qu'il luy donna étant à Paris, le 8. Aouft 1338. de la fomme de 82. liv. 10. fols tournois qui luy étoit dûë , pour fes gages d'un mois, fcellée en cire rouge, d'un fretté de Vair. Le même Sceau fe voit à une autre quittance qu'il donna le 9. Aouft de la même année, de la fomme de 30. liv. 5. fols à luy dûë, pour fes gages & ceux de fes Gendarmes, fervant fous le même Sire de Tors, Capitaine fouverain és parties de Poitou & de Saintonge. Il étoit un des Seigneurs de la livrée du Roy de Navarre PHILIPES III. és années 1340. & 1341. comme il fe voit dans des Etats des Officiers de la Maifon de ce Prince , & il ne vivoit plus le 9. Mars 1345. il eut de fa premiere femme.

XI. MARGUERITE DE SURGERES, mariée , fuivant quelques memoires , avec *Guillaume de Boiſy* Valet , l'an 1333.

Et de la feconde

XI. JACQUES DE SURGERES, qui fuit.

XI. MADELAINE DE SURGERES, mariée, fuivant des memoires, avec *Eufebe du Puy-du-Fou.*

Puy-du-Fou , de gueules à trois maf-cles d'argent 2. & 1.

PREUVES.

UNIVERSIS has Litteras infpecturis. GUILLERMUS Moushonet , cuftos figilli quo utitur apud Senefcallum pro Domino Rege Franciæ , falutem in Domino. Refpondeo me vidiffe ac diligenter infpexiffe Litteras figilli prædicti , figillatas à noftro Cancellario , quæ hanc formam continent. A TOUS CEAUX qui fes prefentes Lettres verront & orront. GUY DE SURGERES , Seigneur de la Bougueraigne Chevallier & *Jeanne de Chateaumur* Dame de la Floceliere , *Guillaume Chabot* Seigneur de Chantemerle Chevalier , *Rahoul Chabot* fon frere , Valet , GUIARD DE SURGERES Valet , fils doudit Monfour GUY , *Jehan de Bourneuf*, Dame Marguerite fa fille , femme jadis de Monfour *Guillaume Chabot* Chevalier , Seigneur de la Mothe Achart & de la Tourmeliere ; Salut en noftre Seigneur. Sachent tous qu'en la publication dou mariage fait entre GUYARD DE SURGERES deffufdit d'une part , & ladite Dame MARGUERITE d'autre , ont efté parliés & accordés les choufes qui fenfuivent. C'eft affavoir , que comme Monfour GUY DE SURGERES Chevallier deffufdit , tenet & expletat , pour caufes de luy ou pour autres caufes , la terre appartenant à fondit fils , aquitté & delivré de toutes dettes quauconques , faytte pour raifon de fa perfonne tant follement , & de tous autres droits , excetté quarente une livre , que eftoit dheue fur ladite terre , & ceu par chafcun Fefte de Touffaint , en deners une faye payé tant fellement , & fy heuft efté que ladite Dame de la Floceliere morrut durand le bail dudit Guy , ladite terre de ladite Dame , les heritages , aquets ou domaines audit GUYARD quitté & delivré , fans ceu que ledit Chevalier , pere dudit valet , y pohut rien demander pendant ledit bail , ou pour que aucune autre chaufes , ainfi eftoit que ledit Guy DE SURGERES valet moret avant ladite *Marguerite* fa femme , horet ladite Dame *Marguerite* le douaire , tant ou bien dudit GUYARD fon Seigneur , que ladite Dame de la Floceliere tient & expletet ce jourd'huy , & aus hetitages , acquets ou domaine , emprés la mort de ladite Dame , fecond que Coftume de Pays requiert , fauve ceu que ladite Dame de la Floceliere en ha ordonné ou ordonneroit pour la rencompenfation , & à renoncé ledit Monfiour GUY , Chevallier , quitté & delaiffe audit GUYARD fon fils , toutes les donations & obligations , que il avoit ou pohet avoir ou bien deffufdit , apartenant à fondit fils , pour raifon de fa mere & pour que aucune caufe que faft ou puft. Eft refervé & retenu audit Chevalier , que pour ceft feft , il ne rendret pas l'obligation qu'il a fus quitté & fur payé de la teneur proteftation faite doudit Chevalier , que pour ceftui fet , ne pour fa prefence , il n'entant pas foi en rien obliger , mes tant feulement fes quiptançes , moyennant les renontiations deffufdites. Et eft accordé que ladite Dame MARGUERITE n'auret douiaire en bien doudit Chevaller li vivant. Il fut parlé & accordé entre les parties fi deffufdite , que ledit Monfiour *Jehan de Bourneuf* tendra , aura , explettera , tous les biens meubles , apartenant à ladite MARGUERITE fa fille , & en fera les fruits , fauve & excetté le douiaire apartenant à ladite fille , pour raifon de Monfiour *Guillaume Chabot* , feu jadis fon Seigneur , lequel douiaire aura , tendra & explettera ledit GUYARD deffus dit , pour raifon de ladite MARGUERITE fa femme.

Item. Fut parlé & accordé que ledit Monfiour *Jehan* baillera & delivrera audit GUYARD Valet , & à ladite femme , tous les biens immeubles prefens , & donnés autrefois de fondit pere en mariage , & delaiffés doudit Monfiour *Chabot* feu fon Seigneur , tantoft que li dit GUYARD aura aage de vingt cinq ans parfait.

Item. Demouront & feront audit Monfiour *Jehan* , tous les biens mobles apartenant à ladite MARGUERITE fa fille , en telle manere que ledit Monfiour *Jehan* fera tenu à aquipter ladite Dame MARGUERITE & fon Seigneur , de l'execution doudit Monfiour *Guillaume Chabot* fehu jadis fon Seigneur , & de toutes autres debtes & obligations. Et à ces choufes , tenir & accomplir , fans jamais venir encontre , nous dits GUY DE SURGERES , *Jehan* , *Guillaume* & *Rahoult Chabot* , GUY DE SURGERES , *Jehan de Bourneuf* & MARGUERITE fa fille , havons promis & encore promettons chafcun pour fei , fus l'obligation de tous nos biens moble & non moble , prefens & futurs , & avons renoncié en ceftui noftre fait , à toute exception de fraude , de ignorance , de force , de crainte , de articulation à benefice & autre de dret efcrit & non efcrit , à privilege de loix , prifes & à prendre , & à toutes autres opofitions , exception , raifon & allegation de droit & de fait , & à chafcuns pour fei expreffement qui tout la teneur de fes prefentes Lettres pourront eftre objectées ou opofées en aucuns temps , & havons juré fur l'Evangile noftre Seigneur , tenir , garder & accomplir leaument

1321.

la teneur de ces prefentes Lettres , fans pouvoir venir encontre ne pour autre. En tefmoings
de verité, nous dits deffus , en avons donné les uns aux autres fes prefentes Lettres , feelé dou
fea noftre Seignour le Roy de France à Fontenay eftablis , à laquelle juridiction , nous nous
foumettons , quant à ceu à nous requeftes & chafcun de nous fellé. Et je *Guillaume* Mouf-
honet;', clerc Garde à cettui temps doudit feel, à la precation defdites parties , & à la relation de Guillaume Mirail clerc mon juré que lefdites choufes au leu de ...... efté enre-
giftré lefdites parties , pour le jugement de la court de noftre Seignour le Roy devant dit ,
jugé & condamné , fi comme il me rapporte , auquel mon juré j'ai ajoufté plaine foy , cette
prefente Lettre daudit feel fcellé en temoin de verité , fauve le dreit noftre Seignour le Rey
devant dit & tout autrui. Ceu fut donné prefent & tefmoin , honorable homme & difcret
Nicolas Maiftre Guerin , Maiftre Jehan Senas , Monfieur Guillaume d'Aunay , tefmoins à ceu
pris , requis & appellé , le Dimanche après la S. Denis , l'an de grace mil trois cent vingt &
un. Datum hujufmodi , ut ponimus , fub figillo quo utitur apud Fonteniacum , pro Domino
Rege Franciæ , die Veneris poft Feftum Omnium Sanctorum , anno Domini millefimo tre-
centefimo vigefimo fecundo. Sig. G. Davais.

Copie tirée fur l'Original , qui eft au tréfor de la Floccliere.

1326.　A TOS CEAUS qui ceftes prefentes Lettres &c. .... & de cefte choufe avons eté jugés à nos
requeftes , par le jugement de la Cort , à noble homme GUY DE SURGERES , Chevalier ,
Sire de la Floceliere. En tefmoigne defquelles choufes , ceftes prefentes Lettres feellées à nos
requeftes d'ou feya audit noble home , le jor dou Dimanche avant la Nativité S. Jehan Baptifte , l'an de grace 1326. figné & feellé , le fceau entier , d'un cofté un fretté de Vair & au
contrefceau un Efchiquier.

Extrait tiré de l'Origiual , qui eft au tréfor de la Floceliere.

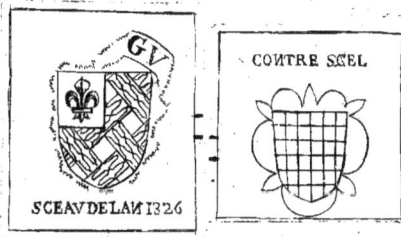

NOus GVY DE SURGERES , Seigneur de Bougueraigne, cognoiffons & confeffons avoir
1338.　heu & receu de noble home Monfiour *Savary de Vivonne* Seignuer de Thors 1111ˣˣ.
& deux livres 10. fols tz , pour aller en fa compagnie de Ameans , à la femonce du Roy ,
pour les gages de Nous , un Chevalier & cinq Écuyers. Laquelle fomme d'argent il nous
a baillé pour un mois à defservir en fa compagnie , en commençant le jour de la datte de
ces Lettres , en nous accompliffant les convenances de luy & de nous , fi comme il eft
plus pleinement contenu en une lettres feellées de nos feels , & au cas ou nous ne accom-
plirions ledit temps par demandement ou autrement , nous ferons tenus le furplus à luy rendre à deffervir. A Paris , le 8. jour d'Aouft 1338. feellé en cire rouge , d'un fretté de Vair
& un Lambel de trois pendans.

Tiré d'un Recüeil de Sceaux , étant dans le Cabinet de M. Clairambault vol. 104;
fol. 8143.

Guy de Surgeres Chevalier, Seigneur de la Bougueraigne, reçoit de Renaut Crou- 1338. lebois par M. Pierre Besson son clerc & Lieutenant, du commandement de noble & puissant homme M. *Savary de Vivonne*, Seigneur de Thors, Conseiller du Roy, Capitaine souverain és parties de Poitou, Saintonge & lieux voisins, pour lui & ses Gendarmes, 30. liv. tournois. 9. Octobre 1338. Scellé en cire rouge fretté de Vair avec un Lambel.

Tiré d'un Recüeil de Sceaux, étant dans le Cabinet de M. Clairambault, Volume 1. fol. 90.

M. Guy de Surgeres, du nombre des Seigneurs de la Livrée du Roy de Navar- 1340. re Philipe III. à la Toussaint, és années 1340. & 1341.

Estat des Officiers de la Maison des Rois, étant dans le Cabinet de M. Clairambault, Vol. 3. fol. 1124. & 1136.

XI. JACQUES DE SURGERES, I. du nom, Chevalier, Seigneur de la Flocelière, se dit fils & heritier de feu M. Guy de Surgeres Chevalier, dans une plainte qu'il fit devant le Lieutenant du Senéchal de Poitou, le 9. Mars 1345. Il est qualifié Chevalier dans une quittance, qu'il donna à Jean Chauvel Tréforier des guerres, le 13. Février 1355. étant à Charroux, de la somme de 14. liv. 8. sols tz, qui luy étoit dûe sur ses gages, & ceux d'un Ecuyer de sa Compagnie, servant sous M. *Jean de Clermont* Seigneur de Chantilly, Marêchal de France, Lieutenant pour le Roy entre les rivieres de Loire & de Dordogne; Cette quittance scellée en cire rouge, d'un fretté de Vair. La même qualité luy est donnée, dans des lettres de don que luy firent *Tristan* Vicomte de *Thoüars* & *Pernelle* sa femme, Comte & Comtesse *de Dreux*, le 14. Octobre 1376. par lesquelles ils le traitent de Cousin. Il épousa *Marie de Laval*, fille de *André de Laval*, Chevalier, Seigneur de Chastillon en Vendelais, d'Aubigné, de Loüé, de Montseur, d'Olivet, de Meslay, de Courbeville, de Boyeres &c. & de *Eustache de Bauçay* Dame de Benais, elle luy apporta en mariage les terres de Bonnefoy & de Codroy, avec 200. liv. de rente, & 3000. liv. en deniers. Il est qualifié Chevalier, dans des lettres de don que luy fit le Roy *Charles VI*. le 28. Novembre 1380. en consideration des services qu'il avoit rendus à l'Estat, contre les Anglois, pour raison desquels, le Prince de Galles l'avoit pris en haine. Il fit son testament le 29. Septembre 1386. par lequel, il laissa aux pauvres de la Paroisse de la Flocelière, pour le repos de son ame, de celle de Monseigneur son Pere & de

Laval, d'or à une Croix de gueules chargé de 5. coquilles d'argent, le 1. canton d'azur à un Lion d'or, le champ semé de fleurs de Lys de même qui est de Beaumont, & les trois autres cantons chargés chacun de 4. alerions d'azur qui est de Laval.

Y

Madame fa Mere. Il en fit les Executeurs Monfeigneur l'Evêque
de Luçon, M. *Guy de Laval* & fes amez coufins, M. *Guy* & M.
Geofroy d'Argenton. Il vivoit encore le 4. Février 1382. qu'il fit un
Traité avec les Sieur & Dame de Laval-Chafteaubriant & le Connêtable de Cliffon; il eft fcellé des Sceaux de Chafteaubriant &
de Cliffon, & de celuy de SURGERES, fur lequel fe voit, un
fretté de Vair, avec une Genette pour Cimier, & fur le contrefceau, un Echiquier. Sa Femme plaidoit és années 1385. & 1398.
contre Jean de Laval, Seigneur de Chaftillon, fon frere aîné, pour
raifon de ce qui luy avoit été promis en mariage.

PREUVES.

1345. JEHAN VOISIN Chevalier, Lieutenant de noble & puiffant Monf. le Senechal de Poitou
& de Limofin, &c.. montré nous a en complaiente JACQUES DE SURGERES, fils & heritier de feu Monfiour GUY de SURGERES Chevalier, &c.... Donné fous le fcel de ladite Senefchauffée & fous noftre feigne, le 9. du mois de Mars, l'an 1345.

L'Original eft dans le tréfor de la Floceliere. Cet extrait en a été tiré.

1355. JACQUES DE SURGERES, Chevalier, reçoit de Jean Chauvel, Treforier des Guerres,
fur fes gages, & d'un Ecuyer, fous M. *Jean de Clermont* Seigneur de Chantilly, Maréchal de France, Lieutenant de Roy entre les rivieres de Loire & de Dordogne 14. liv. 8. fols
tournois, à Chatrous le 13. Fevrier 1355. Scellé en cire rouge, d'un fretté de Vair.

* Tiré d'un Recüeil de Sceaux, du Cabinet de M. Clairambault, Vol. 2. fol. 76.

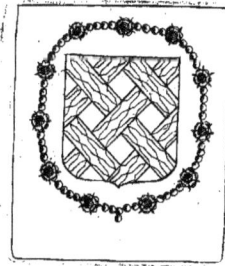

1376. A TOUS CEUX, &c. Sçachent tous, que endroit perfonnellement eftabli, &c.. nobles
& puiffantes perfonnes, Monfieur *Triftan* Vicomte *de Thoüars*, & Madame *Pernelle*, Vicomteffe de Thoüars fa feme, Comte & Comteffe de Dreux, &c. les davants dits *Vicomte
& Vicomteffe de Thoüars*, donnent à noble home leur bien amé coufin, Monfieur JACQUES DE
SURGERES, Seigneur de la Floceliere, Chevalier, & aux fiens, &c.... Ce fait tefmoings appellés & prefens noble home Monfieur *Aland* de Montandre, Chevalier, Aymeri He-
liers, & Guillaume Chantefain Efcuyers, le 13. du mois d'Octobre 1376. figné & le fceau rompu.

L'Original eft dans le tréfor de la Floceliere, dont cet Extrait a été tiré.

1380. CHARLES, par la grace de Dieu, Roy de France, Sçavoir faifons &c. que nôtre Amé
& Feal JACQUES DE SURGERES, Chevalier, paravant que la Duché de Guienne re-
tournaft en l'obeiffance de noftre tres cher Seigneur & Pere, que Dieu abfoille, iceluy JACQUES
DE SURGERES, qui lors demouroit au pouvoir du Prince de Gales, fe fuft plufieurs fois
armés & alliés avec nos fubgies, contre plufieurs gens de campagne, qui domageoint notre
Royaume, & par fpecial fe fuft armé en la compagnie de noftre tres cher oncle le Duc DE
BOURGOGNE, devant la Charité fur Loire, que aucuns Anglois, & Gafcons & gens de
campagne avoint occupé, & pour ce auffi qu'il difoit lefdites compagnies eftre alliées dudit

Prince*, iceluy Prince de Gales l'euſt pris en haine , & fait amender grandement &c. . . . &
ledit Prince l'ayant derechef pris en haine , pour ce qu'il s'eſtoit armé en la Compagnie
du feu Sire de *Craon* & des Maréchaux de France devant Faye , où eſtoient pluſieurs Anglois , Gaſcons & autres gens de campagne , nous luy voulons faire ſur ce noſtre grace. Nous
ces choſes conſiderées , & auſſi pour conſideration des bons & leiaux ſervices qu'il a fait à
nos predeceſſeurs és Guerres , ſur leſqueux avons eu les declarations de pluſieurs dignes de
foy , &c. . . . lui avons donné , &c. . . pour lui , ſes hoirs & ſucceſſeurs , &c. . . Nous avons
fait mettre à ces Lettres noſtre ſcel ordonné en l'abſence du grand , &c. . Donné à Paris le
24. Novembre 1380. & le premier de noſtre Regne. Signé preſens Meſſeigneurs les Ducs d'Anjou , de Berry & de Bourgogne.

Cet Extrait eſt tiré de l'Original , qui eſt au tréſor de la Flocelière.

A U Nom du Pere , &c. . . Ge JACQUES DE SURGERES , Seigneur de la Flocelière , fois   1380.
& ordonne mon teſtament , &c.

Item. Ge inſtitue mon heritier principal , JACQUES DE SURGERES mon fils , &c.

Item. Ge vueil & ordonne , donne & laiſſe vingt & deux ſeptiers de bled de rente , meſure de la Flocelière , leſqueux je ſitue & aſſigne , &c. . . . . pour donner & diſtribuer une charité de cinq boiſſeaux de bled à cinq pauvres Meſnages de la Paroiſſe de la Flocelière , tous
les Lundis de l'année perpetement , pour la redemption de l'ame de Moi , de Monſeigneur mon
Pere , de Madame ma Mere , &c. & le Secretain de l'Egliſe aura un prevendier pour ſonner
un clas , chacun Lundy pour avertir les pauvres , &c. Et de cettui mon teſtament & derniè-
re volonté , ge eſtablis & ordonne mes executeurs , Reverend Pere en Dieu Monſeigneur l'E-
veſque de Luçon , l'Abbé de l'Abſie , l'Abbé de Mauleon , noble home Monſieur *Guy de Laval* , noble Dame Madame *Jeanne de Bauçay* , mes chers & amés couſins Monſieur *Guy* &
Monſieur *Geofroy d'Argenton* , *l'Eſtranges* , *de Saint - Gelais* , Monſieur *Conſtantin Aſſe* , Pierre
Sire du *Puy-du-Fou* , *Guillaume Coytivi* , *Guillaume Chantefain* , & *Jehan du Bois* , &c. . .
Fait le 29. Septembre l'an 1380. Signé & ſcellé , & le ſceau rompu.

Cet Extrait tiré de l'Original , qui eſt dans le tréſor de la Flocelière.

I L EST TRAITTE' & accordé , entre noble & puiſſant , Monſieur & Madame de La-   1382,
val de Chaſteau-Briant d'une part , & noble home Monſieur JACQUES DE SURGERES ,
Seigneur de la Flocelière , que de pluſieurs explois que diſoint leſdits nobles , que feu Monſieur GUY DE SURGERES , pere dudit Monſieur JACQUES , avoint fait depuis le temps
de la mort de Monſieur *de Cliſſon* , pere de Monſieur le Coneſtable de France , qui à preſent eſt , & le departement de Madame de Belleville ſa femme , que le Roy print ladite
Terre en ſa main , &c. Monſieur *Guy de la Foreſt* eſt chargé de enquerre des droits d'une partie & d'autre , &c. En teſmoings de ce , leſdits nobles ont appoſé à cet eſcrit leurs propres ſceaux , preſens Monſieur *Jehan d'Aſſigny* , Monſieur *Guillaume Matefelon* , Monſieur
Pierre du Puy - du - Fou , Chevaliers , Jehan de Cornillié , Jehan le Meingnien , Guillaume
Foufchier , le 4. Feuvrier , l'an 1382.

Cet extrait tiré de l'Acte , qui eſt au tréſor de la Flocelière , auquel le ſceau de SUR-
GERES eſt entier , ayant un fretté de Vair , avec le devant d'une Genette , pour Cimier , & au contreſceau un Echiquier.

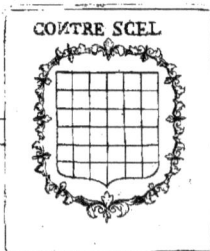

XI. **J**ACQUES DE SURGERES, I. du nom, & MARIE DE LÀVAL ſa femme, eurent pour Enfans.

XII. JACQUES DE SURGERES, II. du nom qui ſuit.

XII. **I**SABEAU DE SURGERES, mariée par ſes Pere & Mere, par Traité du 13. Decembre 1349. avec *Joachim de Clermont*, Seigneur de Surgeres, ſon Couſin au cinquiéme degré, comme fils d'*Aymar de Clermont*, Seigneur de Hauterive & du Paſſage, & de *Jeanne*, Dame de Surgeres & de Dampierre. Elle devint depuis Dame de Bernezay, des Coudreaux, de Migré, de la Bougueraigne, de Meindroux, du Fief aux quatre Chevaliers & de la Pelouſiere au Pays d'Aunis, par accord fait entr'elle & JACQUES DE SURGERES ſon frere, Seigneur de la Floceliere, le 4. Decembre 1396.

Clermont de gueules à deux Clefs d'argent adoſſées & paſſées en ſautoir.

PREUVES.

1379. **S**CACHENT tous &c. perſonnellement eſtablis &c... nobles perſonnes Monſieur JACQUES DE SURGERES, Seigneur de la Floceliere d'une part, & Monſieur JOACHIM DE CLERMONT, Seigneur de Surgeres d'autre part, en traité & prolocution de mariage d'entre ledit de Clermont & Damoiſelle ISABEAU DE SURGERES, fille dudit de *Surgeres* & de Dame *Marie* de Laval &c... leſquelles choſes données à ladite ISABEAU, à cauſe de doüaire, ledit de Clermont fera vouloir & conſentir à noble Dame *Jeanne*, Dame de Surgeres ſa mere &c... fait preſens à ce appellés & requis Monſieur Helie.......... Monſieur Mignart de Mongeron, Pierre........ Chevaliers, & André de la Ramée, Guillaume Chantefain, Eſcuyers, le 13. Decembre de l'an 1379. Signé Fenelon, & le ſceau rompu.

Cet Extrait tiré de l'Original, qui eſt dans le tréſor de la Floceliere.

1396. **S**CACHENT tous preſens & avenir, comme certain jour plait & procés ſoit meu, & pendant en la Court de Parlement, entre nobles & puiſſans perſonnes, Meſſire JOACHIM DE CLERMONT, Chevalier, Seigneur de Surgeres, & Dame ISABEAU DE SURGERES ſa femme, à cauſe d'elle, demandeurs d'une part, & noble & puiſſant homme Meſſire JACQUES DE SURGERES, Chevalier, Seigneur de la Floceliere defendeur d'autre part &c..... feu Meſſire JACQUES DE SURGERES Pere deſdits Meſſire *Jacques* & Dame *Iſabeau* &c...... C'eſt aſſavoir que maintenant, & desja ledit Meſſire JACQUES baille &c.... audit Meſſire *Joachim* & Dame ISABEAU DE SURGERES ſa femme &c.... les lieux Chaſtel & terre de Bernezay, & des Couſdreaux & de Migré &c..... & en outre baille & delivre les lieux & terres de la Bougueraigne & de Meindroux, & le fief au pays d'Aunis, appellé le fief au quatre Chevaliers, & la Pelouſiere audit pays d'Aunis &c..... ceu fut fait & donné, en double, daſſentement deſdites parties, & ſcellées du ſeel, preſens à ce appellés, Meſſire *Pierre* Boſchet Preſident en Parlement, Meſſire *André* Marchant Conſeiller du Roy notre Seigneur, nobles perſonnes Meſſire *Pierre* du Puy-du-Fou, Meſſire *Jehan* Rabaſte Chevaliers & autres, ce 4. de Decembre l'an 1396. Signé Jerçon & le ſceau rompu.

Cet Extrait tiré de l'Original, qui eſt au tréſor de la Floceliere.

XII. **J**ACQUES DE SURGERES, II. du nom, Chevalier, *Sire de la Floceliere*, de Ceriſay & de ſaint Pol, fut inſtitué heritier principal par le teſtament de ſon Pere du 29. Septembre 1380. Il fut marié premierement par contrat du 2. Decembre 1391. avec MARGUERITE DE VIVONNE, fille de *Regnault de Vivonne* Sire de Thors, des Eſſars, de Faye & d'Aubigné, Senéchal de Poitou,

Vivonne d'Hermine à un Chef de Gueules.

&

& Lieutenant General pour Jean de France Duc de Berry, en Poitou, Saintonge & Aunis, & de *Catherine d'Ancenis*. Jean Duc de Berry, par ſes Lettres, données en ſon Hôtel de Neelle à Paris le 22. Septembre 1396. luy remit la ſomme de 87. francs d'or, que devoient payer les Habitans de ſes terres de la Floceliere & de S. Pol, pour leur part des aydes impoſées ſur le pays de Poitou, en conſideration des ſervices qu'il avoit rendus au Roy & à ce Prince aux voyages de Flandres, de Bourbourg & de l'Ecluſe, avec dix hommes de ſa Compagnie, montés, armés & entretenus à ſes dépens, en chacun deſdits voyages. *Charles d'Albret* Connêtable de France, le traite de couſin dans les lettres de don qu'il luy fit de certaine ſomme, le 16. Mars 1405. Il tranſigea le 29. Aouſt 1405. avec *Guy de Laval*, & *Jeanne de Laval* ſa femme, ſur les differens que *Marie de Laval* ſa Mere, avoit avec eux, pour la delivrance de ce qui luy avoit été promis en mariage. Il eſt qualifié trés noble & puiſſant Seigneur, dans un denombrement rendu à la Comteſſe de Penthieure, le 20. Octobre 1411. ſcellé de ſon Sceau, où eſt le fretté de Vair, avec des Genettes pour ſupports, & le devant de la Genette pour Cimier, & au contreſceau un Echiquier. Il épouſa en ſecondes nôces, par traité du 23. Janvier 1411. *Marie de l'Iſle Bouchard*, fille de *Bouchard de l'Iſle*, Seigneur de Thoüarcé & de Gonnord. Il n'en eut point d'enfans, & ſe remaria pour la troiſiéme fois, avec *Marie de Sillé* veuve de *Jean* de Champagne. Il donna denombrement de ſon Hôtel de Palluyau, mouvant de Chateaumur, à la Comteſſe de Penthieure, le 16. Novembre 1412. ſcellé d'un fretté de Vair, ayant des Genettes pour ſupports & le devant de la Genette pour Cimier, & pour contreſcel un Echiquier. Autre denombrement de la même année avec le même Sceau. Il plaidoit le 2. Aouſt 1423. comme il s'apprent du quinziéme Regiſtre criminel du Parlement, contre *Triſtan Chabot*. Il s'y voit que le Tur parlant pour le Seigneur DE SURGERES de la Floceliere, dit qu'il étoit noble Seigneur & d'ancienne lignée, des plus grandes de Poitou, de Saintonge & d'Angoumois; qu'il avoit bien ſervi le Roy & ſes predeceſſeurs ſans reproche; qu'il avoit été Chambellan du Roy dernier mort, & l'étoit encore de celuy alors regnant; & qu'il poſſedoit pluſieurs notables terres & Seigneuries. Il eſt qualifié Chevalier, Conſeiller & Chambellan du Roy, dans des Lettres de Sauvegarde, qu'il obtint de Sa Majeſté pour luy, pour ſa Femme & pour ſa famille, données à Poitiers le 5. Aouſt 1340. étant alors ſexagenaire. Il fit ſon teſtament le 2. Decembre 1435. par lequel il ordonna, que *Marie* de Sillé ſa femme, auroit la tutelle de JACQUES, MARIE & ISABEAU DE SURGERES, ſes enfans, la nommant ſon executrice teſtamentaire, & il fonda quatre Chapellenies, en ſa Chapelle de Sainte Catherine de la Floceliere. Il eſt qualifié tres noble & puiſſant, Meſſire & Chevalier, dans le contrat de mariage de MARIE ſa fille

L'Iſle-Bouchard de Gueules à deux Leopards d'or.

Sillé de... à ſix Lionceaux de ...poſés....

Z

aînée , du 25. Juillet 1428. & dans celui d'ISABEAU , ſon autre fille ; du 29. Juillet 1439. Il ne vivoit plus alors. MARIE de Sillé , ſa Veuve, fit ſon teſtament le 8. Novembre , dont elle fit executeur JACQUES DE SURGERES , ſon fils , Marquis de Puiguyon. Elle s'y qualifie , Dame de la Floceliere , de Grand-Champ & de Charprene.

PREUVES.

1392.
A TOUS CEUX qui ces preſentes Lettres , &c. . Scachent tous preſens & avenir , que nobles perſonnes Meſſire *Regnaut de Vivonne* , ſire de Thors , des Eſſars , &c. ... d'une part , & Meſſire JACQUES DE SURGERES , Sire de la Floceliere , & Damoiſelle MARGUERITE DE VIVONNE , Fille dudit Sire de Thors d'autre part , &c .. eſtablis perſonnellement en la Cour dudit ſeel , en la prolocution & faveur du mariage accordé eſtre fait dudit Meſſire JACQUES & ladite MARGUERITE , leſdites parties plegerent, firent & accorderent les chouſes qui ſenſevent , &c. ... Ceu fut fait & donné garens preſens , appellés Meſſire *Guy* d'Argenton , Meſſire *Hugue* de Vivonne , Sire de Thors , Meſſire *Jean* Cathus , Meſſire *Pierre* de Sainte Flayve , le 2. Decembre , l'an 1392.

Cet Extrait tiré de l'Original , qui eſt au tréſor de la Floceliere.

1396.
J EHAN Fils de Roy de France , DUC DE BERRY & d'Auvergne , Comte de Poitou & de Bouloigne , à noſtre amé & feal Treſorier General , Colas Mergin , ſalut & dilection. Receu avons la ſupplication de noſtre amé & feal Chevalier , Meſſire JACQUES DE SURGERES , Sire de la Floceliere , contenant , que comme ez voyages de Flandres , de Bourbourg , & de l'Eſcluſe , il ait ſervi Monſeigneur le Roy & nous , monté & armé ſuffiſamment ſelon ſon eſtat , & avec lui dix Compagnons , pour chacuns deſdits voyages , & y miſt grande quantité de ſa chevance , & il ſoit ainſi , que ſes hommes & ſubjects demourans és lieux de la Floceliere & de Saint Pol , nous ſoint tenus à cauſe des aides ja pieça miſes ſus , en noſtre Pays de Poitou , pour la delivrance du Chaſtel de Bretueil , pour le mariage de noſtre tres chere & tres amée fille , MARIE DE BLOIS , pour le paſſage d'Angleterre , pour le Voyage d'Eſpagne , pour le forcement des Frontieres , & pour la delivrance des Chaſteaux de Taillebourg & de Jarnac , en la ſomme de quatre vingt ſept frans d'or , ſi nous a ſupplié , qu'en recompenſation , nous veillions quitter & remettre auſdits Habitans ladite ſomme. Sçavoir vous faiſons , que nous , inclinans à la ſupplication dudit Chevalier , &c. ... Si vous mandons & commandons expreſſement , que par Jacquemin Courau , noſtre Receveur au Pays de Poitou , leſdits Habitans & chacun d'eulx vous feés & ſouffrés joir & uſer plainement & paiſiblement de noſtre preſent don , &c. ... Donné à Paris en noſtre Hoſtel de Néelle le 22. Septembre , l'an 1396. Scellé & ſigné *de Gyves*.

Cet Extrait tiré ſur l'Original , qui eſt dans le tréſor de la Floceliere.

1403.
A TOUS CEUX qui verront ces preſentes , Salut. CHARLE , Seigneur d'Albret & de Sully & de Craon , Conneſtable de France. Sçavoir faiſons , que pour l'amour & plaiſir que nous a fait & eſperons que face ou temps avenir , noſtre amé Couſin Meſſire JACQUES DE SURGERES , Sire de la Floceliere , nous à icelui , avons donné & donnons , en pur don , &c. .:. à laquelle ſomme feüe Dame MARIE DE LAVAL , ſa Mere , compoſa pieça à noſtre feüe Dame & Mere Madame *de Craon* dernierement trepaſſée , &c. ... Donné à Paris , ſous noſtre ſeel , le 16. Mars l'an 1403. Scellé & ſigné *Bougon.*

Cet Extrait tiré de l'Original , qui eſt dans le tréſor de la Floceliere.

1411.
S CACHENT TOUS preſens & avenir , que comme faiſant , parlant , & accordant le mariage entre nobles perſonnes Meſſire JACQUES DE SURGERES , Chevalier , Seigneur de la Floceliere d'une part , & Damoiſelle MARIE DE L'ISLE-BOUCHARD , fille de noble homme *Bouchart de l'Iſle* , Seigneur de Thoüarcé & de Gonnort , tant avant que fiances furent faites , &c .. Preſens à ce nobles perſonnes , Meſſire *Lancelot* Turpin , Seigneur de Criſſé , *Loüis* Chenin , *Jean* Cartion , Chevaliers. Donné le 24. Janvier , l'an 1411. Scellé & ſigné.

Cet Extrait tiré de l'Original , qui eſt dans le tréſor de la Floceliere.

S CACHENT TOUS, que de tres noble & puissante Dame, Madame MARGUERITE, Comtesse de *Penthievre*, & Dame de Chasteaumur, &c... Ce *Guillaume Fosseren* advouhe à tenir, &c... Ces presentes Lettres seellées du seel establis aux contrats, en la Chastellenie de la Floceliere, pour tres noble & puissant Seigneur, Monseigneur dudit lieu. Ceu fut fait & donné le 20. Octobre, l'an 1411. Sur le sceau qui est entier, il y a un fretté de Vair, & pour supports des Genettes, & le devant d'une Genette pour Cimier, & au contresceau un Echiquier.

Cet Extrait tiré sur l'Original, qui est dans le trésor de la Floceliere.

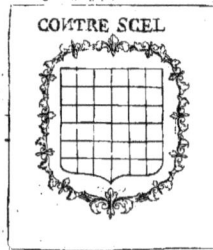

DE TRES NOBLE & puissante Dame, Madame la Comtesse de Painthievre, &c...: Je JACQUES DE SURGERES, Chevalier, Seigneur de la Floceliere, tiens & avouhe à tenir, à cause de son Chastel & Chastellenie & Baronnie dudit lieu de Chasteaumur, à foy & homage plain, &c... & tout cestes, je certifie à ma dite Dame, par cest present adveu ou denombrement par escrit, seellé de mon propre seel le 16. Novembre, l'an 1412. Le sceau entier d'un fretté, de Vair avec les Genettes pour supports & Cimier, & un Echiquier au contresceau.

Cet Extrait tiré de l'Original, qui est au trésor de la Floceliere.

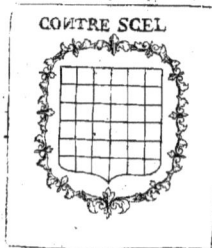

1412. DE tres Noble & puissante Dame, Madame la Comtesse de Painthievre, &c...? Je Jacques de Surgeres, Chevalier, Seigneur de la Flocelicre, tiens & avouhe à tenir, à cause de son Chastel & Chastellenie & Baronnie dudit lieu de Chasteaumur, à foy & homage Lige & à devoir de rachat &c... C'est à sçavoir mon Hostel de Palluiau, &c... Toutes cestes, je certifie à ma dite Dame par cest present adveu & denombrement par escrit, scellé de mon propre scel, le 16. Novembre, l'an 1412. Receu & signé. Le sceau entier, d'un fretté de Vair, avec les Genettes pour Suppors & Cimier, & un Echiquier au contresceau.

Cet Extrait tiré de l'Original, qui est au trésor de la Flocelicre.

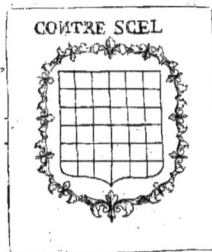

COMTRE SCEL

ENtre Messire Jacques de Surgeres, Chevalier, Seigneur de la Flocelicre Demandeur en cas d'excès, d'une part, & *Tristan Chabot*, comparant en personne, Defendeur. Le Tur pour Surgeres dit, qu'il est noble Seigneur & d'ancienne lignée, des plus grandes de Poitou, de Saintonge & d'Angoumois, qu'il a bien servi le Roy & ses predecesseurs, sans reproche, qu'il a esté Chambellan du Roy dernier trepassé, & l'est de cestui dit, qu'il a plusieurs notables Terres & Seigneuries, & entre autres, est Seigneur d'un Hostel assis à Luçon, &c...

Tiré du quinziéme Registre Criminel du Parlement de Paris, 2. Aoust 1423. rapporté par Extrait, dans le Recüeil Historique des Chevaliers de l'Ordre du Saint Esprit, étant dans le Cabinet de M. Clairambault, Genealogiste des Ordres du Roy, Vol. 22. fol. 815.

1430. **C**HARLE par la grace de Dieu Roy de France, &c... à la supplication de nostre amé & feal Chevalier, Conseiller & Chambellan, Jacques de Surgeres, Seigneur de la Flocelicre, sexagenaire, &c... Nous vous mandons & à chacun de vous, si comme à lui appartiendra, que ledit suppliant avec sa femme, famille, drois, choses, pocessions & biens quelconques, vous prenés & mettés en & sous vostre protection & sauvegarde, &c. Donné à Poitiers le 5. Aoust 1438. & de nostre regne le 8. Signé & scellé.

Tiré par Extrait de l'Original, qui est dans le trésor de la Flocelicre.

1435. **A**U Nom du Pere, &c...
Item. Veil & ordonne, que ma tres chere Compagne Marie de Sille', ma feme, ait la tutelle, bail, gouvernement & administration de Jacques, Isabeau & Marie, mes enfans, & de leurs biens, &c...
Item. Veil & ordonne, que en l'honneur de Dieu, & tant par acquit & descharge des testamens, & ames de feu Monsieur mon Pere, Madame ma Mere, & mes Ayeuls, que Dieu absolve, & de moi, soint dottées & fondées, quatre Chapellenies, lesquelles

dés

•dés à préfent je fonde, eftre defervies & celebrées perpetuellement, en ma dite Chapelle de la Floceliere, par quatre Chapelains feculiers, lefquelx feront refidemment & perpetuellement demourans en la Ville de la Floceliere, & feront tenus lefdits Chapelains, dire & celebrer douze Meffes la femene, fix à Note, & fix en filence, fçavoir en chacun jour de la femene, une à Note & l'autre en filence, excepté le jour du Dimanche, & à chacun jour de la femene, feront tenus lefdits Chapelains, dire à Note, une Vigile de Morts de neuf Leçons, & de trois en temps de Pafques, excepté le Dimanche comme deffus' eft dit, & faire Commemoration & Prieres, pour les ames de feu Monfieur mon Pere, Madame ma Mere, mes autres Parens, & de moi & de mes fuccesfeurs, à chacune defdites Meffes à Note, lefquelles quatre Chapelenies je fonde & dobte de mes biens immeubles fçavoir, &c.. *Item* je ordonne mes executeurs d'icelui mon prefent teftament, ma tres chere Compaigne MARIE DE SILLE', Meffire *Jean de Monfaucon*, Chevalier, Seigneur de Saint Melmin, Meffire *Guy du Puy-du-Fou*, Chevalier, Seigneur dudit lieu, *Mathelin d'Appellevoifin*, Chevalier, GUILLAUME DE PUIGUYON, Chevalier, Seigneur dudit lieu, &c.. Donné & fait le 2. de Decembre, l'an 1435. Signé & fcellé, le fceau rompu.

Extrait tiré de l'Original, qui eft au tréfor de la Floceliere.

XII. JACQUES DE SURGERES, eut de MARGUERITE DE VIVONNE, fa premiere Femme.

XIII. JACQUETE DE SURGERES, qui étoit avec MARIE, fa Sœur, fous la tutelle de fon Pere, l'an 1413. & mourut jeune.

XIII. MARIE DE SURGERES, mariée par traité du 15. Juillet 1426. avec noble & puiffant *Bertrand de Dinan*, Seigneur de Château-Briant, Ecuyer, fuivant le Contrat fcellé du fceau de JACQUES DE SURGERES, fon Pere, où eft le fretté de Vair, & un Echiquier fur le Contrefceau.

Dinan de Guenles à cinq fafées d'hermines rangées en fasfe & accompagnées de fix Befans de même, pofés 3 en Chef & 3. en pointe. 1426.

PREUVE.

SCACHENT tous, que és paroles & traité de mariage à faire, fi Dieu & Sainte Eglife fe y accorde, de nobles & puiffantes perfonnes *Bertrant de Dinan* de Chafteau-Briant Ecuyer d'une part, & Damoifelle MARIE DE SURGERES, fille de noble & puiffant Meffire JACQUES DE SURGERES, Seigneur de la Floceliere, Chevalier, & de feüe Dame MARGUERITE DE VIVONNE, &c. Fait, donné triple le 25. Juillet 1426. Scellé du fceau de SURGERES qui y eft entier, ayant le fretté de Vair, & au contrefceau un Echiquier

Cet Extrait tiré de l'Original, qui eft dans le tréfor de la Floceliere.

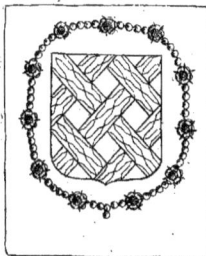

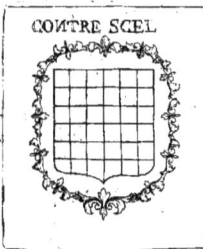

CONTRE SCEL

XII. JACQUES DE SURGERES, eut pour Enfans de MARIE de Sillé, fa troifiéme Femme.

XIII. Jacques de Surgeres, qui suit.

XIII. Marie de Surgeres, morte jeune.

XIII. Isabeau de Surgeres, nommée avec son Frere & sa Sœur, dans le testament de son Pere. Elle fut mariée par traité du 29. Juillet 1439. avec Noble & puissant, Foucaud de Rochechouard, Seigneur de Tonnay-Charente & de Mauzé, depuis Vicomte de Rochechoüard, Gouverneur de la Rochelle. Elle étoit remariée avec Guillaume de Pontville, Seigneur de Saint-Germain & de la Pelouziere, le 29. Octobre 1473. qu'elle transigea avec *Anne de Rochechoüard* sa fille, femme de *Jean Vicomte de Rochechoüard*, sur les droits qu'elle avoit pour son doüaire, sur la Seigneurie de Mauzé, & elle & *Guillaume de Pontville* firent un accord le premier jour de Fevrier 1477. avec Jacques de Surgeres, son Frere.

Rochechoüard ondé, enté en fasse de six pieces de Gueules & d'argent.

PREUVES.

1439. Tous ceux qui ces presentes Lettres verront & orront, &c.. Sçachent tous, que comme ou traitté de mariage, parlé & accordé, de nobles & puissantes personnes, *Foucaud de Rochechoüard*, Escuyer, Seigneur de Tonnay-Charente & de Mauzé, & Damoiselle Isabeau de Surgeres, &c.. noble & puissante Dame, Marie de Sille' Dame de la Flocelire, tant en son nom que comme tutresse de Jacques & de Marie de Surgeres, enfans de feu tres noble & puissant, Messire Jacques de Surgeres, en son vivant Chevalier, Seigneur de la Flocelire, & d'elle, Pere & Mere de ladite Isabeau, &c.. Fait & passé le 29. Juillet l'an 1439.

Extrait tiré de l'Original, qui est au trésor de la Flocelire.

1477. Sçachent tous, que sur les questions, plets & procès, meus & à mouvoir entre nobles & puissans *Guillaume de Pontville*, Seigneur de Saint Germain, & Dame Isabeau de Surgeres, son Espouse, paravant lui femme epouse de feu tres noble & puissant Messire *Foucaut de Rochechoüard*, en son vivant Chevalier & Vicomte dudit lieu de Rochechoüard, & Seigneur de Tonnay-Charente & de Mauzé, Demandeurs d'une part, & tres noble & puissant Messire Jacques de Surgeres, Chevalier, Seigneur de la Flocelire, frere de ladite Isabeau d'autre part, &c.. Fait le premier jour de Fevrier l'an 1477.

Extrait tiré sur l'Original, qui est dans le trésor de la Flocelire.

XIII. Jacques de Surgeres, III. du nom, Chevalier Seigneur de la Flocelire, de Saint Pol, de Cerisay, d'Ambrieres & de Balon, Conseiller & Chambellan du Roy, est nommé avec ses Sœurs dans le testament de son Pere, du 2. Decembre 1435. Il est qualifié, tres noble & puissant Seigneur, Monseigneur, dans un denombrement qui lui fut donné le 10. Septembre 1445. scellé de ses Armes, avec un Echiquier pour contrescel. Les mêmes qualités lui sont données, dans une transaction passée entre lui & le Prieur du Chastelier, le 3. Avril 1452. à laquelle est attaché le même sceau, qui se voit encore avec les Genettes pour Supors & Cimier, à des Lettres de lui, du 17. Novembre 1463. Il avoit épousé par traité de l'an 1452. Rene'e de Maille', fille de *Hardoüin*, Seigneur de *Maillé*, & de *Pernelle d'Amboise*, qui étoit fille de *Ingerbert d'Amboise*, & de *Jeanne de Craon*, &

Maillé ondé, enté en fasse de six pieces d'or & de Gueules.

Sœur de *Loüis d'Amboise*, pere de *Françoise d'Amboise*, Ducheſſe de Bretagne, & de *Marguerite d'Amboiſe*, femme de *Loüis de la Tremoille*, lequel mariage ſe juſtifie, par un acte paſſé entre lui & *Hardoüin*, Seigneur de *Maillé*, ſon beau Frere, le 10. Juillet 1464. Il fut nommé avec MARQUIS DE PUIGUYON, Seigneur dudit lieu, executeur du teſtament de ſa Mere, le 8. Novembre 1469. Il fit hommage à *François*, Comte de *Montfort*, qui le traite de Couſin, le 5. Octobre 1470. Il eſt qualifié tres noble & puiſſant Seigneur, Monſeigneur, Meſſire & Chevalier, Seigneur de la Floceliere, d'Ambrieres, de Balon & de Ceriſay, &c. dans un hommage qu'il rendit à la Dame de Laigle, le 2. Mars 1474. ſcellé comme deſſus. Les qualités de Chevalier, Conſeiller & Chambellan du Roy, lui ſont données, dans des Lettres adreſſées au Sénéchal de Poitou, le 16. Avril 1477. FRANÇOISE D'AMBOISE, Veuve de PIERRE II. Duc de BRETAGNE, lors Superieure des Religieuſes de l'Ordre de Noſtre Dame de Mont-Carmel, du Convent des Coüetz·les Nantes, le traite de Couſin, dans une quittance qu'elle lui donna le 2. Juin 1480. de la ſomme de 40. liv. tz, qu'il lui devoit, pour la Penſion de ſes deux filles qui étoient dans ce Convent. Il paſſa reconnoiſſance à *Loüis Boſcher*, Ecuyer ſieur des Eſchardieres, ſon Maiſtre d'Hoſtel, le 22. Decembre 1484. & le 8. May 1490. il paſſa procuration, à RENE' DE SURGERES, ſon fils, en conſequence des Lettres qu'il avoit reçûës du Roy, ſur la mort de JACQUES DE SURGERES, ſon fils aîné, avec *Louis de Douville* qui l'avoit tué. Il fit ſon teſtament le 20. Octobre 1491.

PREUVES.

S CACHENT TOUS, que de vous tres noble & puiſſant Seigneur JACQUES DE SURGE- 1445. RES Monſeigneur, & Seigneur de la Floceliere & de Ceriſay, &c. tien & adoube à tenir de vous mondit Seigneur, & à cauſe de voſtre Chaſtel & Chaſtellenie de Ceriſay, &c. & ces choſes je vous certifie par ceſt mon preſent fief & adveu par eſcrit, ſcellé à ma requeſte de voſtre ſeel, &c. Fait & donné le 10. Septembre, l'an 1445. & ſigné.

Cet Extrait tiré de l'Original, qui eſt dans le tréſor de la Floceliere.

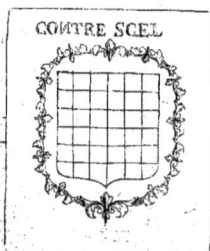

1452. S CACHENT tous que fur les debats meus & pendans , &c. . de la partie de tres noble & puiffant Seigneur , JACQUES DE SURGERES , Seigneur de la Floceliere , demandeur & defendeur , d'une part , contre Frere Jean Vincent , Prieur Curé du Chaftellier , demandeur & auffi
defendeur d'autre , &c. . Ces prefentes doubles , feellées du feel dudit Seigneur. Fait & donné le
3. Avril 1452. Le Sceau entier avec le fretté de Vair & l'Echiquier au Contrefceau.

Cet Extrait tiré de l'Original , qui eft au tréfor de la Floceliere.

CONTRE SCEL

246.3 S CACHENT tous , comme autrefois en la prefence de nous , JACQUES DE SURGERES, Chevalier , Seigneur de la Floceliere ; Jean le Doux clerc , eut doté & fondé perpetuellement une
Meffe chacune femene de l'an , à eftre dite & celebrée par les quatre Chapelains feculiers des quatre , &c. . En tefmoings de ce , nous avons donné aufdits Chapelains , & à leurs futurs fucceffeurs , ces prefentes fignées de noftre main , & par noftre commandement , du fein manuel du
Notaire , & fcellées de noftre propre feel. Fait & donné en noftre Chaftel dudit lieu de la Floceliere , le 17 de Novembre l'an 1463. le fceau entier , où eft le fretté de Vair , avec le devant
de la Genette pour Cimier , & au contrefceau un Echiquier.

Extrait tiré fur l'Original , qui eft au tréfor de la Floceliere.

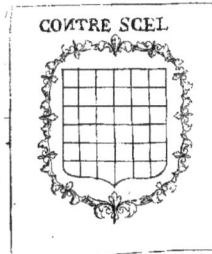

CONTRE SCEL

A tous

A Tous ceulx qui ces presentes Lettres verront. Jean Bernart Licentié en Loix , Lieu-tenant General de Monseigneur le Bailly de Touraine , & des ressors & exemptions d'An-jou & du Maine *Salut*. Comme procés soit , &c. entre noble & puissant , Messire JACQUES DE SURGERES , Chevalier Seigneur de la Floceliere , demandeur & requerant , & noble & puis-sant Messire *Hardoüin* , Seigneur de *Maillé* , fils & heritier principal de noble & puissant Messire *Hardoüin* , en son vivant Seigneur de *Maillé* , & Dame *Perrenelle d'Amboise*., sa femme , ses Pere & Mere , sur ce que ledit Seigneur de la Floceliere disoit,que en l'an 1452. fut traitté & accordé entre ledit feu Seigneur de Maillé d'une part, & *Jacque* Seigneur du *Puy-du-Fou*,& Jean de Cordoüan , Procureurs en pouvoir especial dudit Seigneur la Floceliere,d'autre part, le mariage de Monsieur ledit requerant , & *Renée de Maillé* , fille desdits feus Seigneur & Dame de Maillé , lequel ledit de la Floceliere eut agreable & le ratifia,pour le grand desir qu'il avoit d'a-voir à feme & espouse ladite *Renée* , &c. Fait & scellé du seel Royal , le 10. Juillet l'an 1464. Signé.

Cet Extrait tiré de l'Original , qui est au trésor de la Floceliere.

A U NOM DU PERE , &c.. Je MARIE DE SILLE' , Dame de la Floceliere , de Grand-Champ & de Charprenne , veuve de Messire JACQUES DE SURGERES , que Dieu absolve, mon dernier Seigneur & espoux , &c. *Item* je dote & fonde à perpetuité une Chapelle , &c. *Item* je fais & ordonne mes executeurs de mondit testament JACQUES DE SURGERES mon fils , & MARQUIS DE PUIGUYON , Seigneur dudit lieu , &c. Fait le 8. Novembre 1469.

F RANÇOIS COMTE DE MONTFORT , Sire , &c. Comme il soit ainsi , que nostre tres cher & tres amé Cousin , le SIRE DE LA FLOCELIERE , ait envoyé devers nous *Loüis Boscher* , Escuyer , Seigneur des Eschardieres , avec procuration especial , de nous faire les foys & homma-ges qu'il nous doit au regard de , &c. Donné à Vitray sous le seel de nos Armes , le 5. Octobre , l'an 1470. Signé *François* & scellé.

Extrait tiré de l'Original , qui est au trésor de la Floceliere.

L 'AN DE GRACE 1474. le 2. de MARS , tres noble & puissant Seigneur , Monseigneur , Messire JACQUES DE SURGERES , Chevalier , Seigneur de la Floceliere , d'Ambrieres , de Balon,de Cerisay & autres lieux , &c. s'est presenté à tres noble & puissante Dame Madame de Lai-gle , &c. en presence de Messires *Leonnet de Pannevere* , Chevalier , Seigneur de l'Espau , *Fran-çois Foufcher* , Chevalier , Seigneur de Saminiere , *Guy Chenin* , Chevalier , Seigneur de l'Es-tang , *Jehan Audoyer* , Chevalier , Seigneur de la Maison-Neuve , &c.. Scellé des sceaux de SURGERES & du Seigneur de Laigle , celui de SURGERES fretté de Vair , & au contrefceau un Echiquier.

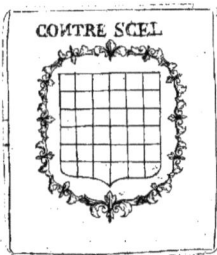

1477. LOYS PAR LA GRACE DE DIEU ROY DE FRANCE, au Seneschal de Poitou & Bailly de Touraine, &c. Receu avons humble supplication de nostre aimé & feal Conseiller & Chambellan, JACQUES DE SURGERES, Chevalier, Seigneur de la Flocelierc, &c. Donné à Paris le 16. Avril, l'an 1477. & de nostre Regne le 16.

Cet Extrait tiré de l'Original, qui est dans le trésor de la Flocelicre.

1480. NOUS Sœur FRANÇOISE d'AMBOISE, humble Prieuse des Religieuses de l'Ordre de Nostre Dame du Carme, du Couvent des Couëits-lez Nantes, cognoissons & confessons avoir eu & receu, de nostre cher cousin le sire de la FLOCELIERE, la somme de quarante livres monoye tournois, qu'il nous devoit à ces Pasques dernieres, pour & à cause de ses deux filles, estant en nostre dit Couvent, & de cette somme de 40. livres, nous quittons nostre dit Cousin, tesmoing ces presentes signées de nostre main, le 2. Juin l'an 1480. & est signé Sœur FRANÇOISE d'AMBOISE.

Cette Copie tirée sur l'Original, qui est dans le trésor de la Floceliere.

1484. JACQUES DE SURGERES, Seigneur de la Floceliere, d'Ambrieres, &c. cognoissons & confessons devoir, & estre bien & loyaument tenus à Louis Boscher, Escuyer, Sieur des Eschardieres, à present nostre Maistre d'Hostel, la somme de 246. liv. 18. sols, trois deniers, obole, &c. Et en tesmoings de ce, nous lui avons donné ces presentes, signées de nostre main, & à plus grande consideration, fait signer, par nostre commandement, des seings manuels des Notaires cy dessous inscripts. Fait & donné en nostre Chastel de la Floceliere, le 22. Decembre l'an 1484.

Extrait tiré de l'Original, qui est dans le trésor de la Floceliere.

1490. SCACHENT TOUS presens & avenir, comme pour raison de la mort & homicide commis au Lieu de Nantes, en la personne de feu JACQUES DE SURGERES, en son vivant fils aîné de Messire JACQUES DE SURGERES, Chevalier, Seigneur de la Floceliere, par LOUIS DE DOUVILLE, Ecuyer, au mois d'Aoust 1488. ledit de Douville eust des pieça obtenu du Roy nostre sire, ou de sa Chancellerie, Lettres de remission, sur l'enterinement desquelles fut meu grand procés entre lesdites parties, &c. A cette cause, le Roy, nostredit Seigneur, voulant bien l'appointement, eust escrit à Messire JACQUES DE SURGERES, Chevalier, Seigneur de la Floceliere, Pere dudit deffunt, & à Messire Jacques de Beaumont, Chevalier, Seigneur de Bressuire, son Seneschal en Poitou, afin de parvenir à quelque bon moyen, pour la pacification de ladite matiere, lequel JACQUES DE SURGERES, connoissant que le bon vouloir du Roy estoit, que la chose cheust en appointement, a de sa part passé procuration, signée de son seing & scellée de ses Armes, dont la teneur est, &c. Sçavoir, faisons, nous avoir fait & constitué, &c. nostre cher & bien aimé fils aîné RENE' DE SURGERES, auquel nous avons donné & donnons plein pouvoir de transiger, pacifier, &c. le tout à bon vouloir & plaisir du Roy nostre dit Seigneur, &c. En tesmoings de ce nous avons signé ces presentes de nostre main, & scellées du seel de nos Armes le 8. May 1490. Par laquelle procuration, pour ce que par son ancien aage, il ne se pouvoit transporter devers le Roy nostre dit Seigneur, il a donné pouvoir à RENE' DE SURGERES son fils aîné, &c. & pour ce faire & accomplir ledit RENE' DE SURGERES, se soit trajet devers le Roy nostre dit Seigneur, en cette Ville de Tours, auquel le Roy a parlé, & fait parler touchant ledit appointement, & pour y parvenir & sur ce oyr lesdites parties, ait ordonné haut & puissant Seigneur Engilbert Monseigneur de Cleves, Comte d'Auxerre, le sire de Vaten, Messire François de Rochechoüard, Seigneur de Champdenier, & Maistre Simon Davy, Seigneur de Peraux, Conseiller & Maistre ordinaire des Requestes de son Hostel, lesquels se sont trouvez ensemble devant le Logis du Roy nostre dit Seigneur, & devant eux ait esté ouverte ladite matiere, par le Seigneur de Bressuire, &c. & a esté fait le 14. May 1490.

Cet Extrait tiré de l'Original, qui est au trésor de la Floceliere.

1491. AU NOM DU PERE, &c. Pour estre participans ès Prieres, Oraisons & biensfaits, moi, mes Seigneurs mes feus predecesseurs & futurs successeurs, des quatre Chapelains des quatre Chapellenies de Sainte Catherine de la Floceliere, dotées & fondées par feu mon Pere, en les augmentant, je donne & legue, &c. Item je veux & ordonne, pour faire accomplir cestui mon present testament, Executeurs d'icelui, mon dit fils aîné RENE' DE SURGERES, mon heritier principal, François du Puy-du-Fou, Seigneur dudit lieu, Louis Boscher, Escuyer, Seigneur des Eschardieres, Nicolas Bodin, Escuyer, Seigneur de la Rolandiere, & Eutrope Bertaut Licentié ès Loix, &c. Fait & passé le 20. Octobre 1491.

Extrait tiré de l'Original, estant au trésor de la Floceliere.

XIII. Jacques de Surgeres , Seigneur de la Floceliere , & Rene'e de Maille' , eurent pour enfans.

XIV. Jean de Surgeres , Seigneur de Balon , qui épousa en 1475. Jeanne de Bretagne - Penthievre , fille de Guillaume de Bretagne , Vicomte de Limoges , Seigneur d'A-vesnes & de Nouvion , & d'Isabeau de la Tour , fille de Bertrand de la Tour , Comte de Boulogne & d'Auvergne. Elle eut quinze mille livres en mariage , suivant l'inventaire des titres de.... Il n'en eut point d'Enfans , suivant un Acte du premier Avril 1483. qui justifie qu'il ne vivoit plus lors. Sa femme le survequit & plaida contre ses heritiers , pour son doüaire.

Bretagne-Penthievre d'hermines & une bor-dure de Gueules.

PREUVE.

Scachent tous , que comme où mariage fait , de feu tres noble & puissant Jehan de Surgeres , Seigneur en son vivant de Balon , fils aisné de tres noble & puissant Messire Jacques de Surgeres , Chevalier Seigneur de la Floceliere , & de Dame Rene'e de Maille' son espouse , avec Damoiselle Jehanne de Bretagne , fille de haut & puissant Seigneur , Messire Guillaume de Bretagne , en son vivant Comte de Peinthievre & de Perigort , Seigneur de Laigle & d'Avesnes , euft esté promis par lesdits Seigneur & Dame de la Floceliere , &c. Fait & passé le premier Avril l'an 1483.

1483.

Extrait tiré sur l'Original , qui est au trésor de la Floceliere.

XIV. Jacques de Surgeres , lequel fut tué à Nantes au mois d'Août 1488. par *Loüis de Douville* , qui en obtint remission du Roy , & fit son accommodement à Tours , avec Re-ne' de Surgeres , frere dudit Jacques , & au nom du Seigneur de la Floceliere son Pere , par traité passé en 1490. rapporté cy dessus.

XIV. Rene' de Surgeres , qui suit.

XIV. Marie de Surgeres , laquelle fut mariée avec *Aymar de Brisay* , Seigneur de Brisay. Leur Posterité finit dans la personne de *Madelaine de Brisay* , Femme de Rene' de Puiguyon , d'où descend François de Granges de Surgeres , à present Marquis de Puiguyon.

Brisay fassé d'ar-gent & de Gueules de 8. pieces.

XIV. Hardoüine de Surgeres , est qualifiée , noble & puissante Damoiselle , par le traité de son mariage , fait en presence de son Pere le 26. Novembre 1486. avec noble & puissant *Jean de Coëtquen* , Seigneur de Vaurufier , fils aîné , heritier principal & noble presomptif , de haut & puissant , *Jean* Sire de Coëtquen , Grand Maiftre de Bretagne , & de noble & puissante Damoiselle *Jacquemine de Tournemine*. De leur mariage est issu M. le Marquis de Coëtquen.

Coëtquen bandé d'ar-gent & de Gueules de six pieces.

PREUVES.

1486. EN TRAITANT les paroles, prolocutions, & promeſſes du mariage, de noble & puiſſant *Jehan de Coüetquen*, Seigneur de Vautuffier, fils aîné & heritier principal & noble, preſomptif & attendant, de haut & puiſſant *Jehan* Sire de *Coüetquen*, Grand Maiſtre de Bretagne, avec noble & puiſſante Damoiſelle ARDOUINE DE SURGERES, fille de haut & puiſſant JACQUES de SUR-GERES Chevalier, & de Dame RENE'E de MAILLE', ſa Compaigne, Seigneur & Dame de la Floceliere ad ce qu'il ſoit fait, qui partant le fut, & qui autrement n'euſt eſté, *Sçachent tous*, que par nos Cours de Poitiers, de Rennes, & par chacune d'icelles, l'execution & juriſdiction de l'une, ne empeſchant, ne retardant l'autre. Furent preſens en droit devant nous, & perſonnellement eſtablis leſdits ſire *Coüetquen* & de *Vauruffier*, ledit ſire *de Vauruffier* à ſa requeſte, bien & ſuffiſamment authoriſé dudit Seigneur *de Coüetquen*, ſon Seigneur & Pere, quant à tout le contenu en ces preſentes, tant en leurs noms, que pour & au nom de noble & puiſſante Damoiſelle *Jacquemine* de Tournemine, femme compaigne, eſpouſe dudit Seigneur de *Coüetquen*, & mere dudit ſire *de Vauruffier*, &c. Ce fut agréé, en la maiſon de la Reauté, appartenant à la Dame de Rais, ou Pays d'Anjou, tante de ladite *Ardouine*, & fait le 26. Novembre l'an 1486. Signé JACQUES DE SURGERES, *Jean* de *Coüetquen*, & Jehan de *Coüetquen*, & *Bodin*, pour la Court de Poitiers, & *la Vallée*, pour la Court de Rennes.

Cet Extrait tiré de l'Original, qui eſt dans le tréſor de la Floceliere.

XIV. FRANÇOISE DE SURGERES, Dame d'Ambrieres, laquelle fut mariée par contrat du 8. Octobre 1497. avec noble & puiſ-ſant *Olivier Baraton*, Seigneur de la Roche - Baraton & de Champiré, fils de *François Baraton*, Seigneur de la Roche-Baraton, de Champiré & de Montgauguier, & de *Anne* de Feſchal. De leur mariage vint *Renée Baraton*, Dame de la Roche-Baraton, mariée avec *Chriſtophe de Sevigné*.

Baraton d'argent à une faſſe fu-zelée de Gueules & accompa-gnée de 8. Croiſettes de Sable po-ſées 4. en Chef & 4. en pointe.

XIV. JEANNE DE SURGERES, fut mariée, ſuivant quelques Memoires, *à Gaſton de Montferrand*, Chevalier Seigneur de Montferrant & de Langoiran.

Montfer-rant palé d'or & de Gueules de 8. pieces & une bordure de Sable be-ſantée d'or.

XIV. CATHERINE DE SURGERES, dont l'alliance eſt inconnuë.

XIV. RENE' DE SURGERES, Seigneur de la Floceliere, de Ceriſay, de S. Pol, d'Ambrieres, de Belleville en Thoüarçois, fut marié avec PHELIPE DE BELLEVILLE, fille de *Gilles*, Seigneur de *Belleville*, & de *Guillemette de Luxembourg-Fiennes*, & petite fille de *Jean de Harpedene* III. du nom, Seigneur de Belleville & de *Marguerite de Valois*, fille naturelle du Roy *Charles VI. Loüis de la Tremoille*, Vicomte de Thoüars, le traite de Couſin dans l'Acte de remiſe, qu'il luy fit le 24. Septembre 1487. des droits qu'il luy devoit, pour la Terre de Belleville en Thoüarçois, qui luy étoit échuë depuis peu, par la mort de JACQUES DE SURGERES, ſon fils aîné, Seigneur dudit Belleville. Il fut nommé executeur du teſtament de ſon Pere. Il eſt qualifié noble & puiſſant Monſeigneur, dans un Acte paſſé le 6. May 1505. ſcellé de ſon ſceau, ſur lequel ſe voit le fretté de Vair, & pour contreſceau un Echiquier.

Belleville gironné de Gueules & de Vair de 10. pieces.

PREUVES.

PREUVE.

Louis, Seigneur de la Tremoille, Vicomte de Thoüars, &c. . A tous ceux qui ces **1487.** prefentes verront & orront. Salut. Sçavoir faifons, que pour les bons & agreables fervices, que nous a ci devant faits, noftre cher & bien aimé Coufin, René de Surgeres Ecuyer, Seigneur d'Ambrieres, fils de noftre cher & bien aimé Coufin, Meffire Jacques de Surgeres, Chevalier Seigneur de la Floceliere, & que efperons qu'il nous faffe à l'avenir, pour ces caufes, &c. . avons donné & octroié audit René de Surgeres la fomme de, &c. laquelle fomme nous eftoit duë, pour l'abony de la Seigneurie du Fief & Terre de Belleville en Thoüarçois, par le deceds & trepas de feu noftre Coufin, Jacques de Surgeres, n'aguerre allé de vie à trepas, fils aifné dudit René de Surgeres, Seigneur dudit Fief & Terre de Belleville, &c. Donné en noftre Chaftel de Thoüars, figné de noftre propre main, le 24. Septembre, l'an 1487.

Extrait tiré de l'Original, qui eft dans le tréfor de la Floceliere.

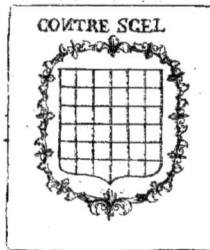

Sçachent tous, &c. en la Cour, &c. pour noble & puiffant, Monfeigneur de la Flo- **1505.** celiere, &c. eftablis Jacques de Puiguyon, Chevalier Seigneur dudit lieu de Puiguyon, & Damoifelle Marguerite Amenard, fon efpoufe, &c. . Fait & paffé le 6. May 1505. Signé & fcellé du fceau dudit Seigneur de la Floceliere, ayant un fretté de Vair, & au Contrefceau un Echiquier.

Extrait tiré de l'Original, qui eft dans le tréfor de la Floceliere.

XIV. Rene' de Surgeres, & Phelipe de Belleville fa Femme, eurent un fils & trois filles.

XV. Jacques, mort jeune.

XV. Rene'e de Surgeres, qui fuit.

XV. Louise de Surgeres, Dame de Belleville, époufa l'an 1516. Louis du Bois, Seigneur de Montcler & des Arpentis, avec lequel elle fit vente à Artus Gouffier, Seigneur de Boify, Grand Maiftre de France, de certains droits

Du Bois, d'or à un écuffon de Gueules accompagné de fix coquilles de Sable mifes en orle.

C c

qu'ils avoient en la Paroiſſe d'Oyron, pour le prix de onze cent écus d'or Soleil, le 17. May 1518. & eurent pour fils, Louis DU Bois, Chevalier des Ordres du Roy, Maiſtre de ſa Garderobe & Gouverneur de Touraine, qui de ſon mariage avec *Claude Robertet*, Sur-Intendante de la Maiſon de la Reine Catherine de Medicis, ne laiſſa qu'une fille nommée *Anne du Bois*, mariée le 21. Novembre 1588. avec *Barthelemy de Balſac*, Gentil homme ordinaire de la Chambre du Roy.

> XV. MARIE DE SURGERES, Religieuſe en l'Abbaye de Fontevraud, où elle fit Profeſſion le 22. Fevrier 1518.

XV. RENE'E DE SURGERES, Dame de la Floceliere, de Saint Pol, de Ceriſay, &autres lieux, eſt ainſi qualifiée, & tres noble & puiſſante Dame Madame, dans un denombrement qui lui fut donné, par le Prieur du Pin en Poitou, le 8. Juin 1523. ſcellé d'un fretté de Vair & d'un Echiquier pour Contreſceau. Elle étoit lors mariée avec FRANÇOIS HAMON, Chevalier Seigneur de Bonnet, Capitaine de Fougeres, Vice-Amiral de Bretagne, ainſi qualifié par le contrat de mariage de *Françoiſe Hamon*, leur fille. Elle étoit remariée la même année, à PEAN DE BRIE, Chevalier, Seigneur de Serrant, ſuivant un denombrement qui leur fut donné le 4. Juin, comme Seigneur & Dame de la Floceliere, ſcellé du même Sceau que celui cy deſſus rapporté. Elle eut de ſon premier mariage, *Françoiſe Hamon*, mariée le 2. Decembre 1539. avec *Jean-Bouchard* d'Aubeterre, Seigneur de Saint Martin de la Coudre, & étant veuve, elle épouſa *Hardy de Jaucourt*, Seigneur de Villarnoul, & *Jean Hamon*, Seigneur de la Floceliere, qui épouſa *Jeanne de Pannevere*, fille unique de LEON *de Pannevere*, & de *Gabrielle de Chauſeraye*.

Brie-Serrant, faſſé d'argent & de Sable & un Lion de gueules brochant ſur le tour.

PREUVES.

1523. SCachent tous, que de Vous tres noble & puiſſante Dame, Madame RENE'E DE SURGERES, Dame de la Floceliere, de Ceriſay & de S. Pol, Je Frere Jehan le Roy, Prieur du Prieuré du Pin en Poitou, tiens & avouhe tenir, à foy & homage plain, &c. Scellé du Sceau eſtabli aux contrats de voſtre Ville de Ceriſay, le 8. Juin l'an 1523.

Extrait tiré de l'Original, qui eſt au tréſor de la Floceliere, où il y a un Sceau fretté de Vair & un Echiquier pour Contreſceau.

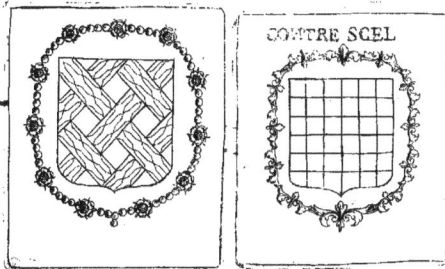

CONTRE SCEL

Cachent tous, que de Vous, haut & puiſſant, Meſſire *Pean de Brie*, Cheva- 1539.
lier, Seigneur de Serrant, &c.. à cauſe de haute & puiſſante Dame Renée de
Surgeres voſtre eſpouſe, & à cauſe de ſon Chaſtel & Chaſtellenie de la Floceliere, Je
Jacquemine Morin, Damoiſelle, tiens & advouhe à tenir à foy & homage plain, &c..
mondit Fief & adveu ſigné à ma requeſte des Notaires cy ſouſcrits, & ſcellée du Sceel
eſtabli aux contrats de la Floceliere, le 4. Juin l'an 1539. Le Sceau d'un fretté de Vair,
& un Echiquier au Contreſceau.

Extrait tiré de l'Original, qui eſt au tréſor de la Floceliere.

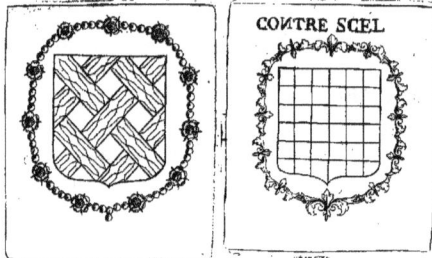

XVI. JEAN HAMON, & *Jeanne de Pannevere*, eurent une fille
unique, *Robinete Hamon*, Dame de la Floceliere, &c..
qui épouſa Claude de Maillé, Seigneur de Brezé & de Milly,
tué à la Bataille de Coutras le 20 Octobre 1587 & en eut entr'autres
enfans, Charles de Maillé, qui ſuit. *Iacques de Maillé*, Marquis de la Floceliere, qui eut en partage cette Terre, & la fit
ériger en Marquiſat en 1616. Il changea la même année, la Fondation qui y avoit été faite anciennement, de quatre Chapellenies, par un Seigneur de Surgeres, & il en donna le temporel
aux Carmes, auſquels il bâtit un Convent, devant la grande
Porte du Chaſteau de la Floceliere, & leur donna des fonds &
trois Meſtairies d'augmentation. Il mourut ſans enfans en 1610.
de *Julienne d'Angennes* ſa femme, fille de *Jean* d'Angennes, Seigneur de Poigny & *Claude de Maillé*, Seigneur de Ceriſay, tué
en duel en 1606. par le Sieur de Talhoët.

Charles de Maillé, Seigneur de Brezé, prit alliance le 24.
Novembre 1597. avec *Iacqueline* de Thevalle, fille & unique heritiere
de *Jean*, Seigneur de Thevalle, Comte de Creans, Chevalier des
Ordres du Roy, & de *Radegonde* Freſneau. Ils eurent de leur mariage, Urbain de Maillé, qui ſuit, & *Charles* de Maillé, dit
de Thevalle, mort jeune.

Urbain de Maillé, Marquis de Brezé, Maréchal de France,
Chevalier des Ordres du Roy, épouſa le 25. Novembre 1617.
Nicole du Pleſſis-Richelieu, ſœur du Cardinal de Richelieu & fille
de *François*, Seigneur de Richelieu, Chevalier des Ordres du Roy,
Grand Prevoſt de l'Hoſtel, & de *Suzanne* de la Porte, & en eut,

Armand de Maillé-Breze, Duc de Fronſac & de Caumont,

Pair , Grand Maiftre , Chef & Sur-Intendant General de la' Na-
vigation & Commerce de France , tué au Siege d'Orbitelle, le 14.
Mars 1646.

Et CLAIRE-CLEMENCE DE MAILLE'-BREZE', mariée le 11. Fevrier 1641. avec LOUIS DE BOURBON , II. du nom, PRINCE DE
CONDE' , mort le 11. Decembre 1686. laiſſant HENRY-JULES de
Bourbon III. du nom , Prince de Condé , Premier Prince du
Sang , Premier Pair de France , Pere de LOUIS DE BOURBON, III.
du nom , Duc de Bourbon , d'Enguien , de Chaſteau-Roux , &c.
mort en 1710. dont LOUIS-HENRY DE BOURBON , à preſent Duc
de Bourbon , Pair & Grand-Maître de France , Gouverneur de
Bourgogne & de Breſſe , & autres Princes & Princeſſes.

HISTOIRE
GENEALOGIQUE
DE LA MAISON
DE SURGERES.

SEIGNEURS DE GRANGES
PRES SURGERES
ET DE PUYCHENIN.

V. EOFROY DE SURGERES, Seigneur de GRANGES prés SURGERES en Aunis, de la Gord prés Niort & de Puychenin, quatriéme fils de GUILLAUME MAENGOT, III. du nom, Sire de SURGERES, & de BERTHE DE RANCON, confentit, avec HUGUES de SURGERES fon frere, à la donation faite en 1208, à l'Abbaye de

D d

S. Maixant par GUILLAUME MAINGOT, Sire de SURGERES, leur Frere aîné. Il eut en partage les Terres de la Gord & de Puychenin, & 107. livres 12. fols 6. deniers de rente, fur le grand Fief d'Aunis, avec la terre de Granges. Depuis ayant été condamné à quitter le nom, ou les armes de SURGERES, par Jugement du Roy PHILIPPE-AUGUSTE, pour avoir tué un de fes Freres, il prit le nom de fa Terre de GRANGES, en retenant toûjours les Armes de la Maifon de SURGERES, brifées d'un Chef d'or, chargé d'un Lambel de trois pendans de Sable, ce qui eft prouvé par un jugement rendu par JEAN DE FRANCE Duc DE BERRY & Comte de Poitou, le 21. Aouft 1379. rapporté cy-devant page 27. par lequel LOUIS, Seigneur de GRANGES iffu dudit GEOFROY DE SURGERES, au cinquiéme degré, fut maintenu dans la poffeffion defdites Armes, & declaré forti d'un puîné de la maifon de Surgeres, ce qui lui étoit difputé par JACQUES DE SURGERES, Seigneur de la Floceliere. Le nom de fa femme eft ignoré. Il fut Pere de

VI. LOUIS DE GRANGES, Seigneur de Granges, de Puychenin & de la Gord, Chevalier, qui eft dit fils de GEOFROY, dans un vieux Arbre Genealogique confervé parmi les titres de la maifon, & qui lui donne pour Femme, MARTHE DE MAUZE', fille d'*Artus* de Mauzé & *de Marthe* d'Ars. Il eft qualifié Chevalier dans une reconnoiffance par lui faite, le Lundy aprés Pafques de l'an 1238. fcellée, mais dont le fceau eft rompu.

PREUVE.

1238. SCACHENT tos, &c. Miffires LOYS DE GRANGES, Chevalier, confeffe aver &c. quatre boeceas de feille, &c. prefens, Thebaut, & Johan Maignen, le Lundy emprés Pafques l'an 1238. fcellé & le fceau rompu.

Extrait tiré fur l'Original, qui eft au tréfor de la Floceliere.

Il eut pour Fils,

VII. THEBAUT DE GRANGES I. du nom, Seigneur de Granges, de Puychenin & de la Gord, qui époufa MARIE DE REXE, Fille unique de *Pierre* de *Rexe*, Seigneur par moitié de S. Georges de Rexe, comme il eft prouvé par un Acte, rapporté par du Chefne, dans fon Hiftoire de la Maifon des Chafteigners, page 68. lequel porte que THEBAUT DE GRANGES, paya pour la portion échuë à fa femme dans la Terre de S. Georges de Reffe, 25. livres de rachat, fuivant un Compte de *Jean de Sours*, Sénefchal de Saintonge, rendu pour l'an 1261. & rapporté par le même du Chefne, dans les Preuves de cette Hiftoire page 30. Il eft qualifié Chevalier, dans le teftament mutuel en latin que lui & fa femme firent, le Samedy aprés les Octaves des Apoftres Pierre & Paul, l'an 1287. par lequel il fonda une Chapellenie dans l'Eglife de Daé, ainfi qu'il fera prouvé cy-aprés, & en laiffa la prefentation à fes fuccef-feurs. Il ordonna que fa femme auroit récompenfe dans fes biens, felon l'ufage des Nobles, avec la tutelle de fes enfans, tant qu'elle feroit Veuve, & en cas qu'elle fe remariât, il en donne la tutelle à *Pierre de Criffé*, Chevalier, & áprés lui à *Hugues de Criffé*. Il infti-tuë THEBAUT DE GRANGES fon Fils, fon principal heritier, & lui donne la qualité de Valet. Il fit auffi plufieurs legs à fon Chape-lain de Rancon, aux Freres Mineurs de Niort, à ceux de S. Jean d'Angely & à autres Eglifes, &c. Ses Enfans furent,

VIII. THEBAUT DE GRANGES, qui fuit.

VIII. AGNE's DE GRANGES, nomméc dans le teftament de fes pere & mere, avec Pierre Rayole, jadis fon mary.

VIII. ISABELLE DE GRANGES, à laquelle fon Pere legue 50. livres, une fois payées & 12. livres de rente, & fa mere 6. livres, par leur teftament.

VIII. CATHERINE DE GRANGES, à laquelle fon Pere legue 40. livres, une fois payées, & 10 livres de rente, & fa mere 4. livres, par le même teftament.

PREUVES.

A THEOBALDO DE GRANGIIS, pro rachato Terræ uxoris fuæ, filiæ *Petri de Reffia* defun-   1261. cti, pro ultima medietate, &c.

Tiré de la Genealogie de la Maifon des Chafteigners, faite par du Chefne, dans les preu-ves, fol. 30. & tiré d'un compte de Jean de Sours, Chevalier, Sénéchal de Saintonge, où il eft porté que ledit THEBAUT a payé ce rachat en l'an 1261.

IN NOMINE Dei omnipotentis, Patris, & Filii, & Spiritûs fancti. Amen. Honeftiùs at-   1287. que fecuriùs à præfenti fæculo recedimus, fi de bonis quæ in ufu vitæ præfentis habuimus falubriter dum poffumus, ordinamus. Hac igitur contemplatione confulti, nos THEOBALDUS DE GRANGIIS Miles, & MARIA uxor ejus, facimus teftamentum noftrum, & ordinamus ultimam voluntatem noftram, in qua de bonis noftris difponimus, per hunc modum. In primis in-ftituimus & quilibet noftrûm THEOBALDUM DE GRANGIIS, Valetum, noftrum communem fi-lium, heredem & fucceflorem noftrum legitimum, in omnibus bonis & juribusnoftris & cujuflibet no-ftrûm, qui vitam præfentem tenent, deductis & exceptis relictiis & legatis inferiùs declarandis. Hinc inde reliquimus ISABELLI noftræ communis filiæ, videlicet, Ego THEOBALDUS de meo, quinqua-ginta libras monetæ currentis de bonis noftris mobilibus, & duodecim libras annui reditûs, fuper aliis bonis noftris, ita quòd fibi fint fufficienter ad perpetuitatem affignate, & Ego MARIA, fex libras ren-dales affiquenandas illi, fufficienter fuper bonis meis. *Item*, CATHERINÆ alteri noftræ filiæ relin-quimus, Ego videlicet THEOBALDUS de meo, quadraginta libras in mobilibus, & decem libras annui reditûs affiquenandas ei fufficienter fuper bonis noftris, & Ego MARIA quatuor libras rindales, & volumus nos & quilibet noftrûm, quòd prædictæ filiæ ISABELIS & CA-TARINA, contentæ quælibet pro fe, de prædictiis proportione hereditaria, quæ contingere poterit eifdem poft mortem noftram, in bonis noftris, nullum de cetero poffint habere re-greffum ad alia bona noftra. Poft hæc ordinamus & volumus, quòd emendæ noftræ fiant, ea quæ debemus creditoribus noftris, legitimè folvantur per noftros executores inferiùs notendos, quibus nos & quilibet noftrûm, damus fpeciale mandatum & plenariam poteftatem exigendi à debitoribus noftris , & fatisfaciendi noftris creditoribus , & poft mortem noftram , vel alterius noftrûm , qui primò mortuus fuerit occupandi, autoritate fua , tantùm de bonis noftris præfentibus & futuris , quæcumque fint quæ exinde poffint emendare , conquerintibus fatisfacere creditoribus , & hujus modi difpofitionem noftram executioni legitimè demandare. Deinde inftituimus quamdam Capellaniam , deferviandam in perpetuum in Ecclefia de Dahec ad altare fancti Jacobi , dotantes eam , ufque ad decem libras annui reditûs, affignandas fufficienter dictæ Capellaniæ. Et præcipimus , quòd quando alter noftrûm primò mortuus fuerit ; quondam executores noftri provideant & procurent de bonis noftris , quod pro dictis decem libris emant ad dandum dictæ Capellaniæ : Et volumus , quòd heredes & fucceffores noftri , provideant & ordinent in perpetuum , de Rectore feu Capellano , qui dictam officiet Capellaniam, & celebret fingulis diebus , pro falute animarum noftrarum & Parentum noftrorum , & propter negligentiam heredum , provifionem & ordinationem Rectoris , & poteftatem providendi Capellaniæ de Rectore , transferimus & devolvimus ad Epifcopum Santonenfem , fingulis vicibus, quibus heredes vel fucceffores neglexerint providere. Item , quilibet noftrûm , legamus Capellano noftro de Dahec , tringenta folid. femel folvendos , & Ecclefiæ dicti loci quindecim folid. femel reddendos , & quadraginta & octo folid. dicto Capellano , ad hemendum quatuor folid. annui reditûs , pro noftris anniverfariis ibidem in perpetuum faciendis. Item , legamus quilibet noftrûm , Capellano Beatæ Mariæ de Maufiaco , duodecim folid. ad hemendum duodecim denarios annui reditûs , pro noftrî anniverfario ibidem perpetuò celebrando : Priori & Conventui fancti Petri de Mofiaco viginti & quatuor folid. ad hemendum duos folid. annui reditûs fimili ratione. Item , legamus & relinquimus , nos prædicti Conjuges , alter alteri qui fupervixerit , omnes aquifitiones noftras tenendas ad vitam fupervixentis tantùm , & omnia mobilia , & non mobilia noftra ad perpetuitatem , fatisfaciendo primo de dictis mobilibus & non mobilibus , conquerintibus à nobis & noftris creditoribus quibufcumque , & legatariis , & aliis quibus in præfenti teftamento relinquimus & legamus. Et Ego THEOBALDUS do , lego , prædictæ uxori meæ , viginti quinque libras annui reditûs , quas fibi affigno percipiendas & habendas , quamdiu vixerit , fuper provenientibus mei reditûs magni Feudi. Item , Ego THEOBALDUS , volo & ordino quod prædicta MARIA Uxor mea , habeat in rincompenfationem illius , quidquid fecundùm mulieris nobilis ufum aprobatum , abitura eft , ad vitam fuam tantùm centum libras ad perpetuum , vel ducentas quamdiu vixerit , fub cautione idonea de reddendis eifdem heredibus noftris poft mortem fuam , datâ fuper hoc optione prædictæ MARIÆ quod acceptare maluerit de duobus. Item , legamus quilibet noftrûm , cuilibet pauperi qui veniet ad fepulturam noftram , denariatam panis , & aliam denariatam ei qui veniet ad feptimum: Et apud Dahec noftram eligimus fepulturam. Item , legamus nos duo , Didoni Babinot duodecim libras femel reddendas & forori fuæ fimiliter decem libras. Item , fatemur & recognoffimus quòd quando AGNIES , filia noftra communis , matrimonium cum Petro Raiole quondam marito fuo contraxit , Ego dictus THEOBALDUS , promifi ei decem libras annui reditûs in dotem , affignandas fufficienter eidem , vel etiam ad eadem habendas, poft mortem noftrûm duorum , fuper bonis noftris , fi contigerit nos duos deffedere , relicto mafculo filio à nobis legitimè procreato. Item volumus & ordinamus nos prædicti conjuges , quòd fi nofter filius , quem heredem inftituimus , deffifferet fine liberis ab eodem legitimè procreatis , quod noftræ prædictæ filiæ ad fucceffionem bonorum noftrorum , pro æquis portionibus adjunctivè , collatis feu inferendis in medium dote , & aliis quibus fuerint conferendæ , falvo jure primogenituræ cui debebitur , fecundùm quod per confuetudinem eft obtentum. Item , Ego dictus THEOBALDUS do , concedo & relinquo dictæ MARIÆ Uxori meæ , Ballium totius Terræ meæ , tutelam , curam & deffenfionem filiorum & filiarum noftrarum , quamdiu à fecundis nuptiis abftinuerit , hac exceptione , ut fi ante deffefferit , quod prædicti Filii feu Filiæ ad perfectam ætatem & liberationem tutelæ feu curæ pervenerint , dilectum meum Dominum Petrum de Cryffé Militem , illi in traditione & conceffione prædictorum obftituo. Et fi ipfe deffefferit , ante quam prædicti Filii feu Filiæ , ad prædictam ætatem pervenerint , cognatum Hugonem de Cryffé illi fubftituo. Item , legamus quilibet noftrûm , Capellano de Rançon , de Rocha-Aynardi , prioribus fcilicet clericis Sanctæ Valeriæ de Maufiaco , Capellano de Bordete , cuilibet iftorum fex folid. & eidem fex denarios rendales , pro annuis anniverfariis in eorum Ecclefiis celebrandis. Item , cuilibet noftrûm , Priori fancti Georgii de Reffia duodecim folid. ad hemendum duodecim denarios rendales fimili ratione. Item , legamus quilibet noftrûm , fexaginta folid. pro quodam annuali celebrando , pro quolibet , in Ecclefia fancti Petri de Mofiaco , cui Priori & Conventui de prædictiis fexaginta folid. diftribuentur viginti folid. & in Ecclefia Fratrum Minorum de Niorte , quibus diftribuentur viginti folid. Fratribus Minoribus & Prædicatoribus fancti Joannis Engeriacenfis , refidui viginti folid. Hujus noftri teftamenti & noftræ difpofitionis facimus & conftituimus executores noftros , videliffet alter noftrûm primò moriens, alium fupra viventem , & Hugonem de Cryffé , & quemlibet ipforum in folidum , ita quod non fit melior conditio occupantis , dantes eis fpeciale mandatum , fubftituendi alium vel alios loco fui , fupplicantes & rogantes eofdem , ut hujus modi executionem noftræ difpofitionis ultimæ , fideliter adimpleant , cum confilio Domini Petri de Criffé Militis , qui præfens fuit & adeffe voluit , & ut pro adminiftratione dictæ executionis , credatur legitimo dicto adminiftrantis , fine honere alterius probationis , fidelitatis fuæ & animæ fuæ periculo , fuper hoc committentes. Item, volumus & petimus , quòd hujus modi noftra fuprema difpofitio valeat jure teftamenti , fi poffit , ſir , 'vel ſaltem jure codicillorum , vel quocumque jure alio , ita quod efficatiùs adimpleatur. Et ad majorem & perpetuam firmitatem & plenum teſtimonium , nos conjuges prædicti , ſuplicamus venerabili viro Domino Joanni Archipiſcopo de Mauſiaco , ut præſenti teſtamento noſtro ſeu diſpoſitioni & ordinationi , figillum ſuum apponat ad probationem perpetuam efficacem. Et nos prædictus Archipiſcopus , ſignificamus univerſis , quod nos rogati & requiſiti ordinationem & diſpoſitionem dictorum teſtamentorum audivimus , & præſenti ſcripturæ ſigillum noſtrum appoſuimus , ad eorum inſtantiam atque precem. Datum die Sabbati poſt Octabas Apoſtolorum Petri & Pauli , anno Domini milleſimo ducenteſimo octogeſimo ſeptimo , menſe Julii. Le Sceau eſt perdu , & il n'y eſt reſté que l'attache.

Cette Copie tirée ſur l'Original , qui eſt dans le tréſor de la Floceliere.

VIII. THEBAUT DE GRANGES, II. du nom, Seigneur de Granges, de Puychenin , de la Gord & de S. Georges de Rexe , Valet , qui étoit la même choſe qu'Ecuyer ou Damoiſeau. Cette qualité lui eſt donnée , dans le teſtament de ſes Pere & Mere , cy deſſus rapporté , par lequel ils l'inſtituent leur heritier Principal. Il épouſa MARGUERITE RATAULT , fille de Pierre Ratault , & Sœur de Guillaume Ratault , Chevalier , laquelle étant Veuve de lui , & tutrice de leurs enfans , rendit hommage pour eux au Comte de la Marche, CHARLES DE FRANCE, des Hebergemens de Saint Georges de Rexe & de Granges, mouvans de Fontenay,le Jeudy avant la Saint Jean Baptiſte 1317. dans lequel elle donne la qualité de Valet à ſon mary. Elle ſe remaria avec Pierre de Jauſſerant.

Ratault
Burelé d'argent & d'azur de 10. pieces & une cortice de Gueules engreſlée , brochante ſur le tout.

PREUVES.

1317.

HA tres hecxellent Prince, Monſiour CHARLES , fils de Roy de France , noble Comte de la Marche, MARGUERITE RATTAUDE deſguerpie de ſahu THEBAUD DE GRANGES Vallet , Salus perdurable en Jeſus Chriſt. Que ge ſadite MARGUERITE , comme curatreſſe des Enfens de Monſour dit Seignor & de mei , ayant le bail & la tutelle d'aus , connois & confeſſe que ge pour nom de meſdits Enfens , tiens de vous à Fei & à Hommage lige à vingt cinq livres de devoir , l'Arbergement ſis à Reſſe en voſtre Chaſtellanie de Frontenay , & ob les bois . . . . ob les prez apartenant audit Arbergement , & les autres arbrement, bois, prez , ſauzée , marois , terres gagnables , fours, cens , randes & couſtumes , & autres deveirs que meſdis Enfens & leurs perſonnes & ceaus qui tiennent d'aus à Reſſe & ſoullet encore, ob tout ccu que meſdis Enfens haut à Borne-Voucaut en la Paroiſſe de Saint Georges , ſoit en fours , en cens, en rendes & en ouſtre chouſe qu'elle qu'elle ſoit , ob toute juriſdiction haute & baſſe , derechief & ceu que meſdis Enfens avé on Fié Aoubuigne , en cens , en cens , en terre gaignable , en prez , en marois & en outres chouſes , quelles qu'elles ſoye , ob toutte juriſdiction haute & baſſe , lequel Fié eſt enclos entre le Fié d'Annuye , le marois de Annuye , le Fié de Sanſlay & le Fié au Motteau & le Fié nouveau daudit Fié Anille , le Fié à le Gout ob juriſdiction haute & baſſe , lequel eſt enclos entre ledit Fié au Motteau & le Fié des Alleus & le bois de Aniſe. *Item* , que en outre encore & confeſſe , que por nom de meſdits Enfens , que ge tiens de vous à la Fei , à l'Hommage & au dever deſſuſdit , la partie que meſdis Enfens aut au Fié des Alleus , en terre gaignable , en cens , en rendes , en couſtumes & en toutes autres chouſes quelle qu'elle ſoys , ob toute juriſdiction haute & baſſe , le Fié eſt enclos entre le Fié à l'Oieau , le Fié au Motteau . . . . . le Fié Erveneau , le Fié de l'Iſle-Reau , le Fié au Chanoine Saint Hilaire de Poitiers , le Fié Payſays, le Fié de Voveneau , le Fié des Grois , & le Fié de Chaorce. *Item* , que & la partye , que meſdis Enfens ont au Fié de Cognée , ob toutes juriſdiction haute & baſſe , lequel Fié eſt enclos entre le Fié de Mazeins & le Fié de l'Iſle-de Bapaumes & le Fié des Grois. *Item* , que encore connois & confeſſe que ge tiens por meſdits Enfens que pour tous perſonnes , tiens de vous à la Fei & à l'Hommage & au dever deſſuſdit , le Fié des Areſt ob toute juriſdiction haute & baſſe , lequel Fié eſt enclos entre le Fié des Iſle-Reau la Deviſe entre deux , le Fié de Maſenis le chemin entre deus , le Fié de Sazay & le Fié au Chánoine de Saint Hilaire de Poitiers. *Item* , derechief que encore connois & confeſſe , que ge pour nom de meſdis Enfens , tiens de vous à la Fei , à l'Hommage & au dever deſſuſdit , la moitlé des Marois de Reſſe , qui eſt enclos entre le marayé à noble homme le Comte d'Eu , la Saipvre , les chans dau Mazeau , le Mazeau , la Guerene de Reellet-Bellet , & encore le Marays le Comte

E e

d'Eu & le majeur de la voftre Fié , la Saipvre entre deux , & la partie que mefdis Enfens aut ou
Efclufes apellées publiaument Gormillere & Grande-Quenë , & la Saipvre apartenant aufdites Efclufes , dès le veil bien Sanzay , jufque aus biens qui eft appellé le bien Gafoit , c'eft auffi la,
moitié de Garniellere & la quarte partie d'une Quée. *Item* , derechief ge ladite Marguarite comme tueraiffe de mefdis Enfens , ayant le bail & la tutelle d'eaus , connois & confeffe , que ge por
nom d'eaus , tiens de vous , noble Comte de la Marche , à Fey , à l'Ommage lige à feffante fouls
de dever , tout l'Arbergement DE GRANGES , ob les bois , ob les prez qui y apartiennent , & tout
ceu qu'ils ont à Granges , au Fié de Croift , & au Fié de Buferte , au Fié Nouveau , au Fié
dau Pui-Blanc & au Fié Nefent en cens , rentes , couftumes , en fours , en terre gaignable &
en ouftre choufes , ob toute jurifdiction feffante fouls & de feffante fouls en feus , & à prendre
maufectors & d'eftraindre & tenir en prifon une nuit & un jour , & garder & de là vous rendre en voftre Chafteau de Frontenay , le meffié . . . . . & lui garder une nuit & un jour , c'eft
affaver ladite jurifdiction jufque à feffante fouls , ob les prez qui y apartiennent , & de feffante fouls & un denier
en feus , & ouftre encore ouifdits leve a en cefte gagne , fe elle y eftoit trouvé , feffante fouls ,
& font enclos lefdits Fié & leves , entre le Fié dudit . . . . . le Sancé entre dous le Fié le Motteau,
les terres Guillaume de Gripte Fié des Fongerou , le grand chemin par ou l'on vaie de Maufé
à Vallans , le Fié de l'Ifle , le Marois des hers Meftre Pere de la Legue fahu , & au Fié de la
Coignandere & Cepoifte. Je ladite MARGUARITE , pour nom de mefdis Enfens , comme tutreffe d'eaus , & ayant le bail & la tutelle d'eaus , ouffre à tenir de vous , aus Fiés , aus Hommages
& au devers de plais , de morte main deffufdit , apartenant à voftre Chafteau de Frontenay , proteftation fezens de accrefte , de amender , de corriger en cefti mien adveu dedans le temps que
droit donne , fi de plus que ge me pue advifer ou remembrer. Et ceu prefens ge vous certifie
par ceft prefent efcrit , lequel Vincent Reichen de Niort , clerc tenant voftre fay , at affirmé
eftablir faula dudit feel à ma requefte. Et nous Vincent Buifcher clerc deffus nommé , faifons
affaver à tous , à la requefte de ladite MARGUARITE , nous avons apofé à ceft prefent efcrit
ledit facau , fauf le droit Monfeignour le Comte & l'autrui. Ceu fut fait & donné prefens Aina
Moreau & Collin Moreo , le jour de Jufdy , en la veille de la Nativité Saint Jean Baptifte ,
l'an de grace mil treis cent & dix fept. Signé PHURE & le fceau rompu.

Copie tirée de l'Original , qui eft dans le tréfor de la Floceliere.

VIII. THEBAUT II. du nom, eut de MARGUERITE RATAUT ,
fa Femme.

IX. THEBAUT , III. du nom, qui fuit.

IX. JEAN DE GRANGES , Seigneur de Saint Georges-de-Re-
xe en partie , Chevalier , Lieutenant commandant pour
le Roy en Aunis. La qualité de Valet lui eft donnée , dans le partage qu'il fit de la fucceffion de fon Pere , avec THEBAUT DE
GRANGES , fon frere aîné , le 18. Juin 1329. par lequel THEBAUT
lui abandonne tout ce que leur Pere poffedoit dans la Terre de
Saint Georges-de Rexe , & 60. livres de rente , faifant partie de
çent fept livres douze fols fix deniers , qui leur étoit duë fur le
grand Fief d'Aunis. Il eft qualifié Chevalier , dans un accord que
lui & THEBAUT fon frere firent , avec *Imbaut Ratault* Chevalier ,
le Lundy avant le jour de Saint Paul 1331. Il époufa JEANNE DE
MONS , laquelle étant veuve de lui , fit accord avec THEBAUT fon
beau frere , le Dimanche aprés la Trinité 1341. Ils eurent une fille
nommée MARGOT DE GRANGES , femme de *Robin de Châteauneuf,*
lequel ratifia par Acte du 1. Decembre 1347. toutes les obligations
& lettres paffées par fa femme , à THEBAUT de Granges , fon Oncle.

IX. MARGOT DE GRANGES , nommée dans le partage , entre
THEBAUT & JEAN fes freres , le 18. Juin 1329. fut depuis

mariée à *Helie* du Bois, Chevalier, avec lequel elle est
nommée, dans l'accord fait en 1341. rapporté cy aprés.

PREUVES.

1331.

A TOUS CEAUS qui ces presentes Letres verront & oiront. *Lambert* Borreas Garde do Sayel,
établi à Benon par nostre Seignor le Roy de France. Salut en nostre Seignor perdurable. SACHENT tous que comme fust contens esmous à Paris en Parlement entre Monsor
Ymbo Rataut Chevaler, demandor & requerent d'une part, & THEBAUT & JOHAN DE
GRANGES Chevalers freres d'autre part, sub ceu que ledit Monsor *Ymbo*, disoit & proposoit, contre lesdiz Sires, que come il et ses freres, en ceu quil estoyent mendres d'aage,
avient esté en bail & en la tutele & en la garde de feu Monsour *Guillaume* Rataut, Chevaler par l'espace de sept ans & de plus, & ledit Monsour *Guillaume* heust pris & levé de
iceux les fruiz & les levées, profiz & esmolumens de la terre dudit Monsor *Ymbo* & de
ses freres, sans en rendre conte audit Monsor *Ymbo*, ne à ses freres, si comme il disoit,
& insi requeroit que lesdiz deffendours, filz & heritiers de Madame MARGARITE Rataude, laquele fut heritiere sole & por le tout dudit Monsor *Guillaume* Rataut, fussent condempné à rendre bon conte & leal audit Monsor *Ymbo* & ses freres, des levées, issues, profiz & esmolumens de ladite terre, que ledit Monsor *Guillaume* Rataut avoit pris, heu &
levé, par se ou par autre, luy havant finé & establi . . . . . ceu en quoi le conte qon prendroit, qu'il rendissent & paissent audit Monsor *Ymbo* Rataut, mesmement conte ledit Monsor *Guillaume* Rataut cust accordé audit Monsor *Ymbo*, que les hers dudit Monsor *Guillaume* Rataut, fussent tenu de conté ob ledit Monsor *Ymbo*, desdiz fruiz, levées, profiz &
esmolumens de ladite Terre, & que tout ceu que ledit comte les condempneroit, que ses hers
fussent tenu de rendre audit Monsor *Ymbo* & y avet obligé ses hers & tous ses biens, si comme
il est quontenu par Lettres, si comme disoit ledit Monsor *Ymbo*. Et lesdiz deffendors, deissant
& propousessant par plusors raisons, qu'ils n'étoint pas tenu au dites chouses, & les dites
parties heussent fait qonpromis, ob la volonté & ob la licence de la court des diz qontems,
sur *Guillaume* de Nuchele & *Aymeri* de Saint Denis, esluz de la partie dudit demandor, & sur
Monsor *Guillaume* de Vruye, Chevaler, & *Johan* Brun esluz de la partie desdiz deffendors,
ou sur deux des diz quatre nomez, c'est asavoer sur un de chascune partie esleu à la paene de mil
livres, à apliquer au Roy & à partie par meitté quand seroit complainte, si come il est plus plenement qontenu par Lettres saellées du grand sael establi à Paris. A la parfin, du conseil de
prudhomes, & de leurs avis fut acordé, transigé, pacifié entre eux, & fut dit par Sentence par
les diz arbitres, c'est asavoer par Monsor *Guillaume* de Vruye Chevaler esleu de la partie des diz
deffendors, & par *Aymeri* de Saint Denis, esleu de la partie dudit demandor, que les diz deffendors rendront & pacront audit demandor, sis cens libres de monée corent, por raison & occasion de toutes les chouses desudites & sequelles d'iceles, apartenant audit Monsor *Ymbo* &
à ses Freres, por les quos ha promis ledit Monsor *Ymbo* faire tenir fixe & estable, & en ha promis guarantir les diz deffendors & les leurs, & tous ceux qui de eux, ou de l'un de eux haurroyent cause envers les Freres dudit Monsor *Ymbo*, & vers tous autres quelconques, qui porroyent demander les chouses desudites, routes ou partie ou chascune chouses par occasion de
dites chouses, & en outre a quipté ledit Monsor *Ymbo*, tant par soy que par ses Freres & ceux
qui haurent cause de eux ou de aucun de eux, les diz THEBAUT & JOHAN de Granges &
leurs hers & successors & leurs biens & les biens qui furent dudit Monsor *Guillaume* Rataut,
Chevaler, & tous ses hers, de tous les fruiz, levées & issuës, profiz & esmolumens desudiz, de
ladite Terre dudit *Ymbo* & de ses Freres, que ledit Monsor *Guillaume* Rataut, ou autres par
nom de li, heut levé de tout le temps passé, jusques au jour de huy, & tous ceux qui les diz
fruiz, levées, profit & esmolumens de ladite Terre, ou aucun de iceux, haurroyent pris, heu,
levé & receu par nom & comandement dudit Monsor *Guillaume* Rataut, & especiaument tous
ceux, à qui apartendroit au diz deffendors ou à autres par nom de eux, de prendre la guarentio ou la deffense, & à ceu a obligé ledit *Ymbo* tous & chascuns ses biens : renonceant sus ceu li diz
Ymbo Rataut, & li dis deffendors, en icest fait, entant, comme à chascun de caus li fais toucher & puet apartenir, à tout exception de lesion, de deception, de force, de barat & de
tricherie, & a tote chouse faite & dite, & chouse escripte, & au droit qui dit, geneau renonciation non valer, si ele n'est expresse, & à toutes autres chouses expressement, por que de fait,
ou de droit, ou de costume, la tenor de ces presentes Lettres porroit estre enfrainte, en tout ou
en partie, & toutes ces chouses & chascunes por soy, hont promis tenir & garder, l'une partie envers l'autre, sans enfraindre chascune de caus, entant que il leur touchet & puet apartenir, par la manere que les chouses sont desus dites specifiées & declayrées & acordées, & hont
juré aus saints Evangiles, que à tous mais il ne vendront encontre, par caus, ne par autre. Et
en garentie de ces chouses, noz li desudit Boreas, à ces presentes lettres avons appousé le desudit
sayel Real, à la priere & requeste desdites parties, lesquos nos avons qondampné de leur assentement on dites chouses, à les tenir & garder par le jugement de la court dudit sayel, en quelle

juridiction il ont fomis eaus & lours biens , generalement à ceu fans autre Segnorie avoer. Ce fut fait & donné prefent quent à ceu appellez & requis , Monfior *Guillaume* de Vruye Chevaler , Guillaume Barrabin, Guillaume Chauveas & Aymeri de Vivonne , le Lundy avant la Qonverfion Saint Pau , l'an de grace 1331. le fceau rompu.

Cette Copie tirée fur l'Original , qui eft dans le tréfor de la Floceliere.

1341. A Tous ceaux qui fet prefentes Lettres verront & orront . . . . du feel à Frontenay eftablis , pour tres excellent Comte Monfeigneur le Roy de Navarre , Seigneur de Benon & dudit lieu de Frontenay , Salut en noftre Seigneur Jefus Chrift. SACHENT tous prefens & avenir , que par davant nous eftablis & perfonnaument , noble homme Monfieur THIBAUT DE GRANGES Chevalier , Frere de fahu JEHAN de GRANGES , d'une part , & JEHANNE DE MONS , deguerpie dudit fahu JEHAN de GRANGES d'autre part , confeffent lefdites parties , que come conteft & debatz fut efmou , ou en efperance d'eftre efmous , entre lefdits Chevalier & ladite defguerpie , fur ceu c'eft affaver , que ledit Chevalier difoit, qu'il devoit avoir la tutelle , cure , garde & bail des Enfens dudit JEHAN fon Frere , & de lours biens , comme plus prochain de lignage : & ladite defguerpie difoit , que audit Chevalier ne devoit pas demoure ladite tutelle , cure , garde & bail defdits Enfens &* de lours biens, & ceys li devoit demouré , pour ceu que ledit fahu le li avoit laiffé & povet , de teftament , comme elle difoit, aufqueux choufes repondoit ledit Chevalier & difoit , que le teftament dudit fehu ne fe povet fouftenir & fouftient de prefent que . . . . d'accord & de affentement de li laiffé ledit bail, cure , tutelle & garde defdits enfans & de lours biens, ladite defguerpie proupofant plufieurs caufes & raifons encontre. A la parphin a efté accordé, pacifié & tranzigé entre eaux du confentement de prudommes & de lours bons amis en la manere que s'enfuit & à la forme. C'eft affaver , que ledit bail , tutelle , curatelle & garde defdits enfens & de lours biens , eft demouré audit THIBAUT , & en outre eft ftipullé & accordé , que ladite defguerpie aura pour caufe de fon doaire & pour droit de compagniée , qu'elle avoit fait ob ledit JEHAN fon Seigneur , la tierce partie de tous les biens imeubles , que ledit JEHAN fon Seigneur avoit , avant qu'il ala de vie à mort, ob tout droit de juridiction à part & devis , à prandre & lever par fa maniere , que que ledit fehu avoit fait aucuns legats perpetuels , feroit precomté en fa demande efdites parties pour telle partie comme puet monter fa demande és dites parties. *Item* eft parlé & acordé , que ladite defguerpie aura la moitié de tous les biens meubles , qu'il & chacuns de eaus avoint on temps de la mort dudit JEHAN, & payera la moitié des debtes qu'il & chacun de eux devoit. *Item* eft parlé & accordé , que lefdits Enfens payeront tous les obfeques dudit fehu leur Pere , fans que ladite defguerpie foit tenu de rien en payer. *Item* payeront en ouftre les charges & devoirs deluz fur lefdites choufes , qui demourent à ladite defguerpie , fi par raifon de la couftume du pays il y fent tenu. *Item* eft parlé & accordé , que lefdits Enfens demourent ob ladite defguerpie , tant comme elle tendra à marier , & pour le nouriment defdits Enfens & les pourvoir des choufes à eux neceffaires , elle aura ouftre fon tiers , la moitié de autant comme il puet monter ledit tiers des biens qu'elle doit avoir pour fon doayre , fi come dit eft , & icelle moité le tendra & explettra , pour faire le nouriment & la provifion aufdits Enfens , tant come elle fe tendra à marier , ou tant come il demouront en fa compagnée. *Item* eft parlé & accordé , que ledit Chevalier levera & explettra pour lui & pour autrui , le demourant de toutes les autres choufes & biens que furent dudit fehu , & le tiendra au profit defdits Enfens , fans riens mettre ne retenir à fon profit , jufqu'à tant que ladite defguerpie foit venue à fecondes nopces , fy le cas advenoit que elle vouffitz fe marier , & de tout ceu que levé & expletté ou aurait , il en rendra bon compte , fans riens en retenir à fon profit , & dés iceux temps que ladite defguerpie feroit venue à de fecondes nopces , ou qu'elle ne voudroit tenir lefdits Enfens , que elle n'auroit mie , que la derniere tierce partie des biens & choufes defdits Enfens & dudit fehu , quelle doit avoir pour fon doayre & droit de compagnée , fe come dit eft , à tenir à fa vie tant feulement. Lefquées toutes & chafcunes choufes defiufdites , lefdites parties hont voullu & accordé , & hont promis & prometent perfonellement paffer ftipulation faite de l'un à l'autre , & fous l'obligation de tous & chafcuns leurs biens meubles & immeubles , prefens & avenir , lefdites choufes avoir & tenir agreable , ferme & ftable , fans aller ne venir encontre pour eux & autrui . . . . tant davenir , & hont renoncé par cefte leut fait & chafcuns de eux , en tant come il lui attoucher puet & doit toucher & apartenir , à toute exception de deffeption , & à tout droit efcrit & à efcrire , & à toute ingratitude , & aucune volonté , & au benefice de Croix pour ce reprendre , & ladite femme au benefice de Velleyen , & enfemble au droit difans , renonciation generau non valler , fy elle n'eft expreffée ou contract , & à toutes autres choufes & chafcunes pour fey entierement , qui de fait , ou de droit ou de coufture de Pays , ou de lieu finon expreffée pour fpecifiée & declarées , par lefquelles ou aucunes d'icelles la tenour de fes prefentes Lettres pourroit eftre annullée , deftruite , &c... fuft en court d'Eglife ou en court Laye , & hont juré ceu aux faint Evangile noftre Seigneur Jefus Chrift, qu'elle ne yront ne vendront encontre avant jour moy , & en tefmoing defquelles choufes deffus nommées , lefdites parties & iceux avont jugé , par le jugement de la court dudit feel , à la jurifdiction duquel elles foumizent eux & leurs biens , quand à ceft fait , fans autre Seignorie ,

advoucr.

advouer. Et à fes prefentes Lettres ledit feel avons fait apoufé , fauve le droit Reau & l'autrui, lefquelles Lettres nous avons fait doubles de mout à mout dau tenour à lour requefte. Fait & donné garens à ceu prefens apellé & prié noble homme Monfieur *Hebert* , *Helie* du Bois Che-valers, *Guillaume* Uvon & *Pierre* Barrabin Valets , & *François* Mofche cler , le Dimanche em-prés la Trinité , l'an de noftre Seigneur Jefus Chrift , mil trois cent quarente & un. Signé Pi..... le fceau rompu.

Copie tirée de l'Original qui eft dans le tréfor de la Floceliere.

A Tous ceux qui ces prefentes Lettres verront & orront. Guillaume Anglois le jeune, Garde du feel Royal pour Monfeigneur le Roy de France , à Niort eftabli , Salut en Dieu perdurable. Sçachent tous qu'en noftre prefence perfonnaument eftablis ROBIN DE CHA-TEAUNEUF , foi difant eftre pleu ob Margot de Granges Damoifelle,a aprouvé , loüé , ratifié & confermé toutes Lettres & obligations par ladite Margot faites à Monfieur THEBAUT DE GRANGES Chevalier , de tout le temps paffé & efpecioment une lettre faifant mention que ladite Margot , avoit afermé perpetuoment audit Monfieur Thebaut, toutes fa Terre qui li po-voit apartenir pour caufe de fon pere , foint pré , terre , herbergement ,complent , cens , fei-gneurie , devoirs & autres choufes quellefquionques à la ferme de 40. livres en deniers, rendue chafcun an audit Chevalier , par amande contenue en icelle , faite fus ladite ferme par elle & accordé que ledit Robin à vouffu & eft d'affentement, que toutes les choufes par ladite Damoi-felle afermée audit Monfieur Thebaut demourent perpetuoment audit Thebaut & aus fiens & payent & rendent audit Robin & au fiens & à ladite Damifelle la folemnité des nopces pre-mierement faite les dites quarente livres pour ledit Monfieur Thebaut par l'amande qu'il eft contenu en la Lettre de la ferme defudite , jufqu'à tant que ledit Thebaut ait affis & affigné audit Robin & Margot en bon lieu & fuffifant lefdites quarente livres , & ne pourront les dits Robin & Margot demander ny enfuivre ledit Chevalier defdites quarente livres de ferme en au-cune maniere dores en avant , ainçois defja ledit Robin pour nom de li & de ladite Damifelle quipte ledit Chevaler de ladite ferme , fans innovation aucune de la Lettre de ladite ferme & que ledit Chevaler ou ceux qui caufe hauront de li en ladite ferme , ne en puiffe joeir , & a promis ledit Robin pour li & les fiens par fon ferement fus ceu donné corporoment , & foubz l'obligation de tous & chacuns ces biens prefens & avenir , les choufes toutes & chacunes de-fudites tenir perpetuoment , fans venir encontre , & les faire avoir ferme & ftable à ladite Da-mifelle perpetuoment , & ledit Thebaut a promis par fon fairement & l'obligation de tot & chafcuns fes biens prefens & avenir , accomplir les choufes deffufdites. En tefmoings defquées choufes , nous ledit Sabert à la requefte defdites parties , ledit feel Royal à fes prefentes Lettres avons mis & apoufé , & fur ceu les en avons jugés & condamnés par le jugement de la court dudit feel , à la jurifdiction duquel , fans avocation d'autre , ils ont founnis eux & leurs biens quant à ceu. Donné prefens PIERRE DE MOTE & JOHAN GOURDE Valets , le premier de Decembre , l'an mil trois cent quarente fept. Signé Rouffea , & le fceau rompu.

Copie tirée de l'Original, qui eft au tréfor de la Floceliere.

IX. THEBAUT DE GRANGES , III. du nom , Seigneur de Granges , de la Gord , de Puychenin , de Preums & de Mauzé en partie , Chevalier , époufa premierement YOLANDE DE JAUSSERANT , laquelle lui fit une donation le Vendredy aprés la Fefte de S. Aubin de l'an 1324. & dans cet Acte il eft qualifié Valet. Elle étoit fille de *Pierre* de Jaufferant , Chevalier , fecond mary de MARGUERITE RATAULT , Mere dudit Seigneur de Gran-ges. La même qualité de Valet lui eft encore donnée , dans le par-tage qu'il fit avec JEAN DE GRANGES , fon Frere, de la fucceffion de leur pere le 18. Juin 1329. par lequel il eut pour fa part tout ce que fon pere pouvoit avoir à Granges , Preums , la Gord , Puychenin & Mauzé , avec tout ce qui lui étoit échu du patrimoine de fa mere & de celui de *Guillaume* Ratault ; Chevalier , leur Oncle , moyennant quoy il s'obligea de marier MARGOT DE GRANGES , leur Sœur , & de la doter , ainfi que Damoifelle le devoit être. Il époufa fecondement JEANNE BRUN, comme il s'ap-

F f

prent d'une donation qu'elle lui fit en prefence de *Jean Brun*,
Valet, le jour de S. Mathias 1331. & n'en eut point d'enfans. Lui
& JEAN DE GRANGES fon Frere, font qualifiez Chevaliers, dans
un accord qu'ils firent, le Lundy avant la S. Paul 1331. avec *Im-*
baut Ratault, Chevalier, fur les differens qu'ils avoient, au fujet
de la tutelle que *Guillaume* Ratault, leur Oncle, avoit eu du même
Imbaut & de fes Freres. THIBAUT DE GRANGES, eft pareillement
qualifié Chevalier, dans une Sentence renduë par le Juge ordinaire de la Cour de l'Evêque & du Chapitre de Saintes, le Samedy avant la Fefte de S. Thomas 1339. au fujet de la Chapelle que
THIBAUT DE GRANGES, premier du nom, & MARIE DE REXE
fa femme, avoient fondée en l'Eglife de Dahé ou Dahec, à l'Autel S. Jacques, par leur teftament mutuel du Samedy aprés les Octaves S. Pierre & S. Paul 1287. rapporté cy-devant page 107. dans
un accord qu'il fit le Dimanche aprés la Trinité 1341. avec JEANNE
de Mons, Veuve de JEAN DE GRANGES fon Frere, auffi rapporté
cy-devant page 112. dans un hommage qui lui fut rendu le Jeudy
avant la S. Jean Baptifte 1342. & dans un Aɕte de l'an 1343. qui fait
connoître, que Maguerite fa Mere, avoit époufé *Pierre de Faufferant*, &
que lui en avoit époufé la Fille. Il eft qualifié Noble Homme, Monfieur & Chevalier, dans une vente à lui faite le Lundy aprés la Cir-
concifion 1345. & la qualité de Chevalier lui eft donnée, dans un Aɕte
d'hommage rendu en 1348. auquel *Guillaume* d'Appellevoifin,*Thebaut*
Chafteigner & *Hervé* de Volvire,Chevaliers, font nommez, & dans
un dénombrement qu'il donna le Mercredy jour de S. Jacques 1352.
de la Terre de Granges, à *Charles d'Efpagne*, Conneftable de France,
Comte d'Angoulefme & Seigneur de Fontenay. Il étoit Lieutenant
de *Guillaume* Larchevêque, commandant l'Armée du Roy PHILIPPE
DE VALOIS, au Siege de S. Jean d'Angely, & eut de grands differens avec GUY DE SURGERES, Seigneur de la Floceliere, puis avec
HUGUES DE SURGERES fon Frere, qui lui difputoient d'être du lignage de SURGERES, & qu'il eut droit d'en porter les Armoiries,
comme il fe juftifie par le jugement rendu fur ce fujet, en faveur
de LOUIS DE GRANGES fon Fils, par JEAN DUC DE BERRY, Comte
de Poitou, le 21 Août 1379. Il époufa troifiémement PHILIPPE DU
PUY-DU-FOU, Fille de *Iean* Seigneur du Puy-du-Fou, Chevalier,
& de *Catherine* fa Femme, fuivant un jugement qu'il obtint du
Sénéchal de Poitou & de Limofin, le 17. Juin 1361. pour le payement de la dote qui lui avoit été promife ; par cet Aɕte il eft qualifié Chevalier, de même que dans des Lettres de Sauvegarde, qui
lui furent accordées pour lui & pour fes hommes, le 3. Oɕtobre de
la même année 1361. par *Iean Chandos*, Vicomte de S. Sauveur,
Lieutenant du Roy d'Angleterre, fous l'obéiffance duquel il eft dit
qu'il étoit venu. Il n'eut point d'enfans des deux premiers maria-
ges, & il eut du dernier,

Puy-
du-Fou, de
Gueules à
trois macles
d'argent
posées deux
& une.

X. Louis de Granges , qui fuit.

X. Jean de Granges , Seigneur de la Gord , qui a fait la Branche des Seigneurs de la Gord & de Montfernier , rapportée cy-après ,

PREUVES.

A Tous ceaux, &c... ge YOLENTE JAUSSERANDE , Feme Epoufe de THEBAUT DE 1324. GRANGES Vaflet, Salut &c... Sçachent tous que ge ladite YOLENTE en ma bonne memoire &c.... conciderans eaus grans biens & henneurs & eaus grans fervices que li dit THEBAUT mon leau Seignour Efpous m'a fait , &c... ceu fut fait & donné le Vendredy emprés la Fefte de S. Aubin, l'an 1324. feellé & figné.

Extrait de l'Original , qui eft au tréfor de la Floceliere.

S Cachent tous , que en droit , pardavant nos *Lambert Borrea* , Garde adonc do Saya eftabli à Benon , por Meffire le Roy de France, perfonoment eftabli. THEBAUT ET JOHAN DE GRANGES , Valets , Freres , Fils & Enfans de feus THEBAUT de Granges, Valet , & de MARGUERITE Rataude fa feme. Accordé eft entre lefdits Freres & de lor bon affentement , ces affaver , que li dit THEBAUT laiffet & quipte , de tout en tout , audit JOHAN fon Frere , tout le dreit , le Domaine , la raifon & la partie , que il avet li dit Thebaut & haver povet en toutes les choufes qui furent dau patrimoine de feu THEBAUT DE GRANGES , lor dit Pere, , en toute la terre de S. Georges-de Reffe & environ , & fans qu'il y puiffe jamais riens prendre ne demander : Et en outre de cent & fept livres & douze fols fix deniers , que li dis Freres hont de rende ou grand Fei d'Aunis en deners , ledit JOHAN hara & prendra a toujours pour jamais chafcun an , fexante livres , fome quipte & defobligées envers Guillaume Mauvergue & tous les feins , & li dit JOHAN quipte & laiffe de tout en tout , audit THEBAUT fon Frere , tot ce qu'il avoit li dit JOHAN & haver povet de patrimoine , environ Granges & Prums & à la Gord & à Maufé , & tout queu qui li eftoit venu & efchu , do patrimoine de lor Mere , & de Monfor *Guillaume* Ratault lor Oncle feu , en toute la terre de Gaftine & ailleurs , fans qu'il y puiffet jamais riens prendre ne demander , & li dit THEBAUT douet marier & affener MARGOT lor fœur , & li affer fon mariage , fans que ladite terre do dit JOHAN en foit de rien chargée , empêchée ne obligée. Et fi ency li eftoit , que ou temps à venir ladite MARGOT ou autres , por nom ou por raifon de ce , feyffant ou nayffant aucuns empêchemens en ladite terre do dit JOHAN , à la fin que elle fe y deift aver aucun dreit ou autrement , li dit THEBAUT en douet garir & defempefcher à fes propres couft & dépens , ledit JOHAN fon Frere , & tous les fiens & fadite terre , envers ladite MARGOT lor Sœur & envers tous ceaus qui dele hautoient caufe , fans que elle l'en puiffet jamais inquieté , ne riens demandé , à luy ne au feins. Lo promet li dit THEBAUT , garir & defempefcher , envers le fufdit Mauvergue & envers tous les feins , quipte por raifon do deffus dites fexante livres de rande , renoncians fus ceu li dit THEBAUT & li dit JOHAN , a toutes exceptions de lezion , de deceptions , de force , de barat & de trichrie & autre choufe faite & dite , & à autres efcritures , à toutes couftumes , ufages & establiment de Villes & de Pays & à tout privilege de croix prifes & à prendre , & au droit qui dit generau renonciation non valot , fi n'eft expreffe & à tous autres choufes expreffements , por que de fait ou de dreit , ou de coftume , la tenor de ces prefentes lettres porroit eftre enfrainte en tout ou en partie , & tous lefdits & la tenor de ces prefentes lettres , ont promis li dis freres , de eaus , en tant come il lor touchet , & come il lor povet apartenir , à tenir & garder bien & loyament , l'un envers l'autre , fens enfreindre fus l'obligation de tous lors biens prefens & à venir , & ont juré au faint Evangile noftre Seigneur , que jamais il ne viendront en contre. Et en temoings de il en hont fait entre eaus y ces prefentes lettres , parties par a. b. c. lefqueus nos , li de fus dit *Lamber Borrea* , avons fayellée à lor requefte , do deffufdit fayo Reo , eaus condemnés de lor affentiment ou dite choufe , à les tenir & garder , & fe font fomis eaus & tous lors biens , à la jurediction & coercion do dit leut de Benon , prefent à ceu fens autre fignorie avoir. Doné prefent *Hugues* Barrabin , *Pierre* de Nyocea Vaflets & *Johan Chabot* , a ceu appellés & requis , le dixhuitiefme jour de Juin , l'an de grace mil ccc. vingt-neuf , le fceau eft ofté , il n'y refte que l'attache , & figné Belaigne.

Copie tirée de l'Original , qui eft au tréfor de la Floceliere.

A Tous ceaux, &c... JOHANNE BRUNE , Feme Efpoufe de THEBAUT DE GRANGES 1329. Vaflet , falut, &c... Scachent tous que ge ladite JOHANNE en ma bonne memoire , &c. confiderans eaus grand biens & hônors & aus grands fervices que li dit THEBAUT mon leyau

Seignor Efpous m'a fait, &c. . Donné, prefens Jehan Brun Vaflet, François Mofche & Jehan de Lombeville, appellés & requis, le jour de la Saint Mathias, l'an 1331.

Extrait de l'Original, qui eft au tréfor de la Flocelière.

1339.   NOtum est, quòd cùm Dominus THEOBALDUS DE GRANGIIS Miles, & JOANNES DE GRANGIIS Valetus, Fratres, convenerint circa Xantonem coram nobis, Auditore Curiæ Majoris Epifcopi, nec non & Capituli Xantonenfis, ad diem Sabbati ante feftum Beati Thomæ Apoftoli, gratia Geraldi Audoyni, Capellani Capellaniæ inftitutæ à Domino THEOBALDO DE GRANGIIS Milite, & Domina MARIA quondam ejus Uxore defunctis, defferviendæ in Ecclefia de Dahec ad Altare Beati Jacobi. Quibus, dictis die & loco, comparentibus in judicio coram nobis, dicto Geraldo, nomine Capellaniæ fupradictæ ex parte una : & Magiftro Guillelmo Seguini Clerico, procuratore dicti Domini THEOBALDI, habitatore d'Effiaco & defenfore dicti JOHANNIS, pro quo cavit judicatum folvi, fe & fua fuper hæc obligando, dato fidejuffore Guillelmo Niel, commorante apud Reffiam, ex altera. Nos ex officio noftro ad inftantiam dicti Geraldi, interrogavimus dictum Magiftrum Guillelmum Seguini defenforem, ac nomine defenforis dictorum Fratrum : An ipfi Fratres fint heredes THEOBALDI DE GRANGIIS Patris eorum defuncti, in folidum, vel pro parte, & fi pro parte, pro qua parte ? Et an dictus Pater eorum, tempore quo vivebat, fuit heres dictorum quondam Domini THEOBALDI & Dominæ MARIÆ, Avi & Aviæ Paterni dictorum Frattum, in folidum vel pro parte ? & fi pro parte, pro qua parte : Cùm fi dictus Pater dictorum Fratrum fuit heres, tempore quo vivebat, prædictorum Avi & Aviæ, & dicti Fratres fuerint heredes dicti Patris eorum defuncti, dictus Geraldus nomine fuæ Capellaniæ prædictæ, contendat agere ad certum quid, contra dictos Fratres, actione perfonali, fibi nomine fuæ Capellaniæ prædictæ competenti, & defcendente ex perfonis dictorum Avi & Aviæ, mediante perfona Patris dictorum Fratrum. Super quibus dictus defenfor, nomine deferforio, dixit fe velle deliberare cum dictis Fratribus, & ad deliberationem faciendam ex parte dictorum Fratrum, fuper dictis interrogationibus, eft affignatus peremptoriè dies Lunæ, poft Epiphaniam Domini : Dictis partibus comparentibus coram nobis, ac procedentibus rominibus dictis. Datum & actum Xantoni coram nobis dicta die Sabbati, ante feftum Beati Thomæ Apoftoli, cum dictis Geraldo & defenfore. Qua die, dictus *Guillelmus* ad totam præfentem caufam, quotiens ipfum abeffe contigerit, fecit & conftituit, cum autoritate noftra, Procuratores fuos, Guillelmum Choarti, Simonem Giraudi, & Stephanum Judicis, Arnaldum Pafcaudi & Petrum de Tenes tam Clericos, quàm Litteratos, & eorum quoflibet in folidum, ita quod non fit melior conditio occupantis, dans & concedens dictis fuis Procuratoribus & eorum cuilibet in folidum, plenam & liberam poteftatem & fpeciale mandatum agendi, defendendi, excipiendi, replicandi, duplicandi, triplicandi, jurandique de calumnia & veritate dicenda, præponendi, petitoribus refpondendi, inftituendi teftes & alias probationes legitimas, producendi & productis contradicendi, fcribendi, replicandi, exonium petendi, jurandi & recipiendi interlocutorias & definitivas fententias, audiendi, appellandi, appellationem feu appellationes movendi & profequendi, appellandofque perfequendi, & omnia alia & fingula faciendi, quæ veri & legitimi debent & poffunt facere Procuratores, feu quæ verus & legitimus poteft & debet facere Procurator, & quæ ipfemet conftituens faceret feu facere poffet & deberet, fi perfonaliter adeffet, etiam fi mandatum exigant fpeciale & dictos fuos Procuratores, & eorum quoflibet relevans ab omni onere fatifdandi, & Geraldus Capellanus prædictus, concedit pro fe & ipfis, nobis ftipulantibus prædictis Procuratoribus & aliis quorum intereft vel intererit fe gratum haberi, judicio fifti & judicatum folvi, cum fuis & fingulis pertinentiis, fub bonorum fuorum omnium ypoteca. Anno Domini MCCCXXXIX.

Extrait de l'Original, qui eft au tréfor de la Flocelière.

1342.   SCachent tous, que JEHAN Maffé Vaflet, tienne & advohe à tenir, de noble homme THEBAUT DE GRANGES, Chevaller, à foy, à hommage, plain plait & devoir, fellon us & couftume du Pays, un quartron de terre herbergée appellé Sampolere, & lequel quartron ce tient au terres de Mantalans, d'une part & à chemin par lequel l'on vaet du logis de la Locherie à Vernou & d'autre part, & au terres de la Rocrie d'autre part, lequel quartron me vaut bien fept feptiers de Seille, à la mefure de Secondigné, ou environ, fauvée ma raifon d'accroiftre, d'amander & de corriger & declarer ce mon dit adveu, dedans le temps que ufage & couftume du Pays donnent, & cefdites choufes je certifie deffus par cet prefent adveu fellé dou feel Monfieur de Parthenay. Et je *Guillaume* Martea Chevalier, Garde dudit feel, ceftui à la requefte dudit *Jehan*, oudit prefent adveu, ay mis & apoufé en tefmoings de ce. Donné le Jeudy avant la Saint Jean Baptifte, l'an mil trois cent quarante deux. Signé de Meny.

Copie tirée de l'Original, qui eft au tréfor de la Flocelière.

A TOUS

A Tous ceaux, &c.. perſoneaument Monſour *Pierre* de Jauſſerant, Chevaler, &c.. leſqueux biens eſtoint venus par droit de ſucceſſion à Dame *Marguerite Rataude*, Feme jadis dudit Monſour *Pierre de Jauſſerant*, & mere de THEBAUT DE GRANGES Chevaler, &c.
tous les biens & heritages de *Yolente de Jauſſerant*, jadis Feme dudit Thebaut, & fille dudit
Monſour *Pierre de Jauſſerant*, &c. Donné garens à ceu appellés & requis *Guillaume Mauvergue*, *André Jouſſerant*, *Guillaume Barrabin*, & *Pierre de Nyocea* Vaſlets, le Dimanche avant
la feſte de Saint Siſte, l'an 1343.

Extrait de l'Original, qui eſt au tréſor de la Flocelieré.

UNiverſis præſentes Litteras inſpecturis. Ego JOHANNES de Champteloup Clericus &
Ego *Johanna* Cramahée, ejus uxor, Parochiani Sancti Georgii de Reſſia, Salutem in
Domino. NOVERINT univerſi, quòd præfati conjuges, videlicet, Ego prædicta *Johanna*, cum
autoritate & voluntate prædicti *Johannis* mariti mei, tam ad omnia & ſingula quæ ſequuntur
facienda, concordanda & perpetuò obtinenda, quàm omnia præſtita ab eodem, confitemur &
per præſentes recognoſcimus, pro nobis, heredibuſque ſucceſſoribus noſtris, vendidiſſe & in
perpetuum conceſſiſſe & quilibet noſtrûm in ſolidum, ex noſtra plenaria & libera voluntate,
non coacti, non decepti, nec aliqua machinatione circumventi, Nobili viro Domino THEO-
BALDO DE GRANGES Militi, pro ſe & ſuis, heredibuſque ſucceſſoribus, pretio & ſumma centum & undecim denariorum coronatorum cum ſcuto legitimi ponderis, nobis à prædicto
Milite, benè & integrè perſolutis, pro valore centum librarum monetæ nunc currentis & ipſos
denarios habuiſſe & recepiſſe confitemur, nos & quilibet noſtrûm tenemur legitimè pro paga-
tos, ipſum Militemque ſuos perpetuò de ſumma & pretio ſupra dictis : decem libras annui
& perpetui reditûs monetæ currentis, ſolvendas, reddendas & integrè deferendas, à nobis & à
quolibet noſtrûm & heredibus ſucceſſoribuſque noſtris, dicto Militi & heredibuſque ſucceſſoribus noſtris, vel ejus cauſam habentibus, in Villa de Reſſe ad domum THEOBALDI DE GRAN-
GES nepotis ſui, quolibet anno de cetero in Feſto Purificationis Beatæ Mariæ Virginis, monetæ currentis, pro Domino Rege Franciæ, in quolibet anno, cujus reditûs, primus termi-
nus incipiet ad proximum Feſtum prædictæ Purificationis Beatæ Mariæ Virginis. Quas decem
libras rendabiles nos *Johannes* & *Johanna* prædicti & quilibet noſtrûm in ſolidum, pro nobis,
heredibus que ſucceſſoribus noſtris, aſſiſimus, aſſignavimus & aſſignamus dicto Militi & ſuis
heredibus que ſucceſſoribus in perpetuum, ſuper omnibus bonis noſtris & noſtrûm cujuſlibet,
mobilibus & immobilibus, tam præſentibus quàm futuris, promittentes nos dicti conjuges &
quilibet noſtrûm in ſolidum, pro nobis heredibuſque ſucceſſoribus noſtris, ſolvere, reddere &
perpetuò deferre præfato Militi & ſuis heredibuſque ſucceſſoribus & ejus cauſam habentibus,
prædictas decem libras rendales ad locum præfatum, quolibet anno, in Feſto & termino ſuperiùs
declaratis, & ipſas guarire & perpetuò deffendere verſus omnes & contra omnes, & ab omnibus
obligationibus, alienationibus, deveis & coſtumiis, finantiis & rachatis & aliis quibuſcumque, &
omne impedimentum ſuperveniens, noſtris propriis ſumptibus admovere, ſub obligatione prædi-
dictorum omnium bonorum noſtrorum mobilium & immobilium, præſentium & futurorum.
Et ſolvere & reddere promittimus omnes cuſtodias, miſſiones, damna & expenſas, quæ & quas
dictus Miles, ſui heredeſque ſucceſſores, Procuratores, aut ejus cauſam habentes, facerent aut
etiam ſuſtinerent quodammodo, ob defectum ſolutionis non factæ, ſeu gariment non facti, aut
impedimenti non remoti, de quibus ipſi & quilibet ſuis ſimplicibus juramentis, ſine probatione alia credentur ſub obligatione prædicta. Volentes inſuper nos prædicti *Johannes* & *Johanna*,
& quilibet noſtrum in ſolidum pro quolibet termino dicti redditûs à nobis non integrè perſoluto,
ut dictum eſt, auctoritate venerabilis viri Domini Alani Archidiaconi & de conſenſu noſtro ſuper hoc monitione competente & præhabita ex nunc & ex tunc excommunicari, & quod dictus
Miles & ſui heredes que ſucceſſores, procuratores ſeu cauſam habentes, valeant & poſſit pro ſe, poſſit
facere, vendere, alienare & diſtrahi bona noſtra & noſtrûm cujuſlibet per ſervientes de Beneon,
ſeu dicti loci de Reſſe, taliter quod de ſumma ſibi debita, & etiam de damnis & expenſis ob
hoc factis, ſe & quilibet tenant integrè perſolutòs, nullo alio mandato, alicujus Domini vel
Judicis ſuper hoc expectato & quod executio Eccleſiaſtica & Secularis, ſic & ſimul vel ſucceſ-
ſivè ſe habeant, ſine quod nos ſeu noſtri, aut aliquis noſtrûm contradicere poſſimus, ſeu nos op-
ponere contra præmiſſa vel aliquibus de præmiſſis. Volentes ulteriùs ſpecialiter & concordantes
nos prædicti conjuges & quilibet noſtrûm, quod litteræ ſeu proceſſus & inſtrumenta, quæ vel
quas dictus Miles habet à nobis, de ſumma quinquaginta & quatuor librarum Turon. monetæ
currentis, quæ in hac ſumma centum & undecim denariorum ſupradictis fuerint computata &
executiones, venditiones & ſubhaſtationes bonorum noſtrorum, factæ ad requeſtam dicti Militis, in ſuo robore permaneant & virent, non obſtantibus litteris à nobis de novo conceſſis.
Renonciantes in hoc facto noſtro, pro nobis & heredibus que ſucceſſoribus noſtris & quilibet
noſtrûm in ſolidum, omni exceptioni doli, vis, fraudis, & metus & deceptionis, ultra me-
dietatem juſti pretii, & privilegio Crucis ſumptæ & ſumendæ, & omni exceptioni denariorum non habitorum & non livratorum nec receptorum & ſpecialiter & expreſsè Ego uxor præ-

dicta auctorifata , & de facto ifto ad plenum certiorata remedio & auxilio Senatûs Confulti Vel-
lejani & omnibus aliis exceptionibus & fingulis rationibus juris vel facti , quæ nobis vel noftris heredibufque fucceforibus poffint effe amodò juvamen aliquod in perpetuum judicio Eccle-
fiaftico vel Civili , juramentis noftris fuper hoc præftitis ad fancta Dei Evangelia , librum cor-
poraliter tactis , de non contraveniendo per nos vel per aliquem noftrûm ullo modo. Et has præfentes litteras dicto Militi dedimus , figillo apud Bencon conftituto ad contractus , pro nobiliffi-
ma Domina Domina Regina Navarræ , quod Thomas Mihet cuftodit de præfenti , unà cum
figillo venerabilis viri Bernardi *Alani* Archidiaconi , ad requeftam noftram figillatas , quorum
jurifdictioni , five alterius advocationi fuppofuimus , quantum ad hæc nos & bona noftra. Super quibus & fingulis infafcriptis , auctoritate prædicta & judicio curiæ ipforum , ad requeftam
noftram moniti , fuimus competenter judicati , & etiam condemnati. In cujus rei teftimonium
nos prædictus figillifer de Bencon , & nos prædictus *Alanus* Archidiaconus , ad requifitionem
dictorum conjugum , & ad relationem Bertini Ifembardi & Auditoris Curiæ , prædictum figillum qui ad præmiffa tenenda & fideliter obfervanda , ipfos conjuges & quemlibet monuit ,
pro ut decet judicavit & etiam condemnavit , & in favorem cujuflibet ipforum , pro ut nobis
conftat , præfentibus litteris præfatum figillum appofuimus in robore firmitatis. Idcirco , nos figillifer de Bencon , mandamus omni fervienti dicti loci & cuilibet veftrûm in folidum , quod
ut vobis & veftrûm cuilibet conftiterit , ipfos conjuges & ex eis quemlibet, non folviffe & reddidiffe
præfatum redditum quolibet termino , ut dictum eft , de cetero quolibet anno , elapfo termino
quolibet , ipfos & eorum quemlibet in folidum compellantur per captionem , detentionem , venditionem & alienationem bonorum fuorum pro ut ipfi obligantur , ut fuperiùs eft expreffum. Et
nos *Alanus* Archidiaconus , mandamus vobis Capellanis Sancti Georgii de Reffia , Sancti Petri
de Maufia , & omnibus aliis nobis fubjectis , quod ut quum vobis & veftrûm cuilibet conftiterit, dictos conjuges & ex eis quemlibet non folviffe & reddidiffe præfatum redditum dicto Militi, in
quolibet termino , ipfos & quemlibet quos de confenfu fuo , legendo videlicet fcriptum , fuper ha-
bita monitione femel , fecundò , tertiò & præhabita monitione ad præmiffa implenda, ex nunc &
ex tunc , & ex tunc & ex nunc excommunicamus , & excommunicatos à nobis in veftris Ecclefiis pronuntietis, fingulis diebus Dominicis & Feftivis , nullo alio mandato noftro fuper hoc expectato. Datum de confenfu partium , præfentibus teftibus Domino *Petro* de Chanteloup , Canoni-
co Sancti Georgii de Reffia , Johanne & Petro Enaus , Domino Petro Cufatdi Prefbytero , Johanne de Nious , Reginaldo Prevoft & Gervafio Contemps , die Lunæ poft Feftum Circumcifio-
nis Domini. Anno Domini milleſimo trecenteſimo quadrageſimo quinto. Signé *Bertinus Yfembardi*,
Clericus Auditor.

Il y avoit à cet Acte trois Sceaux , ce que l'on voit par les trois attaches qui y reftent. Il
n'en rette qu'un, qui eft parti de Navarre & de France , parfemé au deffus de l'Ecuffon ,
Il y a deux figures de tours & au tour des Lettres & Caractères prefque rompus & qu'on
n'a pû dechifrer. Le Contrefcel eft auffi fi biffé , qu'on n'a pû remarquer ce qu'il contient.

Copie tirée de l'Original , qui eft au tréfor de la Flocelierc.

1348.   SACHENT TOUS , que je *Lorea* de *Maygue* , Valet veeil & me confent que Noble Homme
Monfieur THEBAUT DE GRANGES , Chevalier foit recheu à l'hommage & inveftiture de
ce pour Noble Homme Monfieur *Guillaume de Apelle-Voifin* , Chevalier à caufe de fa Femme
des choufes , defquelles Monfieur *Guillaume Rataut* Chevalier ou temps que il vivoit eftoit en
hommage lige du Seigneur de Fayc-Moreau , fçituez & affignez en la Paroiffe de la Cha-
pelle-Tyroul & des quex fehue Dame *Peronelle* de Maygue , degurepie dudit fahu Monfieur
Guillaume Rataut emprés la mort de li , fut en dit hommage-lige & Monfieur *Thebaut Chafteigner* & Monfieur *Hervé de Volvire* , Chevaliers Seigneurs de ladite Dame par contrat de lie
enfuivant : Lefquelles choufes eftoient en debat entre moy & ledit Monfieur THEBAUT DE
GRANGES , lefquelles doivent être tenus en hommage-lige audit Monfieur *Guillaume* à caufe
de fa Femme ; & vuyl que may prefent ou abfent ledit Monfieur THEBAUT y foit rechû ,
laquelle reception je promets havoir agreable , ferme & ftable , fans contradiction aucune &
fans jamais venir en contre , fauve ma rayfon de la moitié defdites choufes , laquelle me apar-
taint & laquelle je rendray o ledit Monfieur THEBAUT par prenant & par mettant & fauve
audit Monfieur THEBAUT , les proffits & hemonumens & avantages cey comme chacune doit
avoir avant fes perfonniers de raifon , ufage & coutume de pais , pour foutenir la charge dudit
hommage ; & ce ge certifié à tous par la teneur de cees prefentes lettres , feyllées de mon feyel.
Donné le Dymenche avant les Rorrefons , l'an mil trois cent quarante & huit. Le fçeau n'y
eft plus.

Copie tirée de l'Original , qui eft au trefor de la Flocelierc.

Sachent tous, que ge Thebaut de Granges, Chevalier, confeffe & advouhe moy 1352.
tenir, de tres-Excellent & Noble Prince, Monfieur Charles d'Espaigne, Coneftable
de France, Comte d'Engoulefme, Seigneur de Frontenay & de Beneon, à foy & homage
lige, à fexante fouls de devoir de playt, de mortemeen, & à dix fouls de chambellage,
toutes les choufes qui s'enfuivent. *Premierement* mon Arbergement de Granges, ob fes appartenances, c'eft affavoir, ob les bois, prez & terres guaygnables, tenans & apartenans à mondit
Arbergement, enfemblement tout ceu que ge ay à Granges & à Penyans, foient en homes,
en cens, en taillées, en couftumes, en fours, en moulins, en terrages, en complans, en def-
mes, en rentes, & en toutes autres choufes quelles qu'elles foient, & la partie & le droit que
ge ay ou fié de Granges, ou fié d'Onnes, ou fié du Puy-blanc, ou fié Nourrit, & ou fié
de Becferre, retenuë à moy toute befte gaive, fi elle eftoit trouvée aufdites choufes, & fauve
& retenu à moy, toute connoiffance de Jurifdiction & Seignourie baffe & mehene, jufques à
fexante fols & huit deniers, en toutes & chacune les choufes deffufdites, & pour caufe d'icelles,
& fauve & retenu à moy en outre, le droit & le pouvoir de prendre, ou faire prendre meffac-
teurs oudit lieu s'il y font trouvé, & les mener ou faire mener en prifon, en mondit Arbergement de Granges, & le faire détraindre en fep, & le garder une nuit & un jour & puis le
meffait connu, retenu vers moy la depuehe, le mener dedans fes mettes du Chafteau de Frontenay & le rendre & livrer aux gens de mondit Seigneur & font toutes les choufes deffufdites,
coftancées & eftrouffées, entre le fié aus Aufteins, une fouffe entre deux, & le fié de Nyort,
& les terres de Guillaume de Granpuis, le fié dau Faugerous, & le grant chemin que l'on vayt
de Maufé à Valans, & le fié des Chafteylhous, & la courance qui deffant dudit fié à la Chapelle, & le fié de Chabans, & le fié Defchelles, le fié de l'Ifle, & le marois aux heritiers
Meffire Pierre de la Leygne, & le fié de la Coignandiere. Lefquiex choufes deffufdites & chafcu-
pour foy, ge advouhe à tenir de mondit Seigneur, à la foy & homage deffufdites, & fois proteftation de creftre, d'amender, de corriger, de declairer, & de fpecifier plus à plain, en cefti
mien advehu, dedans le temps que drois & couftume donnent, & fi touft, comme il vendra à
ma notice, que ge auray trop mis, ou laiffé à mettre en cefti mien avehu aucunes choufes. En
temoing de verité, ge en ay donné à mondit Seigneur ces pefentes Lettres, fayellées du fayel
pour mondit Seigneur à Frontrenay eftabli, duquel eftoit adonques Garde Jehan Boiffius, qui à ma
requefte les en a fayellées. Et nous, Sayellour deffus nommé, faifons affavoir à tous, que à la
relation de Jehan Gafchier, clerc juré de la court dudit fayel, ledit Chevalier & à fa requefte,
à ces prefentes Lettres avons apoufé ledit fayel, en memoire des choufes deffufdites. Ceu fut fait
& donné prefens guarens à ce, Meffire Giles Gendron Preftre, & Thomas Sapinault, le Mercredy en la Fefte de Saint Jacques Apoftre, l'an mil trois cent cinquante & deux. Signé *Jean
Guafchier, ita eft.* Le Sceau ofté & perdu.

Copie tirée de l'Original, étant au tréfor de la Floceliere.

De par le Seneschal de Poitou et de Lemosin, à Jehan Pelerin, Berthomé 1361.
Minet, Jehan Coiffe, Jehan Barea, Guillaume de Charezay, Micheau Poquet, Arnaud de
Maunay, Sergens du Roy noftre Sire, & à leurs aloes, & à tous autres Sergens Reals, Salut.
Monfieur Thebaut de Granges Chevalier, nous a donné entendre, en foy complaignant,
que comme feu Monfieur Jehan Seigneur *du Puy-du Fou*, Chevalier, ou temps qu'il vivoit, &
Madame *Katherine* fa femme, & chafcun d'eux, heuffent promis audit complaignant en mariage an Madame Phelippe du Puy-du-Fou, fa femme, fille dudit feu Monfieur *Jehan*,
Chevalier, & de ladite Madame *Katherine*, fa femme, foixante dix livres de rente, meyté en
bled, felon couftume du Pays, & l'autre meyté en deniers, & les euffent bonnis & chafcun
d'eux, affoir & affigner par certaine maniere, c'eft affavoir, cinquante livres à prefent, au temps
de la promeffe, & vingt livres en la premiere efchoitte qui avendra, de Madame *Hillaire Cayle-
le*, Ayole de ladite Madame Phelippe, & de Madame *Jehanne* Fortine, Tante de ladite Madame Phelippe ; pour lefquelles cinquante livres de rente, lefdits conjoints euffent affis audit
complaignant, certaines choufes, fauve à les declarer par parcelles, & en plufieurs lieux, &
chacune parcelle, pour certaine quantité de rente, fi comme elles font plus à plain declarées
par Lettres, avec neuf fextiers de feigle de rente, à la mefure de Volvent, qu'eux & chacun
d'eux promifdrent affoir audit complaignant, en la premiere efchoitte qui avendra defdites does
Dames, l'Ayole & Tante de ladite Madame Phelippe, & jufques à tant que ladite Efchoitte
foit advenue de la premiere mourante, lefdits conjoints & chacun d'eux, euffent promis rendre & payer par leurs mains audit complaignant, defdits neuf fextiers, oyet fextiers tous les ans,
en chacune Fefte de l'Affomption Noftre Dame, à ladite mefure de Volvent, rendable à Moil-
leron ; & icelles chofes baillées audit complaignant, chacune pour certaine quantité de rente,
euffent promis à pourfaire, en la value declairée, chacune parcelle, fe elles ne valent ce pour
quoy elles font baillées, & à toutes & chafcunes les choufes deffus declairées tenir, garder, &
accomplir, eux & chacuns d'eux heuffent obligé tous & chacuns leurs biens & leurs heritiers
& fucceffeurs & renoncié au benefice de divifion, & en euffient efté jugiez, de la Court du

feel Real eftabli à Saint Maixent, fi comme lefdites choufes font plus à plain contenuës, és Lettres confectées fur lefdites promeffes, fccellées dudit feel Real eftabli à Saint Maixent. Laquelle affiete defdites choufes baillées, fi comme dit eft, n'eft pas de fi grant valeur, comme il le hont baillée & affignée, ainçois en deffaut bien oyet fextiers de blé de rente & plus, & les arrerages d'iceux, dés le temps de ladite affiete, fauve à demander de plus. Et auffi dit ledit complaignant, qu'il eft à payer defdits oyet fextiers de blé de rente, de dis & fept ans derners paffez, fauve à demander de plus. Et auffi ne li hont pas affigné & affis lefdits vingt livres de rente, comme lefdites efchoittes & fucceffions font advenuës & lefdites Dames font allées de vie à trepaffement, & eft en arriere des arrerages, de trois ans derniers paffez, fauve à demander plus. Pourquoy requiert ledit complaignant à caufe de Madame fa femme, contre ladite Madame *Katherine*, & fes enfans, heritiers ou fucceffeurs dudit Seigneur *du Puy-dn-Fou*, & contre chafcun d'eux, qu'ils foient condamnez à deguerpir & delaiffer audit complaignant tous & chacuns les biens qu'eux & chacun d'eux hont & tiennent, qui cheurent en l'obligation deffufdite fi mays accomplir ne veulent les choufes requifes. Et nous a requis, que fur ce nous li voyllions pourvoir de remede convenable. Nous inclinans à fa jufte requefte, à vous & à chacun de vous, qui de ce ferez requis, mandons & commettons, & fi meftier eft, coumandons, que vous, ou l'un de vous, accompliffez de point en point, la requefte dudit complaignant felon la forme & teneur de ces prefentes Lettres, qui ne fe oppofera encontre, & appleigera fuffifamment de caufe recevable, en quel cas, la main du Roy tenuë garnie, des choufes que la requefte dudit complaignant portoit, felon le ftille dudit fceel, adjourniez lefdits oppoufans à Saint Maixent, par devant noftre Lieutenant ou devant le Scelleur Real dudit lieu de Saint Maixent, efqueux & chacun d'eux, retenuë à nous toute caufe d'appel, nous commettons nos feyées, fi meftier eft, à certain jour & competant, duquel vous faciez competante relation, fans vous entremettre de choufe qui requiere connoiffance de caufe: quar ainfi le voulons eftre fait, & l'avons octroyé audit complaignant & pour caufe. Donné le dix feptiefme jour du mois de Juing, l'an de grace mil trois cent fexante & un. Signé Pierre de Foreft. Scellé dudit fceel, fein & entier.

Copie tirée de l'Original, qui eft au tréfor de la Floceliere.

1361. JEHAN CHANDOS, Vicomte de Saint Sauveur, Lieutenant du Roy d'Angleterre noftre Seigneur és parties de France, au premier Sergent de noftre dit Seigneur qui fur ce fera requis, *Salut*. Monfieur THIBAUT DE GRANGES, Chevalier, nous a donné entendre en complaignant, que Monfieur *Guillaume Chenin*, Chevalier, Seigneur de Maufe, prent, taillet & moleftet de jour en jour, & fait faire gaiz & reregaiz, aux homes levans & couchans dudit Monfieur THIBAUT, tant audit lieu de Maufe, que ailleurs, laquelle choufe eft en grant prejudice & domage dudit complaignant, s'il eft ainfi. Et nous a fupplié & requis, que comme il foit venu à l'obeiffance du Roy noftre dit Seigneur, nous li vuillions pourvoir de remede gracieux & convenable. Pour ce eft-il, que nous vous mandons, commandons & commettons, que tantoft & fans delay, ces Lettres veues, vous defendez audit Seigneur de Maufe, & de par le Roy noftre Sire, & fur quaque il fe puet meffaire envers li, & à la peine de cent marcs d'argent, à appliquer au Roy noftre dit Seigneur, en cas qu'il attempteroit, ou innoveroit aucune choufe, contre les homes dudit Monfieur THIBAUT, que dores en avant, il ne foit fi hardy, de les tailler ou faire tailler, ni faire gaiz ni reregaiz, ni autres choufes. Et en outre adjournez ledit Monfieur *Guillaume Chenin*, & tous ceux que vous pourrez fçavoir & trouver qui aucune choufe auront prins, taillé ou levé, en aucune maniere, defdits homes dudit Monfieur THIBAUT, par devant le Senefchal de Xaintonge, ou fon Lieutenant, à certain jour & competant, au lieu que ledit Monfieur THIBAUT requerra, & de tout ce que vous en ferez, faites relation fouffifante, par vive voix ou par vos Lettres. Mandons & commandons à tous les fubgez de noftre dit Seigneur, que à vous, en faifant les choufes deffufdites, obeiffent diligemment & entendent. Donné à Fontenay-le-Comte, fous noftre fceel, le tiers jour d'Octobre, l'an de grace mil trois cent foixante un, & plus bas, Par Monfieur le Lieutenant, figné Piguel. Le fceau rompu.

Extrait tiré de l'Original, qui eft au tréfor de la Floceliere.

X. LOUIS DE GRANGES, Seigneur de Granges & de Puychenin, Chevalier, eft qualifié Valet, & fils aîné de THEBAUT DE GRANGES, dans une Procuration que lui paffa Dame *Phelippe du Puy-du-Fou*, fa Mere, le Mercredy aprés la Fefte de la Saint Hilaire de l'an 1364. Il époufa NICOLE OMARD, avec laquelle

il

il vivoit en 1378. Il eut de grands differens contre JACQUES DE SURGERES, Seigneur de la Flocelierc, fils de GUY & neveu de HUGUES DE SURGERES, & il le fit ajourner la même année, devant JEAN DE FRANCE, Duc de Berry, Comte de Poitou, & devant le Sénéchal de Poitou, fur ce qu'il avoit fait abbatre & brifer les Armes de SURGERES, qu'il avoit fait mettre dans l'Eglife des Freres Prêcheurs de Fontenay - le-Comte, telles que lui & fes Predeceffeurs, les avoient toûjours portées, ainfi qu'il eft prouvé par l'Acte du 25. May 1378. rapporté cy devant page 27. Enfin après avoir juftifié par ordre du Duc de Berry, pardevant Meffire *Guillaume l'Archevefque*, Seigneur de *Parthenay*, *Pierre*, Comte de *Sancerre*, *Loüis de Sancerre*, Marêchal de France, *Aymery de Pons*, *André Rouhault*, *Hugues de Vivonne*, & plufieurs autres Chevaliers commis par ce Prince, pour faire l'éxamen de fes titres, qu'il étoit iffu de la Maifon de Surgeres par GEOFROY DE SURGERES, auquel pour avoir tué fon Frere, il avoit été ordonné par le Roy PHILIPPE DE FRANCE, de quitter le Nom ou les Armes de fa Maifon, en execution dequoy il avoit pris le nom de Granges, dont il poffedoit la Terre, retenant neanmoins les Armes de Surgeres, pour marque de la noble Maifon dont il fortoit : Il fut maintenu dans le droit, de porter lefdites Armes de Surgeres, *brifées d'un Chef d'or*, *chargé d'un Lambel de trois pendans de Sable*, comme forti d'un Puîné de cette Maifon, par jugement du même Duc de Berry, rendu à Niort, en la Maifon des Freres Cordeliers, le Dimanche 21. du mois d'Août de l'an 1379. Il eft qualifié Chevalier par cet Acte, de même que par un autre Acte du 2. Janvier 1387. qui nous apprent, que fa Femme étoit alors veuve de lui.

PREUVES.

*Q**Voique le jugement rendu par le Duc de Berry foit déja rapporté cy-devant, page 27. on le rapporte encore icy, pour preuve, que les Seigneurs* DE GRANGES, *font iffus directement des Seigneurs* DE SURGERES.

COmme eftant un different entre MESSIRE GUY DE SURGERES & MESSIRE THEBAUT DE GRANGES fe difant porter les Armes de Surgeres, s'y eftoit efmeu ledit Meffire GUY, contre ledit Meffire THEBAUT, pour lui débattre & ofter les Armes de Surgeres, lefquelles lui fembloit qu'il ne les devoit ni pouvoit porter, pour la caufe qu'il ne le connoiffoit dudit lignage de Surgeres, dont lefdits Meffire GUY & THEBAUT heurent en plufieurs rencontres de France, plufieurs defmelés : & advint que ledit Meffire GUY alla de vie à trepaffement. Si vint Meffire HUGUES DE SURGERES, fon frere, qui débatit audit Meffire THEBAUT de Granges, lefdites Armes de Surgeres, auffi comme Meffire GUY les avoit commancée, & advint quand le Roy PHILIPPE DE FRANCE, fut au Siege devant Saint Jean d'Angely, y eftoit Monfieur de Parthenay, lequel eft appellé GUILLAUME LARCHEVESQUE Commandant en l'Armée, & ledit Meffire THEBAUT, fon Lieutenant, dont ledit HUGUES voyant les Armes audit THEBAUT, eut grande douleur & s'appellirent : mais la deffenfe que leur fit Monfieur GUILLAUME LARCHEVESQUE, les empefchit de rien faire, dont après la

1379.

Hh

Bataille des Ennemis ledit Messire Hugues s'y trouvi mort. Mais Messire Jacques de Surgeres, fils de Messire Guy, & nepveu de Hugues, ouit dire, que son Pere avoit débatu audit Messire Thebaut les Armes de Surgeres, & que Messire Hugues son Oncle, les débatit icelui jour, que Guillaume Larchevesque commandoit l'Armée du Roy Philippe & Monsieur *Aymeri d'Argenton*, & *Phelipaut de Blavet* & plusieurs autres, dont ledit Messire Thebaut les a tousjours portées. *Item* que depuis que Jacques de Surgeres Seigneur de la Flocceliere les débatit, à sçavoir quand le Prince de l'Aquitaine & de Galles alla en Espagne, & en son chemin il vit Messire Loys de Granges, fils de Messire Thebaut, qui avoit les Armes de Surgeres, & les avoüoit pour siennes. Si advint que Messire Jacques les débatit en chemin d'Espagne avec Messire Loys, mais les porta & les eut le jour de la grande Bataille d'Espagne, & depuis les a tousjours portées & avoüant pour siennes, estant venus de Cadets de la Maison de Surgeres, & estant lesdites Armes dans l'Eglise des Freres Prescheurs de Fontenay-le-Comte, ledit Messire Jacques de Surgeres y passant, les prit & osta, & en avertist on ledit Messire Loys, lequel cherchist ledit Messire Jacques, & ledit fait ayant esté publiquement, il en fut donné advis à mon tres redouté & tres puissant Seigneur Monseigneur le Duc de Berry, lequel donna commandement de remettre lesdites Armes & Ecussons dans l'Eglise des Freres Prescheurs de Fontenay-le-Comte, ce que ne voulut faire ledit Messire Jacques : mon tres redouté Seigneur de Berry donna ordre aux Freres Prescheurs de remettre les Armes, que Messire Jacques avoit ostées, ce qu'ils firent, & ledit Messire Jacques repassant en l'Eglise, y retrouvi lesdites Armes comme auparavant, lesquelles il voulut encore emporter, & fit qu'il les cassa & brisa. Ce que voyant les Freres, en donnerent advis à Monseigneur de Berry, lequel fit ajourner ledit Messire Jacques de Surgeres par devant lui à certains jours, & ne s'y trouvant, donna Commission adressant à Monsieur Hugues de Froudeville son Seneschal en Poitou, comme Commissaire en ce cas : Messire Jacques envoya un Heraut appellé .... qu'il pleust à Monseigneur lui donner mandement audit Jacques, & non adressant à son Seneschal en Poitou comme Commissaire, & qu'il lui pleust lui en oster la connoissance, & lui donner jour en quel lieu de son Pays de Poitou il voudroit : les deux parties furent adjornées en vertu d'un mandement, lequel jour fut en la Ville de Niort, le Samedy 20. du mois d'Aoust, l'an 1379. lesdits Messires Jacques & Loys, allerent devant Monseigneur de Berry, en le suppliant, qu'il lui pleust leur ordonner & à sçavoir, qu'il voudroit faire de la jornée qu'il leur avoit commise, & lors Monseigneur le Duc de Berry ordonna qu'au lendemain de relevée, Messire Loys apporteroit les preuves pour justifier qu'il estoit descendu de la Maison & lignage de Surgeres, & que ledit Messire Jacques seroit present avec douze Chevaliers, pour voir meurement la chose, dont Messire Loys donna ses titres & Ecussons de ses Armes, & Messire Jacques donna aussi un Ecusson des siennes, & furent les Chevaliers nommés par Monseigneur le Duc de Berry, M. *Guillaume* Larchevesque, Seigneur de Parthenay, M. *Pierre* Comte de Sancerre, & *Loys* de Sancerre, Mareschal de France, M. *Aymery* de Pons, M. *Guillaume*, Seigneur de Marcüil, M. *Alain* de Beaumont, M. *Guy* de Prest, M. *André* Rouhaut, M. *Perceval* de Couloigne, M. *Hugue* de Vivonne, M. *Alain* de Montanbret, & M. *Aymery* Helliers, lesquels ayant examiné le tout, se presenterent aujourd'huy à l'heure nommée par mon tres redouté & tres puissant Seigneur, Monseigneur fils & frere de Roy de France, Duc de Berry, d'Auvergne & Comte de Poitou, & en sa presence plusieurs autres Chevaliers, c'est à sçavoir M. *Guillaume* Larchevesque, Seigneur de Parthenay, qui certifia à mon tres redouté Seigneur Duc de Berry, qu'il avoit veu avec les autres Chevaliers nommés avec lui, par ordre de mon tres redouté Seigneur de Berry, par la visite des titres & confrontation des Ecussons de Messires Jacques de Surgeres & de Loys de Granges, que ledit Messire Loys estoit descendu de la Maison de Surgeres, & que par l'ordre du Roy Philippe de France il fut ordonné à Geofroy de Surgeres, de quitter le nom ou les Armes de ladite Maison, à cause qu'il avoit tué son frere, dont, pour obéir, il quitta le nom & conserva les Armes, comme veritable marque de la noble Maison dont il estoit issu & print le nom de Granges, dont il possedoit la Terre : Ce que oyant Monseigneur de Berry, demanda à Messire Jacques de Surgeres s'il estoit content, & s'il vouloit débattre, ce que Messire Jacques dit que non, & qu'il n'avoit pas crû que Messire Loys de Granges fût de la lignée de Surgeres : ce que oyant mon tres redouté Seigneur de Berry, appella Messire Loys de Granges, & lui demanda s'il estoit vray & certain ce que disoit M. de Parthenay avec les nobles Chevaliers. Alors Messire Loys s'agenoüillist devant Monseigneur de Berry, & dit & jura sa foy, que c'estoit ses papiers, & qu'il les tenoit de ses Devanciers, & lors fut dit par mon redouté & puissant Seigneur de Berry, que Messire Jacques de Surgeres reconnoissoit Messire Loys de Granges, pour estre descendu de la lignée de Surgeres, & qu'il porteroit d'icy en avant & pour tout temps, les Armes de Surgeres, & continüeroit de porter au dessus le Chef d'or avec le Lambel à trois pendans de Sable, pour marque qu'il seroit descendu lui & les siens Cadets de la Maison de Surgeres. *Ce fut fait* & arresté le Dimanche 21. du mois d'Aoust, l'an 1379. en la Ville de Niort, en l'Hostel des Freres Cordeliers, devant & present tres excellent & tres puissant Seigneur Monseigneur Jehan, Fils & Frere de Roy de France, Duc de Berry, d'Auvergne & Comte de Poitou, *Guillaume* Larchevesque, Seigneur de Parthenay, *Pierre* Comte de Sancerre, *Loys* de Sancerre, Mareschal de France, *Tristan* Vicomte de Thoüars , *Aymery* de Pons , *Eftienne* de Sancerre , *Guillaume* Seigneur de Mareüil , *Guy* Seigneur d'Argenton , *Regnaut* de Vivonne , Seigneur de Thors , *Regnaut* Chenin , Seigneur de Maufe , *Hugue* de Coligny , Senefchal de Xaintonge , *Geoffroy* d'Argenton , *Edoüart* de Preüilly , *Guy* Seigneur de la Rochefoucaut , *Philbert* Doüerlhac , Chevalier de l'Hofpital , *André* Rouhaut , *Loüis* de Beaumont , Seigneur de Berfuire , *Guy* de la Foreft , *Hugue* de Vivonne , *Alain* de Montanbret , *Perceval* de Couloigne , *Aymeri* Helliers , *Pierre* du Puy-du-Fou , *Hugue* Girard , *Alain* de Beaumont , *Loys* Cotty , *Guy* de Foreft , *Phelipon* de Laval.

UNIVERSIS præfentes Litteras infpecturis. Stephanus Bouleti Clericus , gerens figillum nobilis viri Domini Partiniaci apud Compendenarium conftitutus , prædicto nobili , Salutem in Domino. NOVERINT univerfi , quòd coram nobis infrafcriptis perfonaliter conftituta , nobilis Domina PHILIPPA de Podio-do-Fou , quondam uxor Domini THEOBALDI DE GRANGIIS Militis , fecit , conftituit & ordinavit , & adhuc facit , conftituit & ordinat , Procuratores fuos generales , ac etiam fpeciales , dilectos fuos LUDOVICUM DE GRANGIIS Valetum , filium fuum primogenitum , Hugonem de la Bruere , Petrum Chevaler , Johannem Bloys , Johannem Boves , Michaëlem Michoti , Phelippum Contet Clericos , & eorum quemlibet in folidum , ita quòd non fit melior conditio occupantis , fed quod per unum ipforum inceptum fuerit , per alium valeat terminari ac eadem & finiri , in omnibus & fingulis caufis & negotiis fuis , motis & movendis , tam pro fe , quàm contra fe , tam agendo , quàm defendendo , coram quibuflibet Judicibus ordinariis, extraordinariis, delegatis, fubdelegatis , compromifforiis , Senefcallis , Baillivis , Præpofitis , Majoribus, Allocatis , Servientibus , & aliis Judicibus , arbitris , arbitratoribus , & amicis conventoribus, tam Ecclefiafticis , quàm Secularibus quibufcumque , contra quafcumque perfonas , tam Ecclefiafticas , quàm Seculares , generaliter poteftatem & fpeciale mandatum agendi pro ipfa , ipfamque defendendi , litem feu lites conteftandi , & ipfas examinandi femel vel pluries , & excufationes fuas verificandi , jurandi , judicium fuum de calumnia feu de veritate dicendi , veniendi , poftulandi , refpondendi , replicandi, duplicandi, triplicandi , interlocutorias fententias audiendi , infpectionem feu monftram faciendi, fed etiam petendi , declinatorium faciendi & profequendi , expenfas petendi , jurandi , & eafdem recipiendi , appellandi , appellationem fuam profequendi , & eædem denuo movendi , applegamenta compellendi , faciendi , petendi & profequendi , tranfigendi , opponendi contra litteras feu inftrumentum contra fe exhibitum ..... teftes producendi , & teftes productos à parte adverfa repellendi , & dicendi contra eorum dicta , unum vel plures Procuratores fubftituendi , fubftitutos vel fubftituendos ab ipfis revocandi , quotiefcumque voluerint , & fibi videbitur expedire, & omnia ac fingula faciendi , quæ ipfa faceret & facere poffet , fi perfonaliter intereffet , & quæ faceret & deberet verus & legitimus Procurator , ratum , gratum & firmum habens & habitura, quidquid per dictos Procuratores vel per fubftitutos fuos , & eorum quemlibet. Promittens fub ypoteca rerum & bonorum fuorum , fi neceffitas fuerit , judicio folvi , & hæc omnia & fingula fupradicta fignificamus per has patentes Litteras , figillo authentico ad inftantiam ejufdem figillatas. Datum & actum apud Podium-Cenini , die Mercurii , post festum Beati Hilarii. Anno Domini millesimo trecentesimo sexagesimo quarto. Signé de *Ronvoy*. Le Sceau perdu.

Copie tirée de l'Original, qui est dans le trésor de la Floccliere.

1387.   A Tous ceux , &c. personnellement establie Dame NICOLE OMARDE , deguerpie de feu Monsieur LOYS DE GRANGES , Chevalier , Seigneur de Puychenin en son vivant, &c. Et en tesmoings de ce nous en avons apousé à ces presentes nostre propre seel, le Jeudy deux de Janvier , l'an 1387. Signé & le Sceau rompu.

Cet Extrait tiré de l'Original , qui est dans le trésor de la Floccliere.

X. **L**OUIS DE GRANGES , & NICOLE OMARD , eurent pour Enfans.

XI. JEAN DE GRANGES, qui suit.

XI. THEBAUT DE GRANGES , qui ne fut point marié.

XI. JEANNE DE GRANGES , mariée avec JEAN DE FAYE. Ils étoient morts tous deux avant le 16. Juillet 1398. que *Pierre de Faye* tuteur de *Hugues* & de *Jeanne de Faye* leurs Enfans mineurs , partagea en leur nom , avec JEAN DE GRANGES , leur Oncle.

Des Frans d'argent à trois jumelles de Sable.

XI. **J**EAN DE GRANGES , Ecuyer , Seigneur de Granges & de Puychenin , épousa GUYONNE DES FRANS. Il partagea avec les enfans de JEANNE DE GRANGES , sa Sœur, le 16. Juillet 1398. Il est qualifié Ecuyer , dans une Sentence renduë à son profit , aux grandes Assises tenuës à Poitiers , le 14. Decembre 1401. & il vivoit encore en 1407. qu'il partagea avec JEAN DE GRANGES, son Oncle , Seigneur de la Gord , les biens de THEBAUT DE GRANGES ,& de PHELIPPE DU PUY - DU - FOU, ses Ayeul & Ayeule. Il eut pour enfans.

XII. GUILLAUME DE GRANGES , qui suit.

Viron d'argent à une bande d'azur.

XII. LOUISE DE GRANGES , mariée avec JEAN DE VIRON.

XII. GUILLEMETTE DE GRANGES , qui épousa PIERRE DE VIRON.

Châteaubriant , de Gueules semé de fleurs de Lis d'or.

XII. **G**UILLAUME DE GRANGES , Seigneur de Granges & de Puychenin, fut marié avec JEANNE DE CHATEAUBRIANT, fille de *Guyon de Châteaubriant* , Seigneur des Roches - Baritaut , & de *Ieanne* de Fontessan. Il en eut

XIII.

XIII. Jean de Granges , qui fuit.

XIII. Imbert de Granges , mort fans enfans.

XIII. Jeanne de Granges , morte fans avoir été mariée.

XIII. Marie de Granges , mariée avec *Iean Girard* , Seigneur de Bloué.

XIII. JEAN DE GRANGES , II. du nom , Seigneur de Granges & de Puychenin, époufa MAURICETTE AUMOSNIER , fille de *Pierre* Aumofnier & d'*Ifabeau* des Noües. Il en eut

XIV. Mathurin de Granges , qui fuit.

XIV. Amaury de Granges , mort fans enfans.

XIV. Jean de Granges , Preftre , Prieur Commandataire du Sauzay.

XIV. Louis de Granges, marié avec JACQUETTE , fille de N.. *Chauvereau* , Seigneur de Pampelis , & de *Catherine de Montferrant.* Il n'en eut qu'une fille , laquelle mourut jeune.

XIV. Marie de Granges , mariée avec *Loüis Buhor* , Seigneur de la Motte-Frelon & de la Gerbaudiere.

XIV. MATHURIN DE GRANGES , Seigneur de Granges & de Puychenin , époufa JEANNE GOULARD, fille de *Jacques Goulard* , Seigneur de la Gefardiere , & de *Jeanne Montalambert.* Il n'en eut qu'une fille nommée

XV. CATHERINE DE GRANGES, Dame de Granges & de Puychenin, laquelle porta ces Terres avec les titres de fa Maifon, à SIMON HERBERT fon mary , d'où fortit N... *Herbert,* Dame de Granges & de Puychenin , mariée avec N.... *Piniot* , dont les Defcendans ont vendu la Terre de Granges & poffedent encore celle de Puychenin.

Buhor. d'argent à ʒ. coquilles de Gueules pofées une & deux, & un franc cartier d'azur.

Goulard. d'azur à un Lion d'or couronné de même , armé & compaffé de Gueules.

Herbert. de Gueules à trois befans d'argent pofés deux & un , & un Chef d'argent chargé de ʒ. Hures de Sangliers de Sable , allumées & deffendües d'argent.

FIN DE LA BRANCHE AINE'E DES DE GRANGES, CADETS DE SURGERES.

SEIGNEURS DE LA GORD,

DE CERVAUX, DE MONFERNIER

ET DE PUIGUYON.

X.   EAN DE GRANGES, Chevalier, Seigneur de la Gord prés Niort, second Fils de THEBAUT III. du nom, Seigneur DE GRANGES, de la Gord & de Puychenin, & de PHILIPPE DU PUY-DU-FOU, sa troisiéme Femme, est qualifié Ecuyer, Seigneur de la Gord, dans un hommage qui lui fut rendu le 14. Novembre 1384. Il épousa PERRETTE AYNONE dite *Clus.elle*, Dame de Cerveaux, fille de *Pierre Aynon* dit *Cluseau*, & de *Ieanne de Villeneuve*, comme il est prouvé par un Accord, fait le 4. Avril 1392. avec Thomasse Flory, veuve de Jean, Sire de la Cepaye, au sujet de ce que ledit de la Cepaye avoit reconnu devoir aux Pere & Mere de ladite Dame de la Gord. Il fut nommé un des executeurs du testament de sa Mere le 3. Avril 1396. Il est qualifié Sire de la Gord, dans un partage fait le 16 Juillet 1398. entre JEAN DE GRANGES, Seigneur de Puychenin, son neveu, & les enfans de JEANNE DE GRANGES, sa Niece, sœur dudit Seigneur de Puychenin. La qualité de Chevalier lui est donnée, dans un denombrement qu'il reçut le premier Août 1400. de même que dans une commission du

Sénéchal de Saintonge , donnée le 14. Juillet 1410. fur certains differens qui étoient entre luy & Guy , Seigneur d'Argenton. Sa Veuve vivoit encore le 2. May 1446. qu'elle donna partage à fes Enfans.

PREUVES.

SCachent tous , que ge *Jehan Defnier* Clerc , confeffe & advouhe à tenir , tant pour moy que pour mes parfonniers , homes & fubgez , de noble homme JEHAN DE GRANGES , Ecuyer , & fils de feu Meffire THEBAUT DE GRANGES Chevalier , à foy & hommage , plain plait & fervice , & à devoir felon couftume , un quartron & demy de terre vulgaument appellé ledit quartron la Rambertiere , & ledit demy quartron Bordevaire , & font tenant d'une part , c'eft à fçavoir le Rambertere au terroir & tennement de Puy-de-Trahe , & d'autre au terroir & tennement des Bofcheteres , & d'autre au terroir & tennement de Thitheville , & ledit demy quartron eft tenant d'une part au terroir & tennement de Puy-de-Trahe , & d'autre au terroir de la Groffine : lefquelles choufes font eftans en la Paroiffe de Segondigné , & lefquelles dites choufes moy & mefdits parfonniers tenons partie à noftre main , & partie eft tenuë de nous à renferme , & pouhent bien valoir lefdites choufes , tant à moy que à mefdits parfonniers , quarente fols de rente ou environ. Et ces choufes ge fois affavoir audit Noble , par ceftuy mon advcu , feellé du feel eftant aux contrats en la Ville & Chaftellenie de Parthenay , pour noble & puiffant Seigneur , Monfeigneur dudit lieu , fauve ma raifon en tout cas , d'accroiftre , d'amander , de corriger , fpecifier & plus à plain declairer en ceftuy adveu , toutes & chefcunes les choufes qui me font neceffaires , toutes fois qu'il viendra à ma notice , dedens le temps que couftume du Pays donne & requiert. Donné & fait le neuviéme jour du mois de Novembre , l'an de grace mil trois cent quatre vingt & quatre. Signé *Baynier* , qui figne à la requefte dudit Defnier. Le Sceau rompu.

1384.

Copie tirée de l'Original , qui eft au tréfor de la Floceliere.

ATous ceux , &c. Sçavoir faifons , que comme contens & debats fuffent meus , &c. Entre JEHAN DE GRANGES Ecuyer , & PERRETTE Ainone dite *Clufelle* fa femme , Demandeurs , &c. & *Thomaffe* Florie , veuve de *Jehan de la Cepaye* , fire d'icelui lieu , comme tutreffe de Guillaume , Phelippe & Jeanne de la *Cepaye* , fes enfans , Deffendereffe , d'autre part , &c. fur ce que ledit Jehan de la Cepaye avoit cognu devoir , à Pierre Ainon dit Clufea , pere de ladite Perrette , & à Dame Jehanne de Villeneuve fa femme , &c. Ceu fut fait & donné , prefens guarens noble homme Robert de Sauzay , Guillaume Flory , Jehan fire de Grenoillon , Hurtaut fire de Lefbaupinaye , Pierre fon fils , Pierre Clufea , Aimery de Montours , Geoffroy Clufea , Antoine Amaury , Parens à ce appellés & requis , ce 4. Avril , l'an 1392.

1392.

Cet extrait tiré de l'Original , qui eft dans le tréfor de la Floceliere

EN Nom du Pere , du Fils , & du Saint Efprit. *Amen.* A Dieu Noftre Seigneur Jefus Chrift , mon Createur , apparoiffe & à tous feaux tant prefens que futurs , que je *Phelinpe* DU PUY-DU-FOU , jadis femme de noble homme , Meffire THIBAUT DE GRANGES , Chevalier , mon fehu Seigneur & Expoux , Paroiffiene de Cintray , en la Diocefe de Maillezais , malade en mon lit , toute voyes faine & bien compofée de ma penfée , par la grace de Dieu , confiderans , o l'ayde de Dieu , au falut de mon ame , & des ames de mes Parens & amis , fainement pourvoir & de mes biens , que Dieu m'a donné , & adminiftré , tant paternau que maternau , que autres , tant de biens meubles que immeubles , difpoufer & ordenner , mon teftament , difpofition ou derniere ma volanté , fois , conftitué , ordonne en la forme & maniere qui s'enfuit. C'eft affavoir , Premierement , mon ame & mon corps je commande au tres haut Createur noftre Seigneur Jefus Chrift , mon Createur & mon Sauveur. *Item* , veuil , comande & ordenne que mes amandes foient faites , payées & eveignées par la main de mes Executeurs en ces prefent teftament écris & nommez. *Item* veuil , commande & ordenne , que tout homme de bonne fame , & de bonne renommée , & de bonne confcience , en cette prefente execution , foit creheu par fon fimple ferment , jufques à la valeur de vingt fouls Tournois , en mes dettes & amandes. *Item* je helit ma fepulture en la Chapelle du grand Cymeterre de Cintray , de la Diocefe de Maillezais , jouxte la fepulture de mon tres chier Monfieur THIBAUT DE GRANGES , Chevalier , mon fehu Seigneur & Expoux. *Item* veuil , commande & ordenne , que en jour de ma fepulture , deux danrées de Paen , eu deux deniers à chacun Povre , foient données & baillées por le falut de mon ame , & de l'ame de mes Parens & amis , autant à mon fepmaine , & autant à mon annaul. *Item* veuil , commande & ordenne , que le jour de ma fepulture , de mon annaul & de mon fepmai-

1396.

ne , chacun Preſtre celebrant Meſſe en ſecret , aie vingt deniers , & ceux qui celebreront en Notte aient cinq blancs , chacun Preſtre. *Item* veuil avoir Luminaire competant , en dits trois jours de ma ſepulture , de ma ſepmaine & de mon annaul , & toutes & chaſcune les choſes qui environt le corps de moy , neceſſaires , feront , & devant eſtre ſervie honorablement , ſelon l'eſtat & la faculté de mes biens en iceux trois jours , de ma ſepulture , de mon ſemaine & de mon annaul. *Item* ge donne au Recteur & Gouverneur de l'Egliſe de Cintray , de la Dioceſe de Maillezais, qui à preſent eſt & qui par le temps avenir ſera , dix ſols de annuelle & perpetuelle rente, aſſis & aſſignez ſur mes rentes de Bereleu , ou en la Paroiſſe dudit lieu , por le ſalut de mon ame , & des ames de mes Parens & amis , pour eſtre perpetuablement en la remambrée de ſa Egliſe , en ladite Egliſe de Cintray : & auſſi pour avoir chacun en ladite Egliſe par ledit Recteur ou d'autre en nom & por nom de li , une Meſſe perpetualment. *Item* ge donne au Prieur de la Tardere , & à celui qui por le temps ſera à venir , pour faire perpetuaument la remambrée de moy & de mes Parens & amis , à dire ou faire dire pour chacun an une Meſſe , pour le ſalut & redemption de mes pechez & de mes Parens & amis , cinq ſouls ſituez , aſſis & aſſignez ſur les Cavotes , & ou cas que leſdits Recteur & Prieur , qui à preſent ſont & pour le temps à venir feront , ne vourroient , ou faire faire ne voudroient , & qu'ils en fuſſent recuſans , ou refuſans , ou delayans de ainſi ladite ſervitude faire , ou faire faire , je veuil que en celi cas , leſdites rentes ne ſoient baillées ni payées auſdits Recteur & Prieur qui à preſent ſont , & qui par le temps à venir feront & pourront eſtre , ains veuil & ordonne , que mes heritiers , hoirs & ſucceſſeurs , qui par le temps que ladite ſervitude ceſſeroit d'eſtre ainſi faite , feroient , qu'ils peuſſent prendre , & à eux reprendre leſdites rentes , ainſi par moy ordonnées & baillées par la maniere que dit eſt , ſans nulle connoiſſance & aucun jugement : quar ainſi l'ai voulu , conſenti , & encore le veuil & conſent par la maniere que dit eſt , & autrement non. *Item* ge veuil , donne & octroie à mon tres chier & bien amé fils , JEHAN DE GRANGES , tous & chacuns mes biens meubles , frans & quittes de toutes & chacunes mes dettes perſonnelles quelles elles ſoient , por les bons & agreables ſervices , & honneſtes courtoiſies qu'il m'a fait par le temps paſſé , & fait encore cheſcun jour en pluſieurs manieres , deſquiex ge me tient pour tres bien contente & appayé , & l'en decharge de toute prouve. *Item* ge donne & legue au Convent des Freres de Fontenay-le-Comte cinquante ſouls Tournois une fois payez , pour convertir & celebrer en Meſſes. *Item* au Convent des Freres Meneurs de Niort , cinquante ſouls Tournois , pour chanter & celebrer Meſſes , pour l'ame de moy & de mes Parens & amis. *Item* au Convent des Freres Meneurs de Saint Maixent , cinquante ſouls Tournois , pour prier pour le ſalut de mon ame , & des ames de mes parens & amis , & redemption de mes pechez , une fois poiées. *Item* ge veuil , approuve , omologue & ratifie , tous & cheſcuns les dons que ge ay faits en temps de ma vie ou temps paſſé , ſoient de mon heritage ou autrement , ſi comme il pourra apparoir par Lettres faites & confectées ſur leſdits contrats & dons , & qu'ils ſoient valables & tenables, ainſi qu'il ne fut oncques mon entende ni eſperance d'iceux revoquer , & veuil que ſi aucun de mes heritiers , hoirs & ſucceſſeurs , ſe enforçant d'aller ou faire aller encontre de ceſdites choſes , ainſi par moy teſtamentées , ordonnées & deviſées , par la maniere que dit eſt , & que ainſi l'ai vouſſu & conſenti , encores le veuil & le conſent , & leſquelles ge ay donné & ordonné , ſi comme il pourra apparoir par Lettres , & par l'ordennance de ceſtui mon teſtament ou derniere ma voulenté , ge veuil que en icelui cas contredisant , que Monſieur de Berry en puiſſe lever ſur le demeurant de mon heritage deux cent livres , & Monſieur l'Eveſque de Maillezais autres deux cent livres , & ad ce tenir , parfaite , garder , entretegnir & accomplir , de point en point , perpetuaulment & leaulment , ge ai promis & promet par la foy & ferment de mon corps de non venir encontre , en quelconque maniere qui ſoit , & y ai obligé & encore y oblige moy , mes hoirs , heritiers , ſucceſſeurs & tous & chaſcuns mes biens meubles & immeubles , preſens & futurs , deſquiex ge n'auroie ordenné en ceſtui mon teſtament ou derniere ma voulenté. *Item* fois & ordenne mes heritiers de mes autres biens , deſquiex ge n'ai ordenné , ceux qui de droit , de raiſon & de couſtume le devient eſtre. *Item* fois mes Excoutcurs , mon tres cher frere Monſieur *Pierre du Puy-du-Fou* Chevalier , Meſſire *Jehan du Puy-du-Fou* , mon tres cher bien amé mon neveu , & mon tres cher & bien amé fils JEHAN DE GRANGES Ecuyer , ainſi que ſi les trois ni poient vaquer à faire madite exeqution & ordenance , ge veuil que l'un d'eux la puiſſe faire , & ſi les deux ne s'y poient vaquer , que l'un des trois la puiſſe commencer , parachever & accomplir , & veuil qu'ils puiſſent prendre mes biens meubles , deſquiex ge n'auroie ordenné , & iceux exploitier de fait , & les convertir à madite exeqution faite , parfaite , enteringée & accomplie , ſans ce que ceux qui la feront , ou celi qui ladite exeqution fera , & qui ſe vourra charger d'icelle faire , parfaite & accomplir , auſquieulx & à chacun d'eux ge pri & ſuppli qu'ils puiſſent regir & gouverner meſdits biens immeubles , deſquielx ge n'auroie ordenné , prendre & retenir juſques à tant que madite exeqution , ordenance , ou derniere volenté ſoit faite , parfaite & bien accomplie , & veuil qu'ils n'en ſoient tenus de en contier ni rendre compte à nulli , & veuil que cette ordenance de derniere ma voulenté , tiengnet & vailhet , par maniere de teſtament , ou codicille. En teſmoings deſquelles choſes ge ladite PHELIPPE *du Puy-du-Fou* , ſuppli & requiert au Porteur & Garde du ſeel de tres puiſſant & noble Seigneur Monſieur de Partenay à Champdenier , eſtabli aux contrats, que iceſi dit ſeel à ceſtui preſent mon teſtament & ordennance ou derrere voulenté , lui pleſe mettre & appouſer , & ge *Jehan Moſche* clerc , Notaire & juré de la court dudit ſeel eſtabli

à Champdenier

à Champdenier aufdits contrats , pour ledit tres puiffant & tres noble Seigneur , mon tres hon-
noré & doubté Seigneur Monfieur de Partenay , ladite Madame PHILIPPE DU PUY-DU-FOU
tenir , garder , parfaire , enterigner & accomplir de point en point , toutes & chefcunes lefdites
choufes contenuës , comprifes , declairées & devifées en & par la maniere , que ladite Dame du
Puy-du-Fou les a vouffu , confenti & ordenné , comme par deffus dit eft , tant por lie , que
pour fes hoirs , heritiers & fucceffeurs , & pour tous ceux qui de lie ont ou auront caufe , à
fa requefte & priere , & de fon confentement l'en ai jugé , condamné , par le juge de la court
dudit feel. Donné & fait prefens garens ad ce appellez & requis , honorable homme Meffire
Jehan Gobin Preftre Recteur & Curé de l'Eglife de Cintray , Jehanne Barbotine Damoifelle , femme de Pierre Clufcat , Jehan Rigoys , Guillaume Moren , Jehan & Laurent Groleas
freres , & Regnault Defbouchaus. Il nous appert de biffeure , meubles. Fait le tiers jour du mois
d'Avrilh , l'an de grace 1396. Signé J. MOSCHE & fcellé. Le Sceau perdu.

Copie tirée de l'Original , étant au tréfor de la Floceliere.

SACHENT TOUS, &c. Entre *Pierre de Faye* , comme ayant le gouvernement de HUGUES & 1398.
JEHANNE meindres d'ans , enfans de fehu JEHAN DE FAYE & de fehue JEHANNE DE
GRANGES , fa femme d'une part , & JEAN DE GRANGES , Sire de Puychenin d'autre part.
Sur ce que ledit gouverneur defdits enfans difoit , que Meffire THEBAUT DE GRANGES , &
Dame PHELIPPE DU PUY-DU-FOU , furent conjoints par mariage , defquex & dit mariage
furent nés , Meffire LOYS DE GRANGES & JEAN DE GRANGES , Sire de la Gord , & du-
dit Meffire LOYS & de Dame NICOLLE OMARDE , & dit mariage furent nés JEHAN DE
GRANGES , Sire de Puychenin , & JEANNE DE GRANGES , & que de ladite Jehanne &
dudit JEHAN DE FAYE furent nés lefdits HUGUES & JEANNE DE FAYE mendres d'ans.
Fait le Mardy feize Juillet , l'an 1398. Signé & fcellé.

Cet Extrait tiré de l'Original , qui eft dans le tréfor de la Floceliere.

SACHENT TOUS , que je *Perre Sartes* Clerc, tiens & avouhe à tenir , à caufe de *Catherine* 1400.
Defniere ma femme , tant pour lie que pour fes parfonniers , homes , tenours & fubgez ,
de noble homme JEHAN DE CRANGES l'Aifné , Seigneur de la Gord , à foy & homage , plain
plait , fervice & à devoir felon la couftume du Pays , c'eft affavoir un quartron de terre vulgairement appellé la Rambertere , affis en la Paroiffe de Segondigné , tenant d'une part au terroir
& tennement de Puy-de-Trahe , & d'autre au terreur & tennement des Bouchetes , & d'autre
part au terreur & tennement de Thitheville. Item tiens & advouhe tenir à caufe de ladite Catherine ma femme , tant pour lie que pour fes parfonniers , homes & fubgez & tenours , en &
foubz ladite foy & homage , demy quartron de terre vulgairement appellé Bordevaire , tenant
d'une part au terreur & tennement dudit lieu de Puy-de-Trahe , & d'autre part au terreur &
tennement de la Groffetiere , & eft affis ledit demy quartron en ladite Paroiffe de Segondigné , & lefquelles dites choufes moy , à caufe de madite femme , & fefdits parfonniers , tenons partie à noftre main , & partie defdites choufes eft tenuë de nous roturement. Et pouhent
bien valoir lefdites choufes , tant à moy , à caufe de madite femme , que à mefdits parfonniers ,
quarente fols de rente ou environ. Et advons je ledit Perre Sartes , à caufe de madite femme ,
tant pour lie que pour fefdits parfonniers , jurifdiction de fept fouls fix deniers & tout ceu qui
s'en dépent & puet dépendre en & foubz lefdites choufes , o proteftation d'accroiftre , d'amander,
de corriger , modifier , fpecifier & declairet plus à plain en ceftui mon advehu , toutes & chafcunes les choufes qui me font neceffaires & prouffitables , lors qu'il viendra à ma notice & connoiffance , dans le temps que couftume eft donnée & requiert. En tefmoing defquelles choufes
deffufdites , je ledit Perre en ai donné & baillé audit noble ceftui prefent advehu , fcellé à ma requefte , du feel de tres noble & puiffant Seigneur , Monfieur de Partenay , eftabli en ladite Ville
par ledit Noble. Et nous Guillaume Aymet , Clerc garde dudit feel dudit Noble , icelui à ces prefentes Lettres de advehu avons mis & apoufé. En temoing de verité , DONNE' & fait le premier jour du mois d'Aoufgt , l'an mil quatre cens. Signé P. Fromand à la requefte dudit Perre
Sartes , & fcellé.

Copie tirée de l'Original , qui eft au tréfor de la Floceliere.

EN ce qui pend à ces prefentes Lettres , entre noble homme Monfieur JEHAN DE GRAN-
GES Chevalier , Demandeur , & entre noble homme Monfieur GUY D'ARGENTON Che- 1410.
valier , Seigneur dudit lieu , Deffendeur , &c. Fait le Jeudy 14. Juillet , l'an 1410. Signé
& fcellé.

Cet Extrait tiré de l'Original , qui eft dans le tréfor de la Floceliere.

K k

X. JEAN DE GRANGES & PERRETTE AYNONE, eurent pour Enfans

XI. LOUIS DE GRANGES, qui fuit.

XI. JEAN DE GRANGES, ne fut point marié.

XI. MATHURIN DE GRANGES, Seigneur de la Gord' en partie, a fait la branche des Seigneurs de la Gord & de la Gregoriere, rapportée cy-aprés.

XI. LOUIS DE GRANGES, Chevalier, Seigneur de Cerveaux, fut d'abord Seigneur de la Gord, mais depuis il ceda cette Terre, du confentement de fa mere, à JEAN & à MATHURIN DE GRANGES fes freres, le 2. May 1446. étant alors marié avec MARGUERITTE DE COURDFAULT, fille d'*Eufache de Courdeault*, Seigneur de Creüilly. Ledit JEAN DE GRANGES vendit une rente, & le Seigneur de Châteaubriant la retira par droit lignager, le 9. Août 1476. Il fervit le Roy Loüs XI. dans fes guerres, comme il s'apprent de Lettres Royaux, obtenuës du Roy Charles VIII. par ESTIENNE DE GRANGES fon fils, le 23. Decembre 1486. Il eft qualifié Chevalier, Seigneur de Cerveaux, dans un Contrat de vente, fait par fa veuve & par fes enfans, le 22. Octobre 1476.

PREUVES.

1446. SACHENT TOUS, &c. perfonnellement eftablies nobles perfonnes PERRETTE AYNONE dite CLUSELLE, Dame de Cerveaux, veuve de feu noble homme JEHAN DE GRANGES en fon vivant, Chevalier Seigneur de la Gord, & LOYS DE GRANGES, Efcuyer Seigneur de la Gord, fils aifné & heritier principal dudit JEHAN DE GRANGES & de ladite PERRETTE & MARGUERITTE DE COURDEAULT fa femme, d'une part, &c. & JEHAN & MATHURIN DE GRANGES, Efcuyers & freres puifnez dudit LOYS, aufli enfans dudit feu JEHAN DE GRANGES, & de ladite PERRETTE, & ledit LOYS fon fils, ont baillé, &c. aufdits JEHAN & MATHURIN DE GRANGES, l'Hoftel, Seigneurie & Terre de la Gord, &c. Ce fut fait le 2. de May, l'an 1446. Signé & fcellé.

Extrait tiré de l'Original, qui eft dans le tréfor de la Floceliere.

1476. SACHENT tous, que comme en temps cy arrieres JEHAN DE GRANGES, Efcuyer Seigneur de la Gord, euft vendu à Mery & Jean Barangiers freres, &c. c'eft affavoir deux efcus d'or de rente annuelle & perpetuelle, &c. noble & puiffant Seigneur *Theaulde de Châteaubriant*, Chevalier Seigneur du Lyon, de Chabanes & des Rochers, fe foit trait pardevers lefdits Barangiers, difant qu'il eftoit & eft proche parent & lignager dudit JEHAN DE GRANGES, & par ce moyen, lefdits deux efcus d'or, ainfi par eux acquis dudit Efcuyer, lui competoit & appartenoit, à avoir, querre & demander, offrant, &c. Iceux dits Mery & Jean Barangiers, adcertenés du degré & lignage, qui eftoit entre ledit Chevalier, eftre raifonnable, &c. Ceu fut fait le 7. d'Aouft, l'an 1476. Signé & fcellé.

Extrait tiré fur l'Original, eftant au tréfor de la Floceliere.

XI. LOUIS DE GRANGES & MARGUERITE COURDEAULT, eurent pour enfans

XII. EUSTACHE DE GRANGES, Comte de Beaune & Seigneur de Cerveaux, Meſtre de Camp d'un Regiment de Cavalerie, lequel fit partage avec ſes freres & ſœurs, le 17. Août 1489. Il obtint remiſſion du Roy le .... pour avoir tué un nommé Jean Maton. Le nom de ſa femme eſt inconnu, mais il eut un fils nommé

XIII. FRANÇOIS DE GRANGES, Seigneur de Cerveaux, dit le Comte de Beaune, dont on ignore la poſterité.

XII. GILLES DE GRANGES, qui ſuit.

XII. ESTIENNE DE GRANGES, Prêtre, Prieur de Vibrac, obtint Lettres Royaux, en conſideration des ſervices de LOUIS DE GRANGES, ſon pere, le 23. Decembre 1486.

PREUVE.

CHARLES par la grace de Dieu Roy de France, au Seneſchal de Poitou ou à ſon Lieutenant, *Salut.* Humble ſupplication de noſtre bien amé ESTIENNE DE GRANGES Eſcuyer, avons reçuë, contenant, que feu LOYS DE GRANGES ſon pere, ja pieça pour le ſervice de feu noſtre tres cher Seigneur & Pere, que Dieu abſoille, ou fait de ſes Guerres, par pluſieurs & divers contrats, engagea & vendit, &c. Pourquoy Nous, ces choſes conſiderées, voulans ſubvenir aux Nobles de noſtre Royaume, &c. Donné à Tours le 23. Decembre de l'an 1486. & de noſtre Regne le 4. Scellé & ſigné.   1486.

Copie tirée ſur l'Original, eſtant au tréſor de la Floceliere.

XII. MARGUERITTE DE GRANGES, mariée avec COLAS DE BERY, Chevalier, lequel au nom de ſa femme, offrit le 27. Novembre 1477. de retirer les biens qui avoient été vendus par MARGUERITTE DE COURDEAULT, ſa belle Mere, & ſes Freres & Sœurs, l'an 1476.

Bery. d'azur à un Chevron d'or accom. pagné de 3. Croiſſans d'argent, poſés deux en Chef & un en pointe.

PREUVE.

SACHENT tous, que comme dés le 22. Octobre de l'an 1476. nobles perſonnes MARGUERITE DE COURDEAULT, veuve de Loys de Granges en ſon vivant Chevalier, Seigneur de Cerveaux, GILLES, ESTIENNE, JEANNE, & FRANÇOISE DE GRANGES leurs enfans, ayent vendu, à Maiſtre Pierre Thoreau de Poitiers, &c. & que depuis, noble perſonne *Colas de Berye* Chevalier, à cauſe de MARGUERITE DE GRANGES, ſa femme, fille de ladite de *Courdeault*, & ſœur deſdits DE GRANGES vendeurs, ont fait offre lignager audit Thoreau, &c. Fait le 27. Novembre, l'an 1477. Signé & ſcellé.   1477.

Cet Extrait tiré de l'Original, qui eſt dans le tréſor de la Floceliere.

XII. JEANNE DE GRANGES, conſentit à la vente faite par ſa Mere, l'an 1476. & elle partagea avec ſes Freres, le 17. Août 1489.

XII. François de Granges , confentit à la même vente, l'an 1476.

XII. **G**ILLES DE GRANGES , Chevalier , Seigneur de Mont-fernier , confentit à la vente faite par fa mere, le 22. Octobre 1476. & le 11. Avril de la même année , il fit homma-ge de fa Seigneurie mouvante de celle de Roche-Fatou , à *Jean Chaſteigner* , Seigneur de la Rochepoſay & de la Roche-Fatou , & depuis il fut confirmé dans la poſſeſſion de cette Terre , par le partage qu'il fit avec ſes Freres & Sœur , le 17. Août 1489. Il obtint le 19. Fevrier 1491. de JEAN DE BRETAGNE , Comte de Penthievre , à la recommandation de LOUIS DE BOURBON , Fre-re du Comte de Vendôme , le droit de Sepulture & de mettre ban & ceinture d'Armoiries , dans le Chœur de l'Eglife de la Chapelle-Gaudin. Il eſt qualifié noble & puiſſant Chevalier, dans le Contrat de mariage de LOIS DE GRANGES , ſon fils , du 17. Avril 1524. Il avoit épouſé ANTOINETTE CARTIER , fille de *Hu-gues Cartier* Seigneur de Montforlou , & de *Gillette de Chaniefin*. Elle étoit veuve de lui dés le 19. Juin 1517. & en qualité de tutrice de LOUIS DE GRANGES , ſon fils aîné , elle fit hommage de la Terre de Montfernier , à *Jean Chaſteigner* , Seigneur de la Roche-Fatou. Elle fit ſon teſtament le premier Septembre 1529.

Cartier, écartelé d'argent & d'azur à 4. Fleurs de Lys, de l'un en l'autre.

PREUVES.

1476.   **S**ACHENT TOUS que par devers moi *Jehan Chaſteigner* Eſcuyer , Seigneur de la Rochepou-zay , & de la Roche-Fatou , eſt venu GILLES DE GRANGES , Eſcuyer Seigneur de Mont-fernier , lequel m'a offert faire foy & hommage plain , &c. Signé du Notaire cy deſſous ſouſ-crit,

crit , & fcellé du fcel de mes Armes. Donné audit lieu de la Roche-Fatou , le 11. Avril , l'an 1476. Signé & fcellé.

Cet Extrait tiré fur l'Original , étant au tréfor de la Floceliere.

S ACHENT TOUS , que comme contens & debas fuffent mcus , entre nobles perfonnes Eusta- 1489. che , Gilles & Jehanne de Granges , & Meffire Estienne de Granges , Pref- tre , Prieur de Vibrac , tous freres & fœurs , enfans de feu Loys de Granges , en fon vivant Chevalier Seigneur de Cerveaux , & de Marguerite de Courdeault , Demoifelle , veuve dudit feu Loys, &c. C'eft affavoir que icelui Eustache a efleu & accepté pour fon droit d'aif- nage la Terre de Cerveaux,&c. & prendra ledit Gilles l'Houftel de Montfernier,en payant par ledit Gilles les parts & portions de fes freres & fœurs , &c. Ce fut fait , le Lundy 17. d'Aouft, l'an 1489. Signé & fcellé.

Cet Extrait tiré fur l'Original , étant au tréfor de la Floceliere.

N Ous Jehan de Bretagne , Comte de Painthievre , Vicomte de Bridiers , Loigny , de Bouf- 1491. fac & du Fief-l'Evefque , fçavoir faifons que , &c. & auffi eu regard à la requefte à nous faite par noftre tres cher Seigneur & Coufin , Loüis de Bourbon , Frere de noftre tres cher Sei- gneur & Coufin le Comte de Vendofme , en faveur de Gilles de Granges , Chevalier Seigneur de Montfernier , pour ces caufes , avons accordé audit Gilles , droit de fepulture , & de mettre ban & ceinture d'Armoiries , au Chœur de l'Eglife de la Chapelle-Gaudin , &c. En tefmoing de ce avons figné de noftre main , & fait figner à l'un de nos Secretaires , le 19. Fevrier , l'an 1491.

Extrait tiré fur l'Original , étant au tréfor de la Floceliere.

P AR DEVANT nous Jehan de Vignaux , Senefchal de la Terre & Seigneurie de la Roché- 1517. Fatou , pour noble & puiffant Seigneur Jehan Chafteigner , Efcuyer Seigneur de la Roche- pouzay & dudit lieu de la Roche-Fatou , eft huy venu , Meffire Loys Payrault , Preftre , le- quel comme Procureur de Damoifelle Antoinette Cartier , veuve de feu Gilles de Granges , en fon vivant , Efcuyer , Seigneur de Montfernier , comme curatrice de Loys de Granges , Efcuyer , fils aîné dudit feu & d'elle , &c. Fait par nous Senefchal fufdit , le 19. Juin , l'an 1517. & figné.

Extrait tiré fur l'Original , étant au tréfor de la Floceliere.

A U Nom du Pere , &c. Je Antoinette Cartier , veuve de feu Noble Homme 1529. Gilles de Granges , Chevalier , en fon vivant Seigneur de Montfernier , &c. Item je veux & ordonne , que ce que feu mondit mary avoit ordonné par fon teftament , fere decre- ter pour deux Chapelles , ou le tout mettre en une Chapelle , à l'eflection de moy , & de nos enfans , lefquelles Chapelles ou Chapelle , il euft donné à Meffire Loys de Payrault , Preftre fon Serviteur , &c. Pour la fondation ou dotation d'icelle , je donne & legue , &c. pour eftre deffervie dans la Chapelle du Chafteau de Montfernier , &c. Fait & paffé au logis de la Cure de Nerliou , le 1. Septembre , l'an 1529. Signé & fcellé.

Extrait tiré fur l'Original , étant au tréfor de la Floceliere.

XII. G ILLES DE GRANGES , & ANTOINETTE CARTIER , cu- rent pour enfans

XIII. Louis DE GRANGES , qui fuit.

XIII. Bertrand DE GRANGES , partagea avec Louis DE GRANGES , fon frere aîné , le 19. Mars 1540. & il prit le party de l'Eglife.

XIII. Louis DE GRANGES , le jeune , reçû Chevalier de l'Ordre de Saint Jean de Jerufalem , au Grand Prieu-

ré d'Aquitaine , aprés avoir fait ſes preuves le 21. Juin
1528. devant *Philippe Carteau* , Commandeur de la Guierche , *Pierre de la Foreſt* , *Jean de Villiers* , & *Jean de Bar-*
rou , Chevaliers du même Ordre. Il fut depuis Commandeur des Epaux & Treſorier de ſon Ordre , au
Grand Prieuré d'Aquitaine. Il eſt ainſi qualifié , dans
un Acte de la Cour de Poitiers , du 9. Juin 1563

PREUVES.

1528.   A Tous ceux qui ces preſentes Lettres verront & orront , Nous Frere *Phelippe Carteau* ,
Chevalier en l'Ordre de Monſieur Saint Jean de Jeruſalem , Commandeur de la Guier-
che , *Jean Barrou* & *Jean de Villiers* , Chevaliers dudit Ordre , &c. qu'au jourd'huy 21. Juin,
l'an 1528. nous a eſté preſenté une Lettre de Commiſſion , de la part de Louis de Granges ,
Eſcuyer , dont la teneur s'enſuit. A tous ceux qui ces preſentes Lettres verront & orront.
Nous Frere Joachim de Saint Simon , de la Sainte Maiſon de l'Hoſpital de Saint Jean de
Jeruſalem , Treſorier General de ladite Religion ; Commandeur de Moulins , Saint Remy & autres , Preſident & tenant le Chapitre Provincial du Venerable Prieuré d'Aquitaine. Salut en
Dieu noſtre Seigneur. Scavoir faisons , &c. Par ces preſentes commettons & ordonnons
Commiſſaires nos chers & bien amés , les Commandeurs de la Guierche , Frere *Phelippe Carteau*
de Villedieu , Frere *Pierre de la Foreſt* , Frere *Jean de Villiers* , Frere *Jean de Barrou* , Chevaliers de noſtredite Religion ; pour duëment voir , &c. Et en vertu de ladite Commiſſion & du
commandement à nous fait , Nous ſommes tranſportez juſqu'au lieu de Montfernier , &c. & ſur
ce avons examiné les Gentils-Hommes cy - deſſous nommés , en tel cas requis , & premierement
Meſſire René d'Appelvoisin , lequel a preſté ſerment par lui fait , nous a rapporté qu'il
connoiſt Louis de Granges , fils de feu Gilles de Granges , en ſon vivant ſieur de
Montfernier , Eſcuyer , & de Damoiſelle Antoinette Cartier , &c. Plus nous a eſté preſenté Meſſire *François de Thers-Lanſſac* , Chevalier, Sieur de Londriere , l'un des Gentils-Hommes
de la Maiſon du Roy noſtre Sire , &c. Plus nous a eſté preſenté noble homme *Jean de Villeneuve* ,
Eſcuyer Sieur de la Cepaye , &c. Plus nous a eſté preſenté noble homme .... *Goulard*, Eſcuyer
Sieur de Maſſigac , &c. Lui avons octroié ces preſentes , ſignées de nos ſeings manuels , les jour
& an que deſſus , & ſcellées de nos ſcels & Armoiries de nos Armes , en tel cas requis. Signé
F. *Phelippe de la Guierche* , F. *de Villiers* , F. *Jean de Barrou* , & Tiſaut & la Grante ,
Notaires.

    Cet Extrait tiré de l'Original , qui eſt dans le tréſor de la Floceliere

1563.   S Cachent tous , qu'en droit en la court du ſeel eſtabli à Poitiers , pour le Roy noſtre Sire & Reine d'Ecoſſe , Doüairiere de France , &c. perſonnellement eſtablis , Noble & Venerable , Frere Louis de Granges , Chevalier de l'Ordre de Saint Jean de Jeruſalem , Commandeur des Epaux , Receveur d'icelle Religion au Prieuré d'Acquitaine d'une part , & Frere
Loüis d'Arrot dit Poupeliniere , Chevalier dudit Ordre , &c. Fait & paſſé audit Poitiers le 9.
Juin , l'an 1563. Signé.

    Extrait tiré de l'Original , qui eſt au tréſor de la Floceliere.

XIII.   G ABRIELLE de Granges , fut mariée avec *François de*
la Broſſe , Ecuyer, Seigneur de la Boſſe , lequel donna quittance à Antoinette Cartier , ſa belle mere , le 2. Decembre 1525. Leur poſterité finit dans une fille , qui par ſon mariage porta la Terre de la Boſſe dans la Maiſon de Montaigu , dont
deſcendent les Seigneurs de Boiſdary , qui poſſedent encore cette
Terre. Ils ſont eſtimez Cadets de la Maiſon de Montaigu , l'une
des plus anciennes & des plus diſtinguées de la Province de Poitou , & dont les Aînés ont poſſedé les Terres de Montaigu & de

là Garnache , & se trouvent avoir signé à plusieurs Chartes , avec les Ducs d'Aquitaine , & les Comtes de Poitou, sous le nom Latin DE MONTE-ACUTO. Guerin de Montaigu , Grand Maistre de l'Ordre de Saint Jean de Jerusalem en 1206. étoit de cette Maison.

PREUVE.

SACHENT TOUS , &c. Personnellement establis FRANÇOIS DE LA BROSSE , Escuyer, Seigneur de la Bosse , tant pour lui que pour Damoiselle GABRIELLE DE GRANGES , son espouse , &c. a cogneu & confessé , &c. avoir eu & reçu de ANTOINETTE CARTIER , veuve de feu GILLES DE GRANGES , en son vivant Chevalier , Seigneur de Montfernier , la somme , &c. Fait, & passé le 2. Decembre 1525. *1525.*

Cet Extrait tiré sur l'Original , étant au trésor de la Flocceliere.

XIII. LOUIS DE GRANGES , Chevalier Seigneur de Montfernier , de Ponceray & du Fief-Giffart , étoit sous la tutelle de sa mere , le 19. Juin 1517. Il épousa par contrat du 17. Avril 1524. ANDRE'E D'APPELVOISIN , fille de noble & puissant *Hardy* *d'Appelvoisin* , Chevalier Seigneur de Thiors , & de Damoiselle *Helene d'Appelvoisin*. Il est qualifié noble & puissant & Chevalier , dans un hommage qu'il rendit le 18. Août 1528. de sa Terre de Montfernier , à *Jean Chasteigner* , Seigneur de la Rochepofay & de la Roche-Fatou , de même que dans son second contrat de mariage du 16. Decembre 1537. avec MARGUERITE DE SAINT GEORGES , fille de noble & puissant *Guichard de Saint Georges* , Seigneur de Verac & de Couhé , & de Dame *Anne de Mortemer*. Il est qualifié noble personne & Chevalier , dans le partage qu'il fit à son frere BERTRAND , le 19. Mars 1540. Il fit hommage de ses Hôtels de Montfernier , de Ponceray & du Fief-Giffart, à Claude Gouffier, Comte de Caravas & de Maulevrier , Seigneur d'Oyron , &c. le 22. May 1446.

Appelvoisin, degueules à une Herse d'or.

S.Georges d'argent à une Croix de Gueules.

PREUVES.

PARDEVANT NOUS Jehan Vignaux , Senefchal de la Terre & Seigneurie de la Roche-Faton , pour noble & puissant Seigneur *Jehan Chasteigner* , Escuyer Seigneur de la Rochepoufay & dudit lieu de la Roche-Fatou , est huy venu Messire Loys Payrault , Prestre, lequel comme Procureur de Damoiselle ANTOINETTE CARTIER , veuve de feu GILLES DE GRANGES , en son vivant Escuyer Seigneur de Montfernier , & comme curatrice de LOYS DE GRANGES , Escuyer , fils aisné dudit & d'elle , &c. Fait par nous Senefchal susdit , le 19 Juin l'an 1517. & signé. *1517.*

Cet Extrait tiré sur l'Original , étant au trésor de la Flocceliere.

SACHENT tous , qu'au traité & prolocution de mariage à faire de nobles personnes LOYS DE GRANGES , fils aisné & principal heritier de feu noble & puissant GILLES DE GRANGES , en son vivant Chevalier , Seigneur de Montfernier , & de Damoiselle ANTOINETTE CARTIER , avec Damoiselle ANDRE'E d'APPELVOISIN , fille de feu noble & puissant *Hardy d'Appelvoisin* , en son vivant , Chevalier Seigneur de Thiors , & de Damoiselle *Helene* *d'Appelvoisin* , Dame dudit lieu , aussi pere & mere, de noble & puissant *René d'Appelvoisin* , Seigneur desdits lieux & de la Jobretiere , leur fils ainé & principal heritier , ont esté faits *1524.*

les accords , &c. Fait & paſſé en l'Houſtel de Montfernier , le 17. d'Avril , l'an 1524. Signé.

Cet Extrait tiré de l'Original , qui eſt dans le tréſor de la Floceliere.

1528.

PArdevant nous Jean de Vignaux , Licencié és Loix , Seneſchal de la Roche-Fatou , pour noble & puiſſant Meſſire *Jehan Chaſteigner* , Chevalier Seigneur de la Rochepouſay & de la Roche-Fatou , eſt venu noble & puiſſant , Loys de Granges , Chevalier Seigneur de Montfernier , lequel nous a offert faire à mondit Seigneur , en noſtre perſonne , la foy & hommage plain , &c. Fait le 18. Aouſt , l'an 1528.

Cet Extrait tiré ſur l'Original , eſtant au tréſor de la Floceliere.

1537.

SAchent tous , &c. perſonnellement eſtablis en droit , noble & puiſſant Loys de Granges , Chevalier Seigneur de Montfernier , & Marguerite de S. Georges , fille de noble & puiſſant *Guiſchart de Saint Georges* , en ſon vivant , Chevalier Seigneur de Couhé , & de Dame *Anne de Mortemer* , entre leſquelles parties , & ſur la prolocution de mariage d'entre iceux , ont eſté faites les promeſſes , obligations , &c. Fait le 16. Decembre , l'an 1537. Signé des parties & de deux Notaires.

Cet Extrait tiré de l'Original , qui eſt dans le tréſor de la Floceliere.

1540.

SAchent tous , &c. Entre nobles perſonnes Loys de Granges , Chevalier Seigneur de Montfernier , & Meſſire Bertrand de Granges , ſon frere puiſné , à l'occaſion de ce que ledit Bertrand diſoit , que dés long temps a , deffunts Gilles de Granges , en ſon vivant , Chevalier Seigneur dudit lieu de Montfernier , & Damoiſelle Antoinette Cartier , pere & mere deſdits de Granges , eſtoient decedés , &c. Ce fut fait le 19. Mars , l'an 1540. & eſtoient à ce preſens Jehan Cartier , Eſcuyer , Seigneur de Vernette , & François de la Broſſe , Eſcuyer Seigneur de la Boſſe , & eſt ſcellé & ſigné.

Cet Extrait tiré ſur l'Original , étant au tréſor de la Floceliere.

1546.

CLaude Gouffier , Chevalier de l'Ordre , Comte de Caravas , de Maulevrier , &c. Premier Gentil-Homme de la Chambre du Roy , &c. Sçavoir faiſons , que noſtre cher & bien amé Loys de Granges , Chevalier , Seigneur de Montfernier , nous a fait ce jourd'huy les foy & hommage , &c. tant pour raiſon de ſon Hoſtel de Montfernier , enſemble de ſon Hoſtel de Ponceray & auſſi pour ſon Fief - Fenelon autrement Fief-Gefart. En teſmoing de quoy nous avons ſigné ces preſentes de noſtre main , & icelles fait ſceller du ſeel de nos Armes , en noſtre Chaſtel d'Oyron , le 28. May , l'an 1546.

Cet Extrait tiré ſur l'Original , étant au tréſor de la Floceliere.

XIII. LOuis de Granges , eut d'Andre'e d'Appelvoisin , ſa premiere femme

XIV. Marguerite de Granges , mariée le premier Septembre 1547. avec *Loüis Chauviniere* , Seigneur de Beaupuy. Elle en eut , *Jacques Chauviniere* , Baron de Beaupuy , Lieutenant de la Venerie du Roy , qui de ſon mariage avec *Marie* de la Touche , eut *Françoiſe Chauviniere* , mariée le 10. Juillet 1634. avec *Jacques Thibaut* , Chevalier , Seigneur de Unze & de la Carte , dont elle eut entr'autres enfans , *Gabriel Thibaut de la Carte* , reçû Chevalier de Malthe au Grand Prieuré d'Aquitaine , & *François Thibaut* , Seigneur de *la Carte* , qui de *Françoiſe* Bertrand ſa femme , a laiſſé *François-Gabriel* Thibaut , Marquis *de la Carte* , depuis *Marquis de*

Chauviniere. de Gueules à une Croix anchrée d'argent , & un Chef d'argent chargé de 5. Tourteaux de Gueules.

de la Ferté , par son mariage avec *Catherine-Loüise* de Saint-Nectaire , fille puînée de *Henry-François* de Saint-Nectaire , Duc de la Ferté , Pair de France, & de *Marie-Isabelle-Gabrielle* de la Mothe-Houdancourt, & petite fille du Maréchal , Duc de la Ferté , Pair de France , de laquelle il a laissé un fils unique , à present *Marquis de la Ferté.*

XIII. **I**L eut aussi de MARGUERITE DE SAINT-GEORGES, sa seconde femme

XIV. JEAN DE GRANGES , Seigneur de Montfernier & de Lorilloniere , qui fit partage de la succession de ses pere & mere , avec ses freres puînés , le 19. Juillet 1591. Il demeuroit dans la Paroisse de la Chapelle-Gaudin , Election de Thoüars , lors qu'il fut maintenu dans sa Noblesse , par jugement de MM. Huault-de Montmagny , de Sainte-Marthe & de Here , Commissaires au Regalement des Tailles en Poitou , du 4. Mars 1599. dont il rapporta des Preuves, depuis Thebaut de Granges , son septiéme Ayeul , vivant en 1287. Il avoit épousé RENE'E GIRARD , Dame du Plessis & de Montigny , & il en eut

Girard. d'azur à 3, Cheviens d'or.

XV. ALEXANDRE DE GRANGES , Seigneur de Montfernier , mort sans enfans , avant le 26. Juillet 1608.

XV. LOUIS DE GRANGES , Seigneur de Montfernier aprés son frere. Il épousa premierement par contrat du 26. Juillet 1608. JEANNE DE CHEZELLES , fille de feu *Cristophe de Chezelles* , Ecuyer , Seigneur de Nuëil-souz-Faye la Vineuse , Gouverneur de Sedan , & de *Marie* de Montleon , & en secondes Nôces CHARLOTTE DU BELLAY , à laquelle il donna tous ses biens , se voyant sans enfans.

Chezelles, d'argent au Lion a dextré de trois merlettes de Sable portées en pal. Du Bellay. d'argent à une bande fuselée de Gueules , accompagnée de six fleurs de l'is d'azur, posées en pal.

XIV. **G**ABRIEL DE GRANGES , Seigneur de Beauvais , partagea avec ses freres le 9. Juillet 1571. & épousa MARGUE-RITE DES FRANS. Il en eut.

Des Frans. d'argent à 3. jumelles de Sable.

XV. ESTHER DE GRANGES , femme de *Loüis de Beauchamp* , Seigneur de Bussac en Saintonge.

Beaucham. d'azur à un aigle d'argent, le vol abaissé, becqué & membré de même.

XV. CHARLOTTE DE GRANGES , épousa en premieres Nôces, *Jean de la Tour*[a] , Seigneur de Gorce & de Montfer-

a La Tour-d'Aisenay. D'argent à un Aigle à deux têtes de Gueules , becqué & membré d'or , & une bordure d'azur , chargée de six besans d'or , posez 3. 2. 1.

M m

rant , forti d'une ancienne & illuftre Nobleffe. Elle en
eut *Jean* de la Tour , marié à *Françoife* Sufannet, dont
Olivier de la Tour , qui fuit, & *Achilles* de la Tour , lequel n'a laiffé qu'une fille, *Renée* de la Tour , mariée à
Paul - Sidrac de Saint - Mathieu , Seigneur des Touches
& de la Traverfiere.

    OLIVIER DE LA TOUR époufa *Loüife* Maiftre , & en
a eu trois enfans, qui font *Henry - Augufte de la Tour* ,
Marquis d'Ayfenay , Seigneur de Gorce , marié à *Jeanne* le Maiftre , qui ont eu pour enfans , *Henry-Augufte,
Henriette* & *Ieanne-Helene* de la Tour d'Aifenay. *Iean-Char-
les* de la Tour , Comte de Montferrant , & *Loüife de
la Tour* , marié premierement avec *François* de Carbo-
nieres , Seigneur de Chambery prés Limoges : fecondement avec *François-Loüis* , Marquis de Lefcours , Seigneur de Parançay.

    CHARLOTTE DE GRANGES fe remaria pour la feconde
fois , avec *Loüis* de Loftange de Saint - Alvere , Baron de Pailchez en Saintonge , & en eut *Charlotte* de
Loftange - de Saint Alvere , mariée en 1653. avec *Iofeph*
Gillier , Marquis de la Villedieu. Ils ont laiffé une fille
qui a époufé N.... Marquis de la Guillotiere.

Loftan-
ge. D'or à
un Lion de
Gueules ac-
compagné
de 5. étoiles
de même
mifes en or,
le.

XIV. AMBROISE DE GRANGES , qui fuit.

XIV. FRANÇOIS DE GRANGES , reçû Chevalier de l'Ordre de
    Saint Jean de Jerufalem , dit de Malthe , au Grand
    Prieuré d'Aquitaine en l'année 1558. mort jeune.

XIV. GEORGES DE GRANGES , auffi reçû Chevalier de l'Ordre
    de Saint Jean de Jerufalem , au Grand Prieuré d'A-
    quitaine en l'année 1563. mort jeune.

XIV. LOUISE DE GRANGES , Religieufe au Monaftere de
    Sainte Croix de Poitiers.

XIV. **A**MBROISE DE GRANGES , troifiéme fils de LOYS DE
      GRANGES & de MARGUERITE DE SAINT - GEORGES, fa
feconde femme, fit partage avec fes freres le 9. Juillet 1571. Il
étoit Seigneur du Pleffis , Montfernier & de la Gafteviniere , qu'il
vendit par contrat du 3. Decembre 1581. dans lequel il eft prou-
Puiguyon.
d'or à une
tête deChe-
val con-
tournée de
Sable.
vé qu'il étoit lors marié avec RENE'E DE PUIGUYON , fille de JEAN
Sire de PUIGUYON & de *Marie* de Montalambert, Dame de Fraigneau , qui lui apporta les Terres de Puiguyon , Germont , la Vergne , Bois-Regnier , Fraigneau , &c. Ils confentirent au mariage
de PHILIPPE DE GRANGES leur fils, & dans le contrat qui en

fut paſſé le 4. Avril 1606. RENE'E DE PUIGUYON , ſe dit veuve de feu haut & puiſſant AMBROISE DE GRANGES , Chevalier Seigneur du Pleſſis , &c. Elle tranſigea le 16. Juin 1618. avec Meſſieurs de Saint-Georges , & Dame *Charlotte* de Parthenay , & donna un aveu & denombrement à Gilles de Chaſtillon , Baron d'Argenton , le 15. May 1619.

PREUVES.

SACHENT toùs , &c. perſonnellement eſtablis Nobles perſonnes JEHAN DE GRANGES, Seigneur de Montfernier , & GABRIEL & AMBROISE DE GRANGES , ſes freres puiſnés , tous enfans de feu Noble & puiſſant LOYS DE GRANGES , vivant Chevalier , Seigneur de Montfernier , & de Damoiſelle MARGUERITE DE SAINT-GEORGES , &c. leſquelles parties ſur les droits , parts & portions , par leſdits GABRIEL & AMBROISE pretendus à titre ſucceſſif dudit feu LOYS leur pere , &c. Fait à Montfernier le 9. Juillet , l'an 1571. & ſigné. **1571.**

Extrait tiré de l'Original , étant au tréſor de la Floceliere.

COMME ainſi ſoit , que au temps du contrat de mariage d'AMBROISE DE GRANGES , Eſcuyer , Seigneur du Pleſſis , Montfernier , &c. & de Damoiſelle RENE'E DE PUIGUYON , ſa femme , il fut poſſeſſeur de ladite Maiſon noble du Pleſſis & de la Maiſon noble de la Gateviniere , leſquelles Maiſons & Seigneuries depuis condemourance & ſocieté conjugale , ledit AMBROISE auroit vendu , &c. Fait & paſſé le 3. Decembre de l'an 1581. & ſigné. **1581.**

Cet Extrait tiré de l'Original , qui eſt dans le tréſor de la Floceliere.

SACHENT toùs , &c. ont eſté preſens , &c. Damoiſelle RENE'E DE PUIGUYON , veuve de feu haut & puiſſant AMBROISE DE GRANGES , en ſon vivant Chevalier Seigneur du Pleſſis , &c. & haut & puiſſant *Louis de Saint-Georges* , Chevalier Seigneur de Boiſſac , Gentil-homme ordinaire de la Chambre du Roy , tant en ſon nom , que ſoy faiſant fort pour Meſſire *Jean-Jacques* de Pons , Chevalier , Marquis de la Caſſe , &c. & pour Dame *Charlotte de Parthenay* , eſpouſe dudit de Pons , &c. & *Philippe de Saint Georges* , Eſcuyer Seigneur de Souligny , &c. heritiers , Sçavoir ladite RENE'E DE PUIGUYON par repreſentation de JEAN DE PUIGUYON ſon pere , & ledit ſieur de Boiſſac par repreſentation de feüe Demoiſelle *Paule* de Puiguyon ſa mere , & leſdits ſieurs de la Caſſe & de Souligny auſſi par repreſentation de ladite *Paule* , & ladite de Parthenay auſſi par repreſentation de ladite *Paule* de Puiguyon ſon aycule , leſquelles dites parties ont fait & tranſigé , &c. Fait & paſſé en la Ville de Niort , le 16. Juin 1618. Signé de deux Notaires. **1618.**

Cet Extrait tiré de l'Original , qui eſt dans le tréſor de la Floceliere.

SACHENT tous , que de vous haut & puiſſant Seigneur , Meſſire GILLES DE CHASTILLON, Chevalier de l'Ordre du Roy , &c. Seigneur & Baron d'Argenton , &c. Je RENE'E DE PUIGUYON , Dame dudit lieu & du Fief de la Regnaudiere , veuve de deffunt haut & puiſſant Meſſire AMBROISE DE GRANGES , Chevalier , Seigneur de Freſneau , tant pour moy , que pour mes Hommes , Teneurs & Sujets , avoüe tenir à foy & hommage lige , &c. Fait le 13. May , l'an 1619. **1619.**

Extrait tiré de l'Original , étant au tréſor de la Floceliere.

UISQUE la Maison de PUIGUYON est tombée dans celle DE GRANGES, par le mariage de RENE'E DE PUIGUYON, avec AMBROISE DE GRANGES , qui a porté dans cette Maison la Terre de Puiguyon & autres biens confidérables : il ne paroît pas inutile d'en déduire icy fommairement la Genealogie , laquelle a été prife fur les titres, qui font confervez dans le tréfor de la Floceliere.

U Ne Charte en Latin de l'an 1042. fait mention d'un GUILLAUME DE PUIGUYON.
Par une autre Charte du Mercredy aprés *Lætare* , de l'an 1237. DENISE DE PUIGUYON , fait don de plufieurs biens à Guillaume fon frere, qui eft qualifié Monfieur & Chevalier , Seigneur de Puiguyon.
On ne trouve rien de plus ancien de cette Maifon.

I.   C E GUILLAUME , que l'on dit I. du nom , eut pour enfans , JACQUES & LAURENCE de Puiguyon.

II.   JACQUES DE PUIGUYON , I. du nom , fut pere de

III.   GUILLAUME , II. du nom , qui eut pour fils ,

IV.   JACQUES DE PUIGUYON , II. du nom, qui ordonna par fon teftament, de mettre entre les mains des Preftres de Beauchaigne , le Chevet de Noftre - Dame, que fes predeceffeurs avoient apporté d'Outre-mer. Ce qui eft ainfi marqué dans ce teftament , qui fe trouve dans le Cabinet de M. d'Hofier. Ses enfans furent , PIERRE & JEAN DE PUIGUYON.

V.   PIERRE , Seigneur de PUIGUYON , époufa *Jeanne Bufche* , d'une Maifon de Poitou qui eft éteinte. Ils ne laifferent qu'un fils.

VI.   GUILLAUME , III. du nom , Seigneur de PUIGUYON, marié à *Jeanne Racondet* , Maifon qui fubfifte encore en Poitou , & dont eft iffu le Sieur de Saint Martin-Lars, d'aprefent. Leurs enfans furent, GUILLAUME , RENAULT & JEAN de Puiguyon.

VII.   GUILLAUME , IV. du nom, Seigneur de PUIGUYON , époufa *Marie Milon* , d'une Famille éteinte en Poitou , & n'eurent qu'un fils.

                                                        VIII.

VIII. MARQUIS , Seigneur DE PUIGUYON , marié avec *Jeanne Dreux* , de la Famille des Dreux de Poitou , de laquelle font iffus le Sieur de la Tudefriere , le Marquis de Dreux , Grand-Maiftre des Ceremonies , & le Marquis de Nancré , Capitaine des Cent-Suiffes de la Garde de fon Alteffe Royale, Monfeigneur le Duc d'Orleans.

IX. Leurs enfans furent, JACQUES DE PUIGUYON, III. du nom, dont il fera parlé cy-après : JEAN , Abbé de Baffac : MARIE , Religicufe : MARGUERITE , marié à *N*.... *Amenard* , & RENE' DE PUIGUYON , Sénéchal d'Agenois , qui époufa *Marthe de Conyghan* , & n'en eut que deux filles , LOUISE & LUCRECE DE PUIGUYON.

X. LOUISE , l'aînée, Dame de Cherveux, époufa *Charles de Saint-Gelais*. Ils ont laiffé *Marie de Saint-Gelais*, alliée à *René* de Courtarvel : *Françoife de Saint-Gelais* , qui époufa *Loüis* de Prie , Marquis de Toucy , peré de *Loüife* de Prie , femme de *Philippe* de la Mothe-Houdancourt , Duc de Cardonne, Marêchal de France,& mere de *Françoife-Angelique* de la Mothe-Houdancourt , Ducheffe d'Aumont , de *Charlotte-Eleonor-Madelaine* Ducheffe de Ventadour,& de *Marie-Ifabelle-Gabrielle* de la Mothe-Houdancourt, Ducheffe de la Ferté-Saint Nectaire : *Marie-Madelaine de Saint-Gelais* , époufe de *Henry-François* , Marquis de Vaffé : *Anne-Armande de Saint-Gelais* , femme de *Charles* , Duc de Crequy, dont une fille unique *Madelaine* de Crequy , époufe du Duc de la Trimoille , & mere du Duc de la Trimoille d'à prefent , & de la Ducheffe d'Albret , & *René de Saint-Gelais-Lufignan* , Marêchal de de Camp des Armées du Roy , tué d'un coup de Canon à Valcourt, en 1689. La Marquife de Nonan a herité par fon decés , des Terres de Cherveux & de Saint-Gelais.

X. LUCRECE DE PUIGUYON , feconde fille de RENE' DE PUIGUYON , époufa *Honorat* Efchalart , Seigneur de la Boulayc, & de ce mariage font iffus par degrez,la Ducheffe de Duras & Madame de Lanion.

IX. JACQUES DE PUIGUYON , III. du nom, fils aîné de MARQUIS DE PUIGUYON & de *Jeanne Dreux* , époufa *Marguerite* Amenard , iffuë d'une Maifon d'Anjou , à prefent éteinte, & eut pour enfans, FRANÇOIS DE PUIGUYON , qui fuit, CLAUDE DE PUIGUYON , Chevalier de Saint Jean de Jerufalem , Commandeur de la Roche , de la Villedieu , de la Lande & de l'Hôpitaux , & MADELAINE DE PUIGUYON , feconde femme de *Charles Chabot* , Baron de Jarnac , & de Monlieu , duquel eft iſſuë , *Anne-Marie-Loüiſe Chabot*, mariée en Juillet 1709. avec *Paul-Augufte-Gafton de la Rochefoucaut* , dit le Chevalier de Montendre , qui a pris à cauſe d'elle le nom de Comte de Jarnac.

X. FRANÇOIS DE PUIGUYON , épouſa *Robinette de Conyghan* , laquelle étoit fœur de *Marthe de Conyghan*, femme de RENE' DE PUIGUYON fon oncle , & fille de *Iean de Conyghan*, Seigneur de Cherveux, dont la pofterité eft finie par le decés du Marquis de Cangé , dernier de fon nom , qui n'a point laiſſé d'enfans , & de *Catherine de Vivonne* , laquelle étoit fille de *Iean de Vivonne* , Seigneur de Marigny & de Choufay , & de *Honorée d'Authon* , & petite fille de *Marie de Vivonne* , coufine germaine de *Iſabeau de Vivonne* , Dame des Eſſars , femme de *Charles de Bretagne* , Comte de Penthievre , &c. defquels font iſſus les Ducs de Vendôme, & le Roy de Sicile , par Madame Royale , Ducheſſe de Savoye , ſa mere.

Les enfans de FRANÇOIS DE PUIGUYON furent, RENE' DE PUIGUYON , qui ſuit : RENE'E, Religieuſe en l'Abbaye de Fontevrault , & PAULE DE PUIGUYON , qui épouſa *André de Saint-Georges* , Seigneur d'Iſſoudun, & en eut *Suſanne de Saint-Georges* , mariée avec *Artus de Parthenay*. Ils n'ont laiſſé qu'une fille unique , nommée *Charlotte de Parthenay* , femme de *Iean* , Seigneur *de Pons*, Marquis de la Caſſe & Baron de Thors.

XI. RENE' DE PUIGUYON , épouſa *Madelaine de Brifay* , & en eut JEAN DE PUIGUYON , qui ſuit : FRANÇOISE , morte ſans alliance , & MARGUERITE DE PUIGUYON, mariée avec *Daniel de Saint-Quentin* ; & morte ſans enfans.

XII. JEAN DE PUIGUYON , épouſa *Marie de Montalambert* , Dame de Fraigneau , & en eut une fille unique RENE'E DE PUIGUYON , qui épouſa AMBROISE DE GRANGES, & lui porta les Terres de Puiguyon , de Germont , de la Vergne , de Fraigneau , Bois-Regnier , & pluſieurs autres , ainſi qu'il vient d'être dit , page 138. de cette Hiſtoire.

XIV. A MBROISE DE GRANGES & RENE'E DE PUIGUYON, eurent pour enfans.

XV. PHILIPPE DE GRANGES , qui ſuit.

XV. Marie de Granges , qui épousa *Helie de l'Estang* , Seigneur de Puigironde , duquel elle étoit veuve le 20. Janvier 1645.

L'Estang. d'argent à 7. fusées de gueules.

XV. Susanne de Granges , fut mariée par contrat du 16. Janvier 1612. avec *René Gaudin* , Ecuyer , Seigneur de Cluseau , lequel étoit veuf d'elle, le 20. Janvier 1645.

Gaudin. d'azur à dix Losanges d'or posées en orle.

XV. Jeanne de Granges , épousa *Daniel Raymond* , Seigneur de la Micheliere , avec lequel elle vivoit le 20. Janvier 1645.

Raymond. lozangé d'or & d'azur,

XV. **P**Hilippe de Granges , Chevalier , Seigneur de Puiguyon & de Germont en Poitou , de Boinet & de Fraigneau en Saintonge , & du Fié en Aunis , fut marié du consentement de ses pere & mere , par contrat du 4. Avril 1606. avec Marie Boynet , fille de haut & puissant *Louis Boynet*, Seigneur du Puy , de la Fremaudiere & de Montsorbier , & de Damoiselle *Elizabet de Contour*. Il est qualifié haut & puissant & Chevalier , dans un hommage qu'il rendit , au nom de sa mere , à la Dame du Soulier, le 17. Janvier 1618. de même que dans un partage fait entre ses enfans , le 20. Janvier 1645. & dans le contrat de mariage de Rene' de Granges , son fils , du 4. Janvier 1647.

Boynet. d'argent à un lion de Gueules & 1. chef d'azur.

PREUVES.

AU Traité & prolocution de mariage, qui , au plaisir de Dieu , s'accomplira entre Philippe de Granges , Escuyer Seigneur de Boinet , fils naturel , & legitime heritier de haut & puissant Ambroise de Granges , Chevalier Seigneur du Plessis , & de Damoiselle Renée de Puiguyon , demeurans au Chasteau de Fresneau en Saintonge , o consentement de haut & puissant Messire *Phelippe de Saint Georges* , Chevalier de l'Ordre du Roy , Seigneur du Plessis & d'Issoudun , comme ayant charge, par une procuration speciale desdits de Granges & de Puiguyon , ensemble de Damoiselle *Marie de Montalambert*, aycule dudit Phelippe , & aussi ains le vouloir & consentement de haut & puissant *Gabriel de Saint Georges* , Chevalier Seigneur , Baron de Verac & de Couché , & encore de haut & puissant *Olivier de Saint Georges* , Seigneur de Verneüil-Champaigne , & de haut & puissant *Louis de Saint Georges* , Seigneur de Saint Georges , parens à ce appellés d'une part , & Damoiselle Marie Boynet , fille naturelle & legitime de haut & puissant *Louis Boynet* , Seigneur du Pin , de la Fremaudiere , & de Monsorbier ; de Damoiselle *Elisabeth de Contour* , son épouse , &c. Fait & passé le 4. Avril , l'an 1606. & signé des parens & des Notaires.

1606.

Cet Extrait tiré sur l'Original , estant au trésor de la Floceliere.

AUjourd'huy pardevant nous en la Cour de ceans, s'est comparu & presenté haut & puissant Messire Phelippe de Granges , Chevalier Seigneur de Fresneau & de Boynet , lequel par vertu de procuration speciale , &c. a offert faire , pour Damoiselle Renée de Puiguyon sa mere , Dame de l'Hostel noble de Puiguyon & de Bois-Regnier , les foy & hommage , &c. que ladite Dame de Puiguyon doit à Damoiselle Jacqueline Gastebled , veuve de deffunt Jean

1618.

Raoul, vivant Efcuyer, Sieur du Soulier, &c. Donné le 17. de Janvier l'an 1618.

Cet Extrait tiré fur l'Original, étant au tréfor de la Flocelière.

XV. PHILIPPE DE GRANGES & MARIE BOYNET, eurent pour enfans.

XVI. RENE' DE GRANGES, qui fuit.

XVI. LOUIS DE GRANGES, Ecuyer, Seigneur de Bois-Regnier, partagea avec fon frere, le 20. Janvier 1645. & fut maintenu avec lui dans fa Nobleffe, le 24. Septembre 1667. Il étoit lors marié avec MARGUERITE GRELIER, & n'en a point eu d'enfans.

Grelier. d'argent à deux Rofes de Gueules en Chef & une Fleur de Lys de fable en pointe.

XVI. RENE'E DE GRANGES, partagea avec fes freres le 20. Janvier 1645. & mourut fans être mariée.

XVI. JEANNE DE GRANGES, partagea avec fes freres le 20. Janvier 1645. & mourut fans alliance.

XVI. MARIE DE GRANGES, morte avant le 20. Janvier 1645. fans avoir été mariée.

XVI. RENE' DE GRANGES, Chevalier, Seigneur de Puiguyon, eft qualifié haut & puiffant Seigneur, dans un partage fait le 20. Janvier 1645. entre lui & fes freres & fœurs, d'une part, & la Dame de Puigironde fa tante, les Sieurs du Clufeau & de la Micheliere fes oncles, & *Jacques Thibaut* de la Carte, Seigneur de Unze, comme mary de *Françoife Chauviniere*, fa coufine, d'autre part. Il époufa par contrat du 4. Janvier 1647. FRANÇOISE BARILLON, depuis Dame de Somploire, fille de Meffire *François Barillon*, Chevalier, Seigneur de Somploire & de feuë Damoifelle *Jeanne Thevenin*. Il donna denombrement de la Terre de Puiguyon, mouvante de la Châtellenie de Cerifay, à Paul-Philippe de Morais, Seigneur de Cerifay, le 26. Novembre 1664. Il demeuroit dans la Paroiffe de Cerifay, Election de Thoüars, lorfqu'il fut maintenu dans fa Nobleffe, avec LOUIS DE GRANGES, fon frere, par M. Barentin, Intendant en Poitou, le 24. Septembre 1667. Il mourut le 27. Decembre 1680. Sa veuve vivoit encore le 27. May 1682.

Barillon. de Gueules à 3. Barils d'or liés de fable, pofés deux & un.

PREUVES.

SAchent tous, &c. foumis haut & puiffant, Meffire RENE' DE GRANGES, Chevalier, Seigneur de Puiguyon, émancipé & autorifé, &c. & LOUIS DE GRANGES, Efcuyer, Seigneur de Bois-Regnier, & RENE'E & JEANNE DE GRANGES, freres & fœurs, enfans de deffunt haut

haut & puiffant Meffire PHELIPPE DE GRANGES, vivant Chevalier, Seigneur de Puiguyon, & *René de Leftang*, Efcuyer Seigneur de Leftang, fils de Damoifelle MARIE DE GRANGES, veuve de feu *Helie de Leftang*, Seigneur de Puigirode, & faifant pour *René Gaudin*, Efcuyer, Seigneur du Clufeau, au nom de pere & loyal adminiftrateur de fes enfans, & de deffunte SU-ZANNE DE GRANGES, & Meffire *Daniel Raymond*, Efcuyer, Seigneur de la Micheliere, tant en fon nom, que de Damoifelle JEANNE DE GRANGES, fœurs dudit feu PHILIPPE, & tous lefdits de Granges, petits enfans & reprefentans, deffunt AMBROISE DE GRANGES, Chevalier, Seigneur du Pleffis d'une part, &c. & haut & puiffant Meffire *Jacques Thibault* de la Carte, Chevalier, Seigneur de Unze, & Dame *Françoife Chauviniere*, fa femme, reprefentant MAR-GUERITE DE GRANGES, fon ayeule, &c. Paffé le 20. Janvier l'an 1645. Signé.

Cet Extrait tiré fur l'Original, étant au tréfor de la Floceliere.

SACHENT TOUS, &c. foumis en droit Meffire RENE' DE GRANGES, Chevalier, Seigneur de Puiguyon, fils aifné, & principal heritier de deffunt Meffire PHELIPPES DE GRANGES, vivant Chevalier, Seigneur de Puiguyon, & de deffunte Damoifelle MARIE BOYNET, fon époufe, &c. & Meffire *François Barrillon*, Chevalier, Seigneur de Somploire, & Damoifelle FRANÇOISE BARRILLON, fa fille, & de deffunte Damoifelle *Jehanne Thevenin*, vivante fon époufe, entre lefquelles parties a efté fait, &c. affavoir que ledit Seigneur de Puiguyon, & la-dite Damoifelle Barrillon par l'avis, &c. fe font mutuellement promis, fe prendre pour mary & femme, &c. Fait & paffé au Chafteau de Somploire, le 4. Janvier l'an 1647. & figné. **1647.**

Cet Extrait tiré de l'Original, étant au tréfor de la Floceliere.

SACHENT TOUS, que de vous, haut & puiffant Meffire Paul-Phelippe de Morais, Chevalier, nous haut & puiffant Meffire RENE' DE GRANGES, Chevalier, Seigneur de Puiguyon, &c. tenons, & advouhons tenir de vous, mondit Seigneur, à caufe de voftredite Chaftellenie de Ceti-fay, mon hoftel noble de Puiguyon, tant pour moy, que pour mes hommes, teneurs, &c. Reccu le 26. Novembre l'an 1664. & figné. **1664.**

Cet Extrait tiré fur l'Original, étant au tréfor de la Floceliere.

XVI. Rene' DE GRANGES, & FRANÇOISE DE BARILLON, eurent pour enfans.

XVII. FRANÇOIS DE GRANGES, qui fuit.

XVII. CHARLES DE GRANGES, reçû Chevalier de l'Ordre de Saint Jean de Jerufalem, au Grand Prieuré d'A-quitaine, aprés avoir fait fes preuves le 2. Avril 1666. devant Loüis Forchard, Commandeur des Ro-ches & de Villedieu, & Guy d'Alongny, de Bois-Morant, Commandeur d'Ozon & de Praillé, Che-valiers du même Ordre. Il a été connu fous le nom de Chevalier de Puiguyon. Il étoit avec le Com-mandeur de la Madelaine, fur un Vaiffeau qu'ils avoient armé, lors que le 3. Septembre 1675. ils fu-rent attaquez au Soleil levant par trois Vaiffeaux de Tripoly, & le Commandeur ayant été tué fur les deux heures, le Chevalier de Puiguyon conti-nua de fe deffendre avec tant de vigueur, que les Ennemis n'oferent l'aborder : Mais fon Vaiffeau aïant

O o

coulé à fond au Soleil couchant, ils envoyerent leurs Chaloupes, pour retirer de la Mer ceux qui reſtoient du Combat, & qui étoient en petit nombre. Le Chevalier en étoit un & bleſſé de deux coups. Il fut mené Eſclave à Tripoly, où ayant été reconnu Chevalier de Malthe, il auroit été envoyé à Conſtantinople, ſi la Flotte Angloiſe n'étoit arrivée devant Tripoly, pour lui faire la guerre, ou la forcer à faire la paix. Le Chevalier de Narbaroug, General de cette Flotte, aïant appris l'action du Chevalier de Puiguyon, ſur le raport même des Ennemis, conçut tant d'eſtime pour lui, qu'il ne voulut ſigner la paix, qu'à condition qu'on lui rendroit ce Chevalier; ce qui lui aïant été accordé, il le ramena à Malthe où il mourut, au retour d'une Campagne qu'il fit dans la Morée, en 1686.

PREUVE.

L'An mil ſix cent ſoixante-ſix & le 2. d'Avril, Nous Frere Louis Forchard, Chevalier de l'Ordre de S. Jean de Jeruſalem, Commandeur des Roches & de Villedieu, & Guy d'Alloigny-Boiſmorant, auſſi Chevalier dudit Ordre, Commandeur d'Oſon & de Praillé, eſtant au Bourg de Ceriſay, &c. s'eſt preſenté à nous Meſſire René de Granges Chevalier, Seigneur de Puiguyon, &c. lequel pour & au nom de Charles de Granges, Eſcuyer, ſon fils, nous a preſenté une commiſſion décernée à Poitiers, &c. tendante à faire les preuves de la nobleſſe & legitimation dudit Charles de Granges, &c. laquelle après l'avoir vûe & leüe, l'avons tres-humblement acceptée, &c. avons fait inſerer la ſuſdite commiſſion en ces préſentes, nous Frere François de Neuchefé, Commandeur des Commandemens des Eſpaux & S. Remy, Vice-Amiral de France, Préſident à l'Aſſemblée Provinciale dudit Prieuré, &c. s'eſt levé Frere René de Salo de Semagne, Commandeur de Fretay, & Receveur au Grand Prieuré d'Aquitaine, lequel a preſenté noble Charles de Granges, Eſcuyer, &c. requiert commiſſion luy eſtre donnée, &c. à quoi inclinant ladite aſſemblée, a commis & député les chers & bienamés Commandeurs & Chevaliers, Frere Jean des Degettons de la Baronniere; Commandeur d'Amboiſe, Frere Louis Forchard de la Panne, Commandeur des Roches & Villedieu; Frere François de Bude-Tertre-Joan, Commandeur de Mauleon & la Lande-Verche, Frere Guy d'Allogny, Commandeur d'Oſon & Praillé, Frere Lancelot de Choupe, Commandeur de la Guierche & du Bleſſon, Frere René de Salo de Semagne, Commandeur de Fretay, Receveur; Frere Polaſtron de la Hilliere, Commandeur de la Feuillée; Frere François de Laval, Commandeur d'Actins, & Procureur au Grand Prieuré d'Aquitaine; Frere François de la Rochefoucault, Commandeur de l'Iſle Bouchard & du Foüillou; Frere Salomon des Chaſtelliers, Chevalier; Frere René de Menou, Chevalier; Frere Pierre de Bailleul, auſſi Chevalier, ou à deux d'iceux ſur ce requis, &c. Et pour vacquer auſdites preuves & auditions des Gentils hommes, teſmoings, &c. s'eſt preſenté à nous Meſſire René de Sainte Maure, Chevalier, Seigneur de la Guiraire, premier Capitaine de la Marine de Levant, & de la Galere Patronne de France, Lieutenant du Roy au Havre de Grace, &c. a dit que ledit Charles prétendant, &c. s'eſt auſſi preſenté Meſſire Chriſtophe Goulard, l'un des cent Chevaliers de Saint Michel, Seigneur de la Grange-Vermiere & de Montfernier, &c. S'eſt auſſi preſenté Meſſire François Suirot, Chevalier, Seigneur des Champs; Conſeiller du Roy, Commiſſaire General de la Marine du Levant, Galeres, Vaiſſeaux, Mortespayes, & Fortifications de Ponant, &c. S'eſt auſſi preſenté Meſſire Charles de Montaigu, Chevalier, Seigneur de la Rouſſeliere, Boiſdavy, & de la Boſſe, &c. Et après avoir examiné les titres, &c. Fait le ſix Avril l'an 1666. Signé F. Louis de Forchard de la Panne, F. Guy d'Allogny de Boiſmorant; F. François de Laval, F. Aimery de Sauzay, Chancelier du Grand Prieuré, F. René de Salo de Semagne, & ſcellé.

Cet Extrait tiré ſur l'Original, étant au tréſor de la Flocceliere.

XVII. Marie de Granges, Religieuſe Cordeliere à Breſſuire.

XVII. MARGUERITE DE GRANGES , Religieufe Cordeliere à Breffuire.

XVII. ANNE-RENE'E DE GRANGES de SURGERES ; Damoifelle de Puiguyon, fut partagée par FRANÇOIS DE GRANGES de SURGERES , fon frere ; le 20. May 1694. & maintenuë dans fa Nobleffe avec lui le 2. Juin 1715. Elle eft encore vivante en cette année 1716. & n'a point été mariée.

XVII. ANNE DE GRANGES , partagée par fon frere aîné le 20. May 1694. mariée avec *Pierre de la Cour* de Fontenioú, Chevalier ; Seigneur de la Guibretiere , duquel elle eft veuve en 1716.

La Cour, de Sinople à une bande d'or.

XVII. FRANÇOIS DE GRANGES DE SURGERES , Marquis de PUIGUYON & de la Floccliere ; Seigneur de Beauchefne , du Bois-Regnier , de Bournigalle , du Petit-Appelvoifin , de la Lorgere & des Fiefs des Voutes & de l'Abbaye , Lieutenant General des Armées du Roy, Chevalier de l'Ordre Militaire de Saint Loüis , dont les Emplois & les Services font cy-devant rapportez, a époufé par contrat du 27. May 1682. FRANÇO/SE DE LA CASSAIGNE ; fortie d'une ancienne nobleffe de Gafcogne , & Fille de haut & puiffant *Jean de la Caffaigne* , Chevalier ; Seigneur de Saint Laurent ; Grand-Maiftre des Eaux & Forefts ; & Commandant pour Monfeigneur le Prince de Condé , en fes Comtez de Dun ; de Clermont ; de Stenay , de Varenne & de Jametz , & de Dame *Loüife de Brefmond* ; de l'ancienne Maifon de Brefmond-d'Ars en Saintonge ; établie en Poitou. Il donna partage à fes fœurs le 20. May 1694. & le 28. Février 1697. Il échangea avec M. Dreux ; Confeiller au Parlement , la Terre de Semploire qu'il poffedoit du chef de Dame FRANÇOISE BARILLON ; fa mere, pour le Marquifat de la Floceliere , & obtint la confirmation de l'érection de cette Terre en Marquifat , par Lettres du mois de Mars ; régiftrées le 7. Avril de la même année. C'eft dans cette Terre qu'il a trouvé tous les titres de la Branche DE SURGERES , par lefquels aïant reconnu la raifon qui avoit obligé fes anceftres à quitter le nom DE SURGERES , pour prendre celui de Granges , & que toutes les Branches aînées en étoient éteintes ; il a joint le nom DE SURGERES à celui DE GRANGES , & en a pris les Armes plaines. Il a été maintenu dans fa nobleffe , après l'avoir juftifiée par titres autentiques qu'il avoit pû ramaffer jufqu'à lors , depuis l'an 1238. avec ANNE-RENE'E DE GRANGES DE SURGERES ; Damoifelle de Puiguyon fa fœur , GILLES-CHARLES DE GRANGES DE SURGERES , Marquis de la Floceliere , & SAMUEL DE GRANGES ; Sei-

La Caffaigne, d'azur à un Dauphin d'argent couronné de même, é-cartelé d'or à un Chê-ne de Sinople fruité d'or.

gneur de la Fouchardiere, fes coufins, par jugement de M.
Quantin de Richebourg, Intendant de Juftice en Poitou, le 2.
Juin 1715.

PREUVES.

1682.　SAchent tous, &c. Sont comparus haut & puiffant Meffire FRANÇOIS DE GRANGES,
Chevalier, Seigneur de Puiguyon, fils aifné, & heritier principal de feu haut & puiffant
Meffire RENE' DE GRANGES, vivant Chevalier, Seigneur defdits lieux, & de Dame FRAN-
COISE BARRILLON fa veuve, d'une part, &c. & Damoifelle *Fr nçoife de la Caffaigne*, fille de
haut & puiffant *Jean de la Caffaigne*, Chevalier, Seigneur de Saint Laurent, Grand Maiftre des
Eaües & Forefts, Commandant pour S. A. S. Monfeigneur le Prince, en fes Comtés de Dun,
Clermont, Stenay, Varenne, & Jametz, & de Dame *Loüife de Brefmond*, fon efpoufe, fes pere
& mere, &c. Lefquelles parties, par l'avis de leurs parens, ont reconnu avoir fait entre elles les
traités & conventions matrimoniales, &c. Fait & paffé à Dun le 17. May 1682. Signé des Parties & des Notaires.

Cet Extrait tiré de l'Original, eftant au Tréfor de la Flocelicre

1697.　PArdevant les Notaires du Roy au Chaftelet, fouffignés furent prefens Meffire THOMAS
DREUX, Chevalier, Marquis de Brefé, Baron de Berie, Seigneur de S. Juft & de Sainte
Hypolite, Confeiller du Roy en fa Cour de Parlement, d'une part, &c. & haut & puiffant
Meffire FRANÇOIS DE GRANGES DE SURGERES, Chevalier, Seigneur de PUIGUYON, Brigadier General des Armées du Roy, Meftre-de-Camp du Regiment de Cavaleric de Monfeigneur
le Duc de Bourgogne, d'autre part, &c. Lefquelles Parties ont fait, & accordé entre elles l'efchange & permutation qui fuit, fçavoir, que ledit Seigneur Dreux a volontairement cedé & dé-
laiffé, &c. à titre d'efchange, &c. la Terre, Seigneurie, & Marquifat de la Flocelicre, avec
toutes fes appartenances, &c. Et en contre-efchange ledit Seigneur de Puiguyon a baillé, &c. la
Terre & Seigneurie de Somploire, avec la Foreft de Somploire, & Bois de Belair, circonftances,
&c. Fait & paffé à Paris, en la maifon dudit Seigneur Dreux, le 28. Fevrier 1697. Signé.

Cet Extrait tiré de l'Original, eftant au Tréfor de la Floceliere.

LOUIS

XVII. François de Granges de Puiguyon , & Françoise de la Cassaigne , eurent pour enfans.

XVIII. Louis de Granges de Surgeres, Marquis de Puiguyon , Capitaine dans le Regiment de Cavalerie de Monseigneur le Duc de Bourgogne , tué à l'âge de 16. ans à la Bataille de Spire , en allant charger les Ennemis , à la tête de sa Compagnie , le 15. Novembre 1703.

XVIII. Jeanne-Françoise de Granges de Surgeres, mariée par contrat du dernier May 1706. avec Gilles-Charles de Granges de Surgeres , son cousin, Capitaine d'un Vaisseau du Roy , Commandant la Marine aux Sables d'Olonne , & sur les Costes de Poitou & Isles adjacentes , Chevalier de l'Ordre Militaire de Saint Loüis , auquel elle a porté le Marquisat de la Flocelicre , dont il a pris le nom.

XVIII. Henriette-Elizabeth de Granges de Surgeres, mariée par contrat du 14. Février 1714. avec Alfonse de l'Escure , Marquis de l'Escure en Albigeois , neveu de Messire Jean - François de l'Escure , Evêque de Luçon , & fils aîné de Messire Loüis de l'Escure , Chevalier , Seigneur & Baron de l'Escure au Diocese d'Alby , de Valderies , Marcel-Saint Jean , de Pouzonnat , de Trebou, & d'Esquille au Diocese de Lavaur , de Saint Sivié & de Bisquerre en Bigorre , sorti des anciens Seigneurs & Barons de l'Escure , qui ont toûjours rendu hommage de cette Terre au Saint Siege , depuis le Pape Silveftre II. comme il est prouvé par cette Epitre du Pape Innocent III. dattée du troisiéme des Ides de Novembre 1213. qui est la XV. année de son Pontificat , rapportée par M. Baluze Livre XV. de l'édition qu'il a donnée des Epitres de ce Pape , page 692. du second Volume.

L'Escure. d'or à un Lion d'azur écartelé de Gueules à 1. Lion d'or accompagné de 11. besans de même , mis en orle.

PREUVES.

Nobilibus Viris Viviano , Gaillardo & aliis Dominis Scuriensis Castri. Manifestum est Castrum, quod Scuria dicitur, temporibus S. memoriæ Silveftri P. sicut ex inspectione litterarum antecessoris nostri felicis recordationis Sergii Papæ cognovimus, regia liberalitate per manus ejusdem, B. Petro quondam fuisse collatum , & à Vediano quondam ejusdem Castri Domino , memorato prædecessori nostro P. Sergio , per innovationem, sub annuo censu decem solidorum Raymundensis monetæ , fuisse recognitum & oblatum. Idem etiam Castrum Raymundus & Sicardus , Domini ipsius loci , prædecessori nostro P. Ca-

1213.

P p

lixto, & per manum ipfius B. Petro & S. R. E. recognoverunt & obtulerunt. Nos itaque eorumdem anteceflorum noftrorum Sergii, Calixti, Innocentii & etiam Adriani Romanorum Pontificum, qui Caftrum ipfum ad jus & proprietatem Beati Petri pertinens, fub Apoftolicæ Sedis protectione ac munimine receperunt, veftigiis inhærentes, præfatum Caftrum, fub B. Petri & noftra protectione fufcipimus, & præfentis fcripti patrocinio communimus, ftatuentes, ut neque Comiti, neque alicui perfonæ facultas fit, ipfum Caftrum auferre, minuere, infeftare, vel fuis ufibus vendicare, fed quietum & integrum vobis in Fide Catholica & fidelitate Apoftolica permanentibus, ficut à jam dictis prædecefloribus noftris & à nobis conceflum eft, fub Beati Petri jure ac defenfione confiftat. Sanè fi quis veftrum gravius aliquid, quod abfit; fortè commiferit, pro ejus culpa, ficut à præfato prædeceflore noftro Alexandro Pontifice ftatutum eft ipfi & alii ejufdem iniquitatis participes, ipfi & honores eorum, minimè à divinis interdicantur officiis : Quod & de fubjectis militibus veftris præcipimus obfervari. Statuimus etiam ut nulli, nifi Dominis & hominibus ejufdem Caftri, liceat infra terminos tenimenti veftri Caftrum ædificare, nec Munitionem conftruere. Si qua verò Ecclefiaftica Secularifve perfona, adversùs homines ejufdem Cafti querimoniam depofuerit, apud Metropolitanum veftrum, vel Legatum *à Latere* Romani Pontificis deftinatum, quod juftum fuerit experiri procuret. Nos autem à dilecto filio Nobili Viro Ademano, uno Dominorum ejufdem Caftri, ad noftram præfentiam accedente, pro ipfo Caftro fidelitatis recipimus juramentum, & ab aliis, per manum dilecti filii M. Petri Marci Subdiaconi noftri, olim Correctoris Litterarum noftrarum, & Archidiaconi Foro-Julienfis, recipi vivâ voce mandamus. Si quis igitur Clericus vel Laïcus temerè, quod abfit, adversùs ifta venire tentaverit, fecundò, tertiòve commonitus, fi non fatisfactione congrua emendaverit, honoris & officii fui patiatur periculum, aut excommunicationis ultione plectatur. Qui verò confervator extiterit, omnipotentis Dei ac Beatorum Apoftolorum ejus gratiam confequatur. Datum Laterani III. Idus Novembris, Pontificatûs noftri anno x v.

HISTOIRE
GENEALOGIQUE
DE LA MAISON
DE SURGERES.

POST·TENEBRAS·SPERO·LVCEM

SEIGNEURS DE LA GORD
ET DE LA GREGORIERE,
A PRESENT MARQUIS DE LA FLOCELIERE.

XI. **M**ATHURIN DE GRANGES, Seigneur en partie de la Gord, troisiéme fils de JEAN DE GRANGES, Seigneur de la Gord prés Niort, & de PERRETTE AYNONE dite CLUSELE, Dame de Cerveaux, fut Seigneur de la Gord en partie, par le partage que Loüis DE GRANGES, son frere aîné lui donna, dans les succes-

fions de fes pere & mere , le 2. May 1446. rapporté cy-devant,
dans les preuves dudit Louis , page 130. & il en donna aveu à
l'Abbeſſe de Saint Jean de Bonneval , prés Thoüars , le 18. Decembre 1449. Il épouſa noble Damoiſelle MARIE PASCAUDE ,
Dame de la Gaſconniere , fille de feu *Jacques Paſcaud* , comme il
ſe juſtifie par un acte du 20. Juillet 1458. par lequel *Mery Paſcaud*,
Seigneur de Mortagne , jura de ne jamais rcvoquer la donation
qu'il avoit faite audit *Jacques Paſcaud* , ſon neveu.

*Paſcaud.
de Gueules
à une faſſe
vivrée d'or.*

PREUVES.

1458. Sachent tous , &c. Perſonnellement eſtablis noble homme MATHURIN DE GRANGES ,
Eſcuyer, Seigneur de la Gord , d'une part , & MERY PASCAUD , Seigneur de Mortagne,
d'autre part , leſdites Parties font les accords , &c. aſſavoir li dy Mery a promis , & jure , &c. de
non jamais revoquer la donation par luy faite à feu JACQUES PASCAUD , ſon neveu , pere de
noble Damoiſelle MARIE PASCAUD , femme dudit Mathurin , Sire de la Gord , niece & fil-
liole dudit MERY PASCAUD , &c. Fait & donné le 20. Juillet , l'an 1458. Scellé & ſigné.

Cet Extrait tiré de l'Original , eſtant au Tréſor de la Floceliere.

XI. **M** ATHURIN DE GRANGES & MARIE PVSCAUDE , eurent
pour enfans.

XII. JACQUES DE GRANGES , qui ſuit.

XII. PREGENT DE GRANGES , Ecuyer , partagea avec ſes freres,
le 21. Mars 1484. Il fut depuis Abbé de Sainte Croix de
Talmont , Ordre de Saint Benoiſt , Diocefe de Luçon.

XII. CHRISTOPHE DE GRANGES , Ecuyer , Seigneur de la Gaf-
conniere , partagea avec ſes freres , le 21. Mars 1484.
fit accord avec JACQUES DE GRANGES , ſon aîné , le 12.
Janvier 1503. & il fit acquiſition d'heritages de lui le 16.
Février 1516. Il avoit épouſé ANNE CATHUS , fille de *Loüis
Cathus* , & de *Catherine de Coufdun*. Il en eut.

XIII. LOUIS DE GRANGES , mort ſans être marié.

XIII. ARTUS DE GRANGES , mort ſans alliance.

*Maucler.
d'argent , à
une Croix
anchrée de
Gueules.
Meſnard.
d'argent à
trois hures
de ſanglier
de ſable.*

XIII. MARIE DE GRANGES , mariée en premieres nôces ,
avec *René Maucler*, Ecuyer, Seigneur de la Goronnie-
re , & en ſecondes , avec *Clement Meſnard*, Ecuyer,
Seigneur de la Gregoriere & du Pleſſis-Gaſtineau.

XII. MARIE DE GRANGES , partagea avec ſes freres , le 21.
Mars 1484.

XII.

XII. MADELAINE DE GRANGES, mariée par fa mere & par JACQUES DE GRANGES, fon frere, par traité du 30. Avril 1481. avec *Leon Pizon*, Ecuyer, Seigneur de la Roüilliere. Elle partagea avec fes freres & fœurs le 21. Mars 1484.

Pizon. de Gueules à un Poiffon d'argent mis en fafce.

PREUVE.

SACHENT TOUS, &c. Perfonnellement eftablis MARIE PASCAUDE, Damoifelle de la Gafconniere, & JACQUES DE GRANGES, Efcuyer, fon fils, Seigneur de la Gord, &c. en faveur, traité & prolocution de mariage de *Leon Pizon*, Efcuyer, Seigneur de la Roulliere & de MARGUERITE DE GRANGES, Damoifelle, fille de feu MATHURIN DE GRANGES, Efcuyer, jadis Seigneur de la Gord, & de ladite PASCAUDE, jadis fa femme, ont promis, &c. Fait ce 30. Avril, l'an 1481. Scellé & figné. `1481.`

Cet Extrait tiré fur l'Original, eftant au Tréfor de la Flocelière.

XII. JACQUES DE GRANGES, Ecuyer, Seigneur de la Gord & des Coufteaux-Gordon, rendit aveu de fa Terre de la Gord à l'Abbeffe de Saint Jean de Bonneval, le 4. Decembre 1471. Il confentit au mariage de MADELAINE DE GRANGES, fa fœur, le 30. Avril 1481. partagea la fucceffion de fon pere avec fes freres & fœurs le 21. Mars 1484. étant lors marié avec FRANÇOISE LE MASTIN, fille de *Jean le Maftin*, Seigneur de la Roche-Jacquelin. Il fit accord avec CHRISTOPHE DE GRANGES, fon frere, fur le partage de la fucceffion de fa mere, le 12. Janvier 1503. & il lui fit vente de quelques biens, le 6. Février 1518.

Le Maftin d'argent à une bande de Gueules fleurdelifée d'azur de fix pieces 3. de chaque côté.

PREUVES.

SACHENT TOUS, &c. Eftablis nobles perfonnes JACQUES DE GRANGES, Efcuyer, Seigneur de la Gord, tant pour luy, que pour FRANÇOISE LE MASTIN, Damoifelle, fa femme, abfente, &c. & PREJENT, CHRISTOPHE, MARIE, & MADELAINE DE GRANGES, Efcuyets & Damoifelles, Freres & Sœurs; lefquelles Parties, &c. à caufe & pour raifon de la fucceffion à eux obvenuë, par la mort & trefpas de feu noble homme MATHURIN DE GRANGES, Efcuyer, & premier mary de MARIE PASCAUDE, leur pere & mere, en fon vivant Seigneur de la Gord, &c. Fait & paffé au lieu de la Gafconniere le 21. Mars, l'an 1484. Scellé & figné. `1484.`

Cet Extrait tiré fur l'Original, eftant au Tréfor de la Floceliere.

SACHENT tous, &c. que comme procez & debats, &c. entre CHRISTOPHE DE GRANGES, Efcuyer, Seigneur de la Gafconniere, d'une part, & JACQUES DE GRANGES, Efcuyer, Seigneur de la Gord, Frere aifné dudit CHRISTOPHE, d'autre part, &c. a efté paffé & accordé ce qui s'enfuit, qui eft que emprés le deceds de ladite Damoifelle PASCAUDE, leur mere, que pour fucceffions collaterales, &c. Fait & paffé au lieu de la Gafconniere le 12. Janvier, l'an 1503. Scellé & figné. `1503.`

Cet Extrait tiré fur l'Original, eftant au Tréfor de la Floceliere.

XII. JACQUES DE GRANGES, & FRANÇOISE LE MASTIN, eurent pour fils.

Qq

XIII. JEAN DE GRANGES, Ecuyer, Seigneur de la Gord, de Coufteaux-Gordon, de Meray, & des Broffes-Jurand. Il retira le 4. May 1526. les heritages, que fon pere avoit vendus à CHRISTOPHE DE GRANGES, fon oncle, & le 15. Juin de l'an 1520. il amortit une rente, à laquelle fon pere s'étoit obligé, envers Guillaume Jouffrand, Prêtre. Il époufa Damoifelle RENE'E JANVRE, au nom de laquelle, il fit partage avec *Georges Janvre*, Ecuyer, Seigneur de la Bouchetiere & de Unze, le 18. Juin 1528. & la mefme année, il donna aveu des heritages qu'elle lui avoit apportez en mariage, à Jean d'Oüaillé, Seigneur de Pizeon & de la Cour de Ligué. Il reçût un aveu le 2. Mars 1537. tranfigea le 6. Juin 1549. avec l'Abbeffe de Saint Jean de Bonneval, & vivoit encore avec fa femme, le 28 Octobre 1561. qu'ils confentirent au mariage de CHARLES DE GRANGES, leur fils.

(marginal note:) Janvre, d'azur à 3. Teftes de Lion, arrachées d'or, couronnées & lampaffées de Gueules & pofées deux & une.

PREUVES.

1526. SACHENT TOUS, que comme dés le 6. Fevrier de l'an 1516. JACQUES DE GRANGES, Efcuyer, Seigneur de la Gord & des Coufteaux-Gordon, euft vendu à CHRISTOPHE, fon frere, &c. perfonnellement eftablis ledit CHRISTOPHE, d'une part, & JEHAN DE GRANGES, Efcuyer, Seigneur de la Gord, fils aifné, & principal heritier dudit JACQUES DE GRANGES, & de Damoifelle FRANÇOISE LE MASTIN, d'autre part; lequel JEHAN DE GRANGES, a remontré audit CHRISTOPHE, lefdites venditions faites par fondit pere, ò la grace de remeré, &c. le requift que fon plaifir fuft le recevoir au retrait, &c. lequel CHRISTOPHE, &c. a reçeu & reçoit ledit JEHAN DE GRANGES fon neveu, &c. Fait & paffé audit lieu de Coulonge le 4. May, l'an 1526. Signé & fcellé.

Cet Extrait tiré fur l'Original, étant au Tréfor de la Floceliere.

1561. SACHENT TOUS, &c. ont efté prefens JEHAN DE GRANGES, Chevalier, Seigneur de la Gord, & Damoifelle RENE'E JANVRE, fa femme, &c. establiffent par ces prefentes leur Procureur, &c. pour, éfdits noms d'eux, & par leur autorité, faire le mariage d'entre CHARLES DE GRANGES, Efcuyer, leur fils aifné, & principal heritier, avec Damoifelle MARGUERITE DE LA BRUERE, fille de feu *Nicolas de la Bruere*, en fon vivant Efcuyer, Seigneur de Launay, auffi par l'autorité de *Maurice de la Bruere*, Efcuyer, & de *René Bejary*, Efcuyer, oncles & curateurs de ladite MARGUERITE, & de *Louïs Prevoft*, Efcuyer, Seigneur de Damiette, & de *Gillette Bejary*, fa femme, Beaupere & mere de ladite MARGUERITE; & par ledit Contract de mariage, &c. Paffé audit lieu noble de la Gord, le 28. Octobre, l'an 1561. & figné.

Cet Extrait tiré fur l'Original, étant au Tréfor de la Floceliere.

XIII. JEAN DE GRANGES, & RENE'E JANVRE, eurent pour enfans.

XIV. CHARLES DE GRANGES, qui continua la pofterité.

XIV. JEANNE DE GRANGES, mariée avec *Loüis des Oullieres*, Ecuyer, Seigneur de la Coffoniere. Elle en eut *Ifabeau des Oullieres*, femme d'*Octavien Brochard*, Seigneur de la Roche-Brochard, d'où vint *Maurice Brochard*, Seigneur de la Roche-Brochard, qui de *Jeanne Simonneau*, fa femme, laiffa *Charles Brochard*, Seigneur de la Roche-Brochard,

(marginal note:) Des Oullieres. d'azur à un Lion d'or couronné de même, armé & côpaffé de Gueules, cotoyé de fix Croifettes d'argent

marié avec *Marguerite Barillon*, pere & mere de *François Brochard* de la Roche-Brochard, reçû Chevalier de l'Ordre de Saint Jean de Jerusalem, au Grand Prieuré d'Aquitaine, le 16. Janvier 1671.

poſées en pal, trois de chaque cô- té.

XIV. Marie de Granges, mariée par contrat du 23. Février 1561. avec *Loüis de l'Hoſpital*, Ecuyer, fils aîné & principal heritier de *Mathieu de l'Hoſpital*, Ecuyer, Seigneur de Brillac, & de *Renée Boucher.*

PREUVE.

Sachent tous, qu'eſt proparlé de mariage de *Loüis de l'Hoſpital*, fils aîné, & principal heritier de *Mathurin de l'Hoſpital*, Eſcuyer, Seigneur du Breillac, avec Damoiſelle Marie de Granges, fille de Jehan de Granges, Eſcuyer, Seigneur de la Gord, & de Damoiſelle Rene'e Janvre, ont eſté perſonnellement eſtablis en droit, &c. Fait & paſſé le 23. Fevrier, l'an 1561. & ſigné.   1561.

Cet Extrait tiré ſur l'Original, eſtant au Tréſor de la Floceliere.

XIV. Charles de Granges, Ecuyer, Seigneur de la Gord, fut marié du conſentement de ſes pere & mere, par contrat du 29. Novembre 1561. avec Marguerite de la Bruere, fille de feu *Nicolas de la Bruere*, Ecuyer, Seigneur de Launay, & de Damoiſelle *Gillette Bejary*, lors femme de *Loüis Prevoſt*, Ecuyer, eigneur de Damiette. Il fut preſent la même année, au mariage de Marie de Granges, ſa ſœur. Il vivoit encore le dernier Septembre 1592. & étoit mort le 9. Decembre audit an, que ſa femme ſe dit veuve de lui. Leur ſucceſſion fut partagée le 4. May 1600.

PREUVE.

Sachent tous, que ou proparlé du mariage de Charles de Granges, fils aîné, & principal heritier de Jehan de Granges, Chevalier, Seigneur de la Gord & des Broſſes-Perault, & de Damoiſelle Rene'e Janvre, ſa femme, avec Damoiſelle Marguerite de la Bruere, fille de feu *Nicolas de la Bruere*, en ſon vivant Eſcuyer, Seigneur de Launay, & de Damoiſelle *Gillette Bejary* ſa mere, ont eſté eſtablis en droit Maiſtre Pierre Courtin, Procureur deſditsJehan de Granges, & de Damoiſelle Rene'e Janvre, ſa femme, & ledit Charles de Granges, Eſcuyer, d'autre part, &c. & Damoiſelle Marguerite de la Bruere, fille dudit feu *Nicolas de la Bruere*, o l'autorité de Meſſire *Maurice de la Bruere*, Eſcuyer, ſon oncle paternel, & curateur, noble perſonne *René Bejary*, Eſcuyer, Seigneur de la Louherie, oncle maternel, auſſi curateur de ladite Marguerite, & *Loüis Prevoſt*, Eſcuyer, Seigneur de Damiette, & Damoiſelle *Gillette Bejary*, à preſent ſa femme, mere de ladite Marguerite, &c. Fait en l'Hoſtel noble de Damiette, preſens nobles perſonnes *Lancelot du Bouchet*, Seigneur de Sainte Gemme, *Philippe Janvre*, Seigneur de la Bouchetiere, *Amaury Allard*, Seigneur de Launay; *Leon de Rorthaire*, Seigneur de Peyre; *Jacques de Rion*, Seigneur de la Baupetiere, & des Parties & Notaires, le 29 Novembre, l'an 1561.   1561.

Cet Extrait tiré ſur l'Original, eſtant au Tréſor de la Floceliere.

XIV. Charles de Granges, & Marguerite de la Bruere, eurent pour enfans.

XV. MAURICE DE GRANGES, qui fuit.

XV. LOUIS DE GRANGES, Seigneur des Bigotieres, a fait la Branche des Seigneurs des Bigotieres & de la Fouchardiere, rapportée cy-aprés.

XV. JEAN DE GRANGES, Ecuyer, Seigneur de Boiſſonnet, étoit âgé de ſix ans, le 9. Decembre 1592. Il fut partagé noblement dans les ſucceſſions de ſes pere & mere, & dans celle de GILLETTE DE GRANGES, ſa ſœur, par CHARLES DE GRANGES, ſon neveu, le 4. May 1600. étant ſous la tutelle de *Jacques Vouſſard*, ſon beau frere. Depuis il partagea encore noblement les mêmes ſucceſſions, avec LOUIS DE GRANGES, ſon frere aîné, étant lors marié avec SUSANNE DE BEAUMONT, ſortie d'une ancienne Maiſon de Saintonge, de laquelle il n'eut point d'enfans.

Beaumont. d'argent à un Lion de Gueules, couronné & lampaſſé d'or & une bordure d'azur.

XV. SUSANNE DE GRANGES, fut mariée par contrat du dernier Septembre 1592. avec *Jacques Vouſſard*, Ecuyer, Seigneur de Noyers & de Bois-Rouſſeau, lequel étoit tuteur de *Louis* & de *Jean de Granges*, ſes beaux freres, le 4. May 1600. & ne vivoit plus le 15 Juin 1609. que par jugement des Elûs, rendu à Tours, ſa veuve demeurante Paroiſſe de Saint Paul prés Pouzauges, fut maintenuë dans ſa nobleſſe, comme ſortie de la Maiſon de Granges, ce qu'elle juſtifia par titres depuis l'an 1375.

XV. MARIE DE GRANGES, fille non mariée.

XV. GILLETTE DE GRANGES, morte ſans avoir été mariée, eut pour heritiers LOUIS & JEAN DE GRANGES, ſes freres, & CHARLES DE GRANGES, ſon neveu, leſquels partagerent ſa ſucceſſion le 4. May 1600. & 30. Octobre 1613.

XV. MAURICE DE GRANGES, Ecuyer, Seigneur de la Gord, fut marié par ſes pere & mere, le 9. Janvier 1586. avec MARIE MESNARD, depuis Dame de la Gregoriere, fille de *Clement Meſnard*, Ecuyer, Seigneur de la Gregoriere & du Pleſſis-Gaſtineau, & de MARIE DE GRANGES. Il fut preſent à la creation de tutelle de LOUIS & de JEAN DE GRANGES, ſes freres puînez, le 9. Decembre 1592. & il ne vivoit plus le 4. May 1600. que ſa veuve étoit remariée à *Michel Tuſſeau*, Ecuyer, Seigneur de Couſtant.

PREUVE.

PREUVES.

Sachent tous, que fur le traité & prolocution du futur mariage, &c. perfonnellement 1586. eftablis *Clement Mefnard*, Efcuyer, Seigneur de la Gregoriere & du Pleffis-Gaftineau, & Damoifelle MARIE DE GRANGES fon efpoufe d'une part, &c. & CHARLES DE GRANGES, Chevalier, Seigneur de la Gord, & foy faifant fort pour Damoifelle MARGUERITE DE LA BRUERE fon efpoufe, abfente, d'autre part, &c. & MAURICE DE GRANGES, leur fils aifné, d'autre part, & Damoifelle *Marie Mefnard*, fille defdits CLEMENT *Mefnard*, & de MARIE DE GRANGES, d'autre part; lefquels dits MAURICE DE GRANGES, & MARIE MESNARD, fe font promis prendre à femme & efpoux, &c. & lefdits Seigneur & Dame de la Gregoriere ont donné, &c. Fait à la Gregoriere le 29. Janvier, l'an 1586. & figné.

Cet Extrait tiré fur l'Original, eftant au Trefor de la Floceliere.

XV. **M**AURICE DE GRANGES, & MARIE MESNARD, eurent pour enfans.

XVI. **C**HARLES DE GRANGES, II. du nom, Chevalier, Seigneur de la Gord & de la Gregoriere, lequel fut mis fous la tutelle de fa mere & de *Michel Tuffeau*, Seigneur de Couftant, fon beau pere. Il donna partage à *Loüis* & à *Jean de Granges*, fes oncles, le 4. May 1600. & il époufa par contrat du 25. Mars 1627. GABRIELLE DE COURTARVEL, fille de feu Meffire *André de Courtarvel*, Seigneur de Saint Remy & de Bois-Rimbourg, & de Dame *Gabrielle de Fromentieres*. Il eft qualifié haut & puiffant Seigneur, dans l'acte de partage de fa fucceffion, fait entre fes enfans, le 22. Novembre 1667. Sa femme étoit veuve de lui, dés le 26. Mars 1658. & elle fut maintenuë dans fa nobleffe, avec CHARLES DE GRANGES, fon fils, par jugement de M. Barentin, Intendant en Poitou, du 29. Août 1667.

Courtar-vel, d'azur à un Sautoir d'or accom-pagné de 16. lofan-ges de mê-me.

PREUVES.

L'An de grace 1600. & le 4. May, pardevant Noüel Berault, Seigneur de Puymollet, en l'abfence de M. le Senefchal, &c. A l'affignation prife par *Michel Tuffeau*, Efcuyer, Seigneur de Couftant, & Damoifelle *Marie Mefnard*, fa femme, tant en leurs noms, que comme tuteurs de CHARLES DE GRANGES, Efcuyer, fils mineur de deffunt MAURICE DE GRANGES, vivant Efcuyer, Seigneur de la Gord, & de ladite *Mefnard*, Demandeurs, d'une part, & *Jacques Vouffart*, Efcuyer, Seigneur des Nohyers, tant en fon nom, que comme tuteur & cu-rateur de Louis & JEAN DE GRANGES, Efcuyers, enfans de feu CHARLES DE GRANGES, vivant Efcuyer, Seigneur de la Gord, & de Damoifelle MARGUERITE DE LA BRUERE, fa femme, d'autre part, &c. que ayant à proceder au fait de noftre commiffion, & fait du partage diffinitif des biens & fucceffions defdits feus CHARLES DE GRANGES, & Damoifelle MAR-GUERITE DE LA BRUERE, pere & mere defdits mineurs, qui font les biens paternels & ma-ternels, non compris les droits de préciput, prérogatives, & avantages, attribués aufdits De-mandeurs, éfdits noms par la Coûtume de ce pays de Poitou, veu que ce font perfonnes nobles, & de noble extraction, & qu'il s'agit de biens nobles, &c. aprés avoir diftrait de ladite décla-ration, des domaines nobles, pour les préciputs appartenants audit CHARLES, &c. nous avons trouvé les biens paternels de la fucceffion dudit feu CHARLES DE GRANGES, &c. dont les deux tiers appartiennent audit petit CHARLES mineur, comme reprefentant ledit MAURICE, fon pere, fils aifné dudit CHARLES DE GRANGES, & de MARGUERITE DE LA BRUERE, &c. en tefmoing de quoy, nous avons fait figner ces prefentes aux fufdites parties & parens, & de nous Commiffaire, & figné par le Greffier.

Cet Extrait tiré fur l'Original, étant au Tréfor de la Floceliere.

A Tous ceux, &c. furent prefens, Meffire CHARLES DE GRANGES, Chevalier, Sei-gneur de la Gord & de la Gregoriere, fils de deffunt Meffire MAURICE DE GRANGES, vivant Chevalier, Seigneur defdits lieux, & de Dame MARIE MESNARD, d'une part, &c. &

1602.

1627.

R r

Damoiselle Gabrielle de Courtarvel, fille de deffunt Messire *André de Courtarvel*, vivant Chevalier, Seigneur de Saint Remy & de Bois-Rimbourg, & de Dame *Gabrielle de Fromentieres*, &c. d'autre part. Lesquelles Parties ont reconnu par l'avis de leurs parens, &c. les accords & conventions de mariage, qui ensuivent, c'est assavoir que ledit Seigneur de la Gord, assisté de *Charles de la Haye*, Seigneur de la Dubrie, son cousin, & ladite de Courtarvel, assistée de ladite de Fromentieres, sa mere, de Messire *Jacques de Courtarvel*, son frere, de haut & puissant Seigneur Messire *Joachim de Fromentieres*, Chevalier, Seigneur de Montigny & de Meslé, & de haulte & puissante Dame *Marie de Courcillon*, son espouse, ses oncle & tante maternels, de haute & puissante Dame *Charlotte du Val*, veuve de deffunt Messire *Pierre de Montmorancy*, vivant Chevalier, Marquis de Tury, Seigneur de Fosseuse & de Courtalin, & Damoiselle *de Montmorancy*, sa fille, de Dame *Anne de Froumentieres*, veuve de feu *Paul de Halde*, vivant Sieur de Cabossieres, sa tante maternelle; de Messire *Pierre de Courtarvel*, Sieur du Grand Bouschet; de Messire *Cesar de Mastin*, Seigneur de Jauffre & de Sanieres; de Messire *Paul de Halde*, Seigneur des Cabossieres, ses cousins, &c. en faveur duquel mariage, &c. Fait au Bois-Rimbourg, le 15. Mars, l'an 1617. & signé.

Cet Extrait tiré sur l'Original, étant au trésor de la Floceliere.

XVI. **C**HARLES DE GRANGES, & GABRIELLE DE COURTARVEL, eurent pour enfans.

Goulard.
d'azur à un
Lion d'or
couronné
de même,
lampassé &
armé de
Gueules.

XVII. CHARLES DE GRANGES, III. du nom, Chevalier, Seigneur de la Gord, lequel épousa par contrat du 23. Juillet 1662. LOUISE GOULARD, fille de *Christophe Goulard*, Seigneur de la Grange-Verniere & de Montfernier. Il demeuroit Paroisse Cintray, Election de Fontenay, lors qu'il fut maintenu dans sa Noblesse, avec sa mere & avec FRANÇOIS, PHILIPPE & LOUIS DE GRANGES, ses cousins, par jugement de M. Barentin, Intendant en Poitou, du 29. Août 1667. Il partagea le 22. Novembre de la même année, avec ses freres & sœurs, les successions de ses pere & mere. Il eut de son mariage, CHARLES DE GRANGES, IV. du nom, Chevalier, Seigneur de la Gord, Lieutenant de Vaisseau, mort sans avoir été marié l'an 170... LOUIS-NICOLAS DE GRANGES, dit le Chevalier de la Gord, reçû Garde-Marine en 1684. mort jeune. CHARLOTTE-GABRIELLE DE GRANGES, Religieuse de la Fougereuse : MARIE-ANNE DE GRANGES, mariée avec N..... *Goguet*, Seigneur de la Brosse-Ligaut, LOUISE-HELENE DE GRANGES, morte sans avoir été mariée, & SUSANNE-ANGELIQUE DE GRANGES, mariée avec N..... de *Marvillaud*, Seigneur de la Forest-Montpensier.

Goguet.
d'azur à un
Croissant
d'argent accompagné
de trois coquilles d'or.
Marvillaud.d'azur
à une fasce
d'or,accompagnée de
3. molettes
d'esperon
d'argent,
posées deux
& une en
pointe.

XVII. CHARLES DE GRANGES, qui continua la Posterité.

XVII. GABRIELLE DE GRANGES, partagea avec ses freres, le 22. Novembre 1667. & mourut sans avoir été mariée.

XVII. ANGELIQUE DE GRANGES, partagea avec ses freres, le 22. Novembre 1667. aussi morte sans alliance.

XVII. MARIE DE GRANGES, partagea avec ses freres & sœurs, le 22. Novembre 1667. & mourut sans alliance.

XVII. CHARLES DE GRANGES de Surgeres , V. du nom, Chevalier , Seigneur de la Gregoriere , épousa par contrat du 26. Mars 1658. MARIE LANGE , fille de *Pierre Lange* , Seigneur du Chaftelier , & de *Loüife Beguignon*. Il partagea la fucceffion de fes pere & mere , le 22. Novembre 1667. & reprit à l'éxemple de FRANÇOIS DE GRANGES , Marquis de Puiguyon , fon coufin , l'ancien nom DE SURGERES. Il eft qualifié haut & puiffant Seigneur dans le contrat de mariage de GILLES-CHARLES DE GRANGES DE SURGERES , fon fils , du dernier May 1706.

PREUVES.

FURENT prefens en leurs perfonnes, CHARLES DE GRANGES , Efcuyer, Seigneur de la 1658. Gregoriere , fils de feu Meffire CHARLES DE GRANGES , vivant Chevalier, Seigneur de la Gord & de la Gregoriere , & de Dame GABRIELLE DE COURTARVEL , fa veuve , fes pere & mere , demeurans au Bois-Rimbourg , au logis de Dame *Gabrielle de Fromentieres* , fon aycule, d'une part , & Damoifelle MARIE LANGE , fille de noble homme *Pierre Lange* , Efcuyer , Sieur du Chaftelier , & de Damoifelle *Loüife Beguignon* , fon efpoufe , d'autre part , &c. Lefquelles Parties, affiftées de leurs parens & amis , &c. fe font promis & promettent prendre l'un l'autre, par foy & faint Sacrement de mariage , &c. Fait & paffé le 26. Mars, l'an 1658. & figné.

Cet Extrait tiré fur l'Original , eftant au Tréfor de la Floceliere.

SACHENT TOUS , &c. furent prefens , Meffire CHARLES DE GRANGES , Chevalier , Sei- 1658. gneur de la Gregoriere, & Dame MARIE LANGE , fon efpoufe , &c. lefdits Seigneur & Dame , pour amour & affinité conjugale , &c. ont reconnu & confeffé s'eftre fait , & font don mutuel , &c. Fait le Mardy 16. Avril , l'an 1658. & figné.

Cet Extrait tiré fur l'Original , eftant au Tréfor de la Floceliere.

C'EST le partage des biens de feu haut & puiffant, CHARLES DE GRANGES , en fon vivânt 1667. Chevalier Seigneur de la Gord , & de Dame GABRIELLE DE COURTARVEL, fon efpoufe , fait par CHARLES DE GRANGES , Chevalier , Seigneur de la Gregoriere, & Damoifelles GABRIELLE , ANGELIQUE , & MARIE DE GRANGES , tous enfans dudit DE GRANGES & de ladite Dame de COURTARVEL ; lefquels tous enfemble , aprés avoir donné l'avis de leurs confeils audit CHARLES DE GRANGES , Chevalier , Seigneur de la Gord , comme fils aifné , & principal heritier defdits de Granges & Courtarvel, les droits de prérogatives, de préciput , & les deux tiers dans les biens nobles , &c. Fait & paffé le 22. Novembre , l'an 1667. & figné.

Cet Extrait tiré de l'Original , eftant au Tréfor de la Floceliere.

XVII. CHARLES DE GRANGES, V. du nom, & MARIE LAN-GE, eurent pour enfans.

XVIII. GILLES-CHARLES DE GRANGES DE SURGERES, Marquis de la Floceliere & de Mauleon, Capitaine des Vaisseaux du Roy, Commandant la Marine aux Sables d'Olonne, sur les Côtes de Poitou & Isles adjacentes, Chevalier de l'Ordre Militaire de Saint Loüis, dont les differens Emplois & les Services sont cy-devant rapportez page 4. & suivantes, épousa par contrat du dernier May 1706. JEANNE-FRANÇOISE DE GRANGES DE SURGERES, sa cousine, Marquise de la Floceliere, fille de FRANÇOIS DE GRANGES DE SURGERES, Marquis de Puiguyon & de la Floceliere, lors Maréchal des Camps & Armées du Roy, & depuis Lieutenant General de ses Armées, Chevalier de l'Ordre Militaire de Saint Loüis, & de FRANÇOISE DE LA CASSAGNE, de S. Laurent, son épouse. Il retira avec sa femme par retrait lignager, la Baronnie de Mauleon, venduë sur le Duc de la Tremoille, & en obtint l'union au Marquisat de la Floceliere, par Lettres du mois de Mars 1713. Il a été maintenu dans sa Noblesse avec FRANÇOIS DE GRANGES DE SURGERES, Marquis de Puiguyon, & SAMUEL DE GRANGES, Seigneur de la Fouchardiere, ses cousins, par jugement de M. Quantin de Richebourg, Intendant de Justice en Poitou, du 2. Juin 1715. Il a rendu hommage au Roy, en sa Chambre des Comptes de Paris, tant pour lui, que pour le Marquis de Puiguyon, son beau pere, de la Terre de la Floceliere, mouvante du Comté de Poitou, le 5. Février 1716.

PREUVES.

1706.
LE dernier jour de May, l'an 1706. pardevant les Notaires du Marquisat de la Floceliere, furent personnellement establis, haut & puissant Seigneur Messire GILLES - CHARLES DE GRANGES DE SURGERES, Chevalier, Capitaine des Vaisseaux du Roy, Commandant pour Sa Majesté la Marine aux Sables d'Olonne, & sur les Costes de Poitou & Isles adjacentes, fils de haut & puissant, Messire CHARLES DE GRANGES DE SURGERES, Chevalier, Seigneur de la Gregoriere, & de defunte Dame MARIE LANGE, &c. & haut & puissant Seigneur Messire FRANÇOIS DE GRANGES DE SURGERES, Chevalier, Seigneur, Marquis de Puiguyon & de la Floceliere, Maréchal des Camps & Armées du Roy, & haute & puissante Dame FRANÇOISE DE LA CASSAGNE, son espouse, &c. & Damoiselle JEANNE - FRANÇOISE DE GRANGES DE SURGERES, leur fille aisnée, demeurans au Chasteau de la Floceliere; lequel dit Seigneur DE GRANGES DE SURGERES, de son bon gré, &c. & consentement dudit Seigneur de la Gregoriere, son pere, suivant sa procuration annexée à ces presentes; & ladite Damoiselle DE GRANGES DE SURGERES, aussi de sa bonne volonté, & de l'autorité desdits Seigneur & Dame de Puiguyon, ses pere & mere, ont promis de se prendre à femme, mary & espouse, &c. En faveur duquel mariage, &c. Fait au Chasteau de la Floceliere. Signé des Parties, & de HENRIETTE ELIZABETH DE GRANGES DE SURGERES, Pierre de Montaigu, F. Charles de Montaigu, Marie Chomel, Marie Prevost, Marie de la Fontenelle, ANNE DE GRANGES DE SURGERES, & autres, & des Notaires.

Cet Extrait tiré sur l'Original, estant au Trésor de la Floceliere.

LETTRES d'union de la Baronnie de Mauleon au Marquisat de la Floceliere.

1713.
LOUIS, par la grace de Dieu, Roy de France & de Navarre, à tous presens & avenir, SALUT. Nostre cher & bien-amé GILLES - CHARLES DE GRANGES DE SURGERES, Capitaine de nos Vaisseaux; & Dame JEANNE-FRANÇOISE DE GRANGES DE SURGERES, son

son espouse, Nous ont fait remontrer, qu'ils ont retiré par retrait lignager la Baronnie de Mauleon en Poitou, venduë sur nostre Cousin le Duc de la Tremoille; laquelle Baronnie joint leur Marquisat de la Floceliere, & les Ficfs des deux Terres sont meslés ensemble par leur proximité, enforte qu'il y a des Paroisses, dont partie releve du Marquisat de la Floceliere, & les autres de la Baronie de Mauleon; Et comme lesdites deux Terres sont mouvantes de Nous, à cause de nostre Comté de Poitou & Tour de Maubergeon, ils Nous ont tres-humblement supplié de réünir lesdites deux Terres sous le seul titre de Marquisat de la Floceliere; à quoy ayant égard, & desirant traiter favorablement les Exposans, tant en consideration des Services du Sieur Marquis DE PUIGUYON, Lieutenant General de nos Armées, pere de ladite Dame Marquise DE LA FLOCELIERE, que de ceux dudit Sieur Marquis de la Floceliere, son mary. A CES CAUSES, de notre grace speciale, pleine puissance, & authorité royale, Nous avons joint, uni, & incorporé, & par ces presentes signées de nostre main, joignons, unissons & incorporons ladite Terre & Baronnie de Mauleon, à la Terre & Marquisat de la Floceliere, pour ne composer à l'avenir qu'une seule & unique Terre, sous le nom de Marquisat de la Floceliere, pour par lesdits Exposans en joüir, à une seule foy & hòmmage, à cause de nostre Comté de Poitou & Tour de Maubergeon, & à un seul & même dénombrement; Voulons que les vassaux & arriere-vassaux, & autres tenans noblement ou en roture desdits Marquisat de la Floceliere & Baronie de Mauleon, fassent à l'avenir leur foy & hommage, donnent leurs aveux & dénombremens ausdits Exposans, sous le nom & titre de Seigneur Marquis de la Floceliere, sans neanmoins aucune mutation, ny changement de ressort ou mouvance, ny que les vassaux & tenanciers desdits Marquisat & Baronie, soient tenus à autres & plus grands droits, que ceux qu'ils doivent à present, pourveu toutesfois que ladite union ne soit contraire à la coustume des lieux, & ne préjudicie à nos droits, ny à ceux d'autruy, & à la charge que les Justices dudit Marquisat & de ladite Baronie, continuëront d'estre exercées comme elles l'ont esté jusques à present, & dans les mêmes lieux. SI DONNONS EN MANDEMENT à nos amés & feaux Conseillers, les gens tenant nos Cour de Parlement, & Chambre des Comptes à Paris, que ces Presentes ils ayent à faire registrer, & du contenu en icelles joüir & user lesdits Sieur & Dame de la Floceliere & leurs descendans, pleinement, paisiblement, & perpetuellement, cessant & faisant cesser tous troubles & empeschemens, nonobstant tous Edits, Ordonnances, Reglemens, Arrests, & autres choses à ce contraires, ausquelles Nous avons dérogé & dérogeons, pour ce regard seulement, sans tirer à consequence; Car tel est notre plaisir. Et afin que ce soit chose ferme & stable à toûjours, Nous avons fait mettre notre scel à cesdites Presentes. DONNE' à Versailles, au mois de Mars, l'an de grace 1713. & de nostre regne le 70. Scellé du grand Sceau de cire verte, attaché d'un cordon de soye rouge & verte. Signé, LOUIS, & sur le reply, Par le Roy, PHELYPEAUX.

Registrées, oüi le Procureur General du Roy, pour joüir par les Impetrans, leurs hoirs, successeurs & ayans cause, de leur effet & contenu, & estre executées selon leur forme & teneur, suivant & conformement à l'Arrest de ce jour. A Paris en Parlement, le 4. Decembre 1715. Signé, LORNE.

Registrées en la Chambre des Comptes, oüi le Procureur General du Roy, pour joüir par les Impetrans de l'effet & contenu en icelles, suivant & aux charges portées par l'Arrest sur ce fait, le 5. Fevrier 1716. Signé, RICHER.

Cet Extrait tiré sur l'Original, étant au Tréfor de la Floceliere.

XVIII. GILLES-CHARLES DE GRANGES DE SURGERES & JEANNE-FRANÇOISE DE GRANGES DE SURGERES son épouse, ont pour enfans:

XIX. CHARLES-FRANCOIS DE GRANGES DE SURGERES, Marquis de Puiguyon.

XIX. FRANCOIS-LOUIS DE GRANGES DE SURGERES, Comte de Puiguyon.

XIX. RENE'-CHARLES DE GRANGES DE SURGERES, dit l'Abbé de Puiguyon.

XIX. ANNE-FRANCOISE DE GRANGES DE SURGERES.

XIX. HARDOUINE-HENRIETTE-SIDRAC DE GRANGES DE SURGERES.

S f

SEIGNEURS DES BIGOTIERES

ET DE LA

FOUCHARDIERE.

Louis DE GRANGES, Chevalier, Seigneur de la Gord & des Bigotieres, dans la Paroiſſe de Toüarcé, Election de Fontenay en Poitou, ſecond fils de CHARLES DE GRANGES, Seigneur de la Gord, & de MARGUERITE DE LA BRUERE, étoit âgé de 7. ans le 9. Decembre 1592. & ſous la tutelle de *Jacques Vouſſard*, Seigneur des Noyers, ſon beau frere, lors que le 4. May 1600. il fut partagé noblement dans les ſucceſſions de ſes pere & mere, avec JEAN DE GRANGES, ſon frere puîné, par CHARLES DE GRANGES, ſon neveu. Il partagea encore avec le même JEAN DE GRANGES, le 30. Octobre 1613.

Des Villa-
tes, de gueu-
les à trois
Chevrons
chargés
d'hermine. Il épouſa en premieres nôces ANNE DES VILLATES, de laquelle il ne paroît pas qu'il ait eu d'enfans, & en ſecondes par contrat du 6. Septembre 1616. ELIZABETH DE ROHEAN, fille de feu *Jean de Rohean*, Eſuyer, Seigneur de Genct, & de *Renée d'Appelvoiſin*, lors remariée avec *Jean Bodin*, Ecuyer, Seigneur de Valée. Il a ſervi & comparu en équipage d'Armes & de Chevaux, dans toutes les occaſions où la Nobleſſe de Poitou a été commandée, ſuivant le Certificat du Comte de Parabere, Lieutenant General au Gouverne-

ment de cette Province , du 13. Novembre 1635. & le 12. Octobre
1638. il fut commis par le Marquis de Royan , Grand Sénéchal de
Poitou , pour faire le Rolle de ceux qui étoient capables de porter
les armes , dans la Paroisse de Toüarcé. Il vivoit encore avec sa
femme, le 21. Avril 1653. qu'il consentit au mariage de RENE' DE
GRANGES , son fils aîné.

PREUVES.

ENTRE le Procureur du Roy, demandeur en cause de tutelle & curatelle , aux personnes &   1592.
biens des enfans mineurs de feu CHARLES DE GRANGES , vivant Escuyer, Seigneur de
la Gord , & de Damoiselle MARGUERITE DE LA BRUERE, comparant par Maistre Jean Au-
doüard, son Substitut, d'une part , & MAURICE DE GRANGES , Escuyer , Seigneur de la
Gord, fils aîné , & principal heritier dudit feu CHARLES DE GRANGES, Jacques Voußard,
Escuyer, Seigneur des Nohyers, gendre dudit feu GABRIEL DE GRANGES , Escuyer, Seigneur
de Beauvais; Antoine Brochard , Escuyer , Seigneur de la Roche-Brochard ; Jacques Simoneau,
Escuyer , Seigneur de Chamvery; & Bertrana Raymond , Escuyer, Seigneur de la Micheliere,
deffendeurs , tous parens des mineurs appellés , &c. que du deceds dudit feu CHARLES DE
GRANGES , sont demeurés LOUIS & JEAN DE GRANGES , âgés, l'un de six ans , & l'autre
de sept , &c. Fait pardevant nous , &c. Lieutenant General , Civil , & Criminel de la Senefchauffée de Poitou , au Siege de cette Ville de Niort , le 9. Decembre, l'an 1592. Signé du
Greffier.

Cet Extrait tiré sur l'Original , étant au trésor de la Floccliere.

XV. LOUIS DE GRANGES , & ELIZABETH DE ROHEAN , sa seconde femme , eurent pour enfans.

XVI. RENE' DE GRANGES , Ecuyer, Seigneur de la Gibonnie-
re , du Ronday & de Bare , marié du consentement de
ses pere & mere , par contrat du 21. Avril 1653. avec
RENE'E LE PROUST , fille de feu Pierre le Proust , Ecuyer,
Sieur du Ronday , & d'Elizabeth Aubert , sa veuve. Il demeuroit au lieu de Bare dans la Paroisse de Molay , lors
qu'après avoir justifié sa Noblesse , il fut declaré exempt
de l'imposition du Sel , par Sentence des Officiers du
Grenier à Sel de Richelieu , du 4. Mars 1661. Il ne vivoit
plus le dernier Avril 1666. que sa veuve , ayant la garde noble de ses filles , partagea en leurs noms , avec
leurs oncles & tantes. Elle demeuroit au même lieu de
Bare , Election de Richelieu , & fut maintenuë dans sa
Noblesse , avec ses filles , par jugement de M. Voysin
de la Noraye , Intendant de Justice en Touraine , du 5.
Decembre 1667. n'ayant alors que deux filles nommées.

XVII. ELIZABETH DE GRANGES , qui étoit sous la tutelle
de sa mere en 1666. & 1667.

XVII. RENE'E DE GRANGES , mineure en 1666. & 1667.

XVI. FRANÇOIS DE GRANGES , Ecuyer, Seigneur de Laré , partagea avec ſes freres & ſœurs , le dernier Avril 1666. Il demeuroit Paroiſſe de Vouvant , Election de Fontenay, & fut maintenu dans ſa Nobleſſe , par jugement de M. Barentin, Intendant de Poitou , du 29. Août 1667.

XVI. Philippes de Granges , qui ſuit.

XVI. Louis de Granges , Ecuyer , Seigneur de la Croüilliere, partagea avec ſes freres & ſœurs , le dernier Avril 1666. & il fut maintenu dans ſa Nobleſſe avec eux , le 29. Août 1667.

XVI. Elizabeth de Granges , partagea avec ſes freres & ſœurs le dernier Avril 1666. étant lors mariée avec *Louis de Harques* , Seigneur de la Brouërie.

XVI. Madelaine de Granges , fut maintenuë dans ſa Nobleſſe , avec ſes freres & ſœurs , le 29. Août 1667.

XVI. Susanne de Granges , partagea avec ſes freres & ſœurs, le dernier avril 1666. & fut maintenuë dans ſa Nobleſſe , avec eux le 29. Août 1667.

XVI. Marguerite de Granges , partagea avec ſes freres & ſœurs , le dernier Avril 1666. & fut maintenuë dans ſa Nobleſſe , avec eux le 29. Août 1667.

XVI. Helene de Granges , partagea avec ſes freres & ſœurs, le dernier Avril 1666.

XVI. Rene'e de Granges , partagea avec ſes freres & ſœurs, le dernier Avril 1666. étant lors mariée avec *Honoré Roulet*, Seigneur de Saint Germain.

XVI. **P**Hilippe de Granges , Chevalier, Seigneur des Bigotieres, partagea avec ſes freres & ſœurs , le dernier Avril 1666. & fut maintenu dans ſa Nobleſſe avec eux , par jugement de M. Barentin , Intendant en Poitou , du 29 Août 1667. demeurant lors dans la Paroiſſe de Vouvant. Il épouſa par contrat du 9. Novembre de la même année, Jeanne de la Prèviere, fille de *Charles de la Previere* , Seigneur de la Fouchardiere, & d'*Eſther Gourde*. Elle étoit veuve de lui en 1687. & vivoit encore en 1698. Elle eut pour enfans.

La Previere. d'azur à 1. Lion d'or, lampaſſé & armé de Gueules.

XVII. *N*.... *de Granges* , mort Enſeigne de Vaiſſeau , en 1701.

XVII.

XVII. SAMUEL DE GRANGES, qui fuit.

XVII. N.... de *Granges*, mort Garde - Marine.

XVII. LOUIS DE GRANGES, partagea avec fes freres & fœurs, le 26. Juin 1711. fut fait Enfeigne de Vaiffeau en 1712. & eft mort en 1716.

XVII. MARGUERITE DE GRANGES, partagea avec fes freres & fœurs, le 26. Juin 1711.

XVII. JUDITH DE GRANGES, partagea avec fes freres & fœurs, le 26. Juin 1711.

XVII. SAMUEL DE GRANGES DE SURGERES, Seigneur de la Fouchardiere, partagea avec fes freres & fœurs, le 26. Juin 1711. & fut maintenu dans la Nobleffe avec FRANÇOIS DE GRANGES DE SURGERES, Marquis de Puiguyon, & GILLES-CHARLES DE GRANGES DE SURGERES, Marquis de la Flocelicre, fes coufins, par jugement de M. Quantin de Richebourg, Intendant en Poitou, du 2. Juin 1715. Il a joint, comme eux, l'ancien nom DE SURGERES, à celuy de GRANGES.

ON n'a mis aucunes preuves fur les degrez de cette Branche, parce qu'on les trouve rapportées par Extrait, dans le jugement rendu fur fa Nobleffe, par M. de Richebourg, Intendant en Poitou, le 2. Juin 1715. qui fuit.

PREUVES.

CHARLES-BONAVENTURE QUENTIN, Chevalier, Seigneur de RICHEBOURG, Confeiller du Roy en fes Confeils, Maiftre des Requeftes ordinaire de fon Hoftel, Intendant de Juftice, Police, & Finances en la Generalité de Poitiers.
Entre François Ferrand, chargé de la recherche des ufurpateurs du titre de Nobleffe; ordonnée par les Déclarations du Roy des 4. Septembre 1696. 30. May 1701. 30. Janvier 1703. & 16. Janvier 1714. pourfuite & diligence de Maiftre Jofeph Spoullet de Varel, fon Procureur fpecial, demandeur, d'une part.
Et FRANÇOIS DE GRANGES DE SURGERES, Chevalier, Seigneur, Marquis DE PUIGUYON, Lieutenant General des Armées du Roy; tant en fon nom, que pour GILLES-CHARLES DE GRANGES DE SURGERES, Chevalier, Seigneur, Marquis de la Flocelicre, Capitaine de Vaiffeaux du Roy; & pour SAMUEL DE GRANGES, Efcuyer, Seigneur de la Fouchardiere; & ANNE RENE'E DE GRANGES DE SURGERES, Damoifelle de Puiguyon, fœur dudit Sieur Marquis de Puiguyon, deffendeurs, d'autre.

VEU par Nous lefdites Déclarations du Roy des 4. Septembre 1696. 30. May 1701. 30. Janvier 1703. & 16. Janvier 1714. Les Arrefts du Confeil des 26. Fevrier 1697. 15. May 1703. & autres rendus, pour l'execution defdites Déclarations. L'affignation donnée, à la requefte dudit Ferrand, audit Seigneur Marquis de Puiguyon, le . . . . & autres deffendeurs, à comparoir pardevant Nous, pour reprefenter les titres juftificatifs, en vertu defquels ils prennent la qualité d'Efcuyers. La requefte à Nous préfentée par ledit Seigneur Marquis de Puiguyon, tant en fon nom, que pour lefdits Seigneurs Marquis de la Flocelicre & de la Fouchardiere, ten-

T t

dante à ce qu'il Nous pluft, les décharger de l'affignation à eux donnée, à la requefte dudit Ferrand ; & en confequence, les maintenir & garder dans leur noblefle. L'inventaire & titres y mentionnés, juftificatifs d'icelle, commençant par un acte en parchemin d'un don fait de trente fols de rente, par Dame Agnes, femme de Monfire pere Chabot de Genoillé, dans lequel il paroift que Guillaume Mangou, Chevalier, Seigneur de Surgeres, eft eftably, datté de l'année 1277. au mois devant la Fefte de l'Annonciation, fcellé de deux fceaux, dont l'un a d'un cofté le freté de vair, & de l'autre cofté un échiquier. Autre acte en parchemin en Latin, d'un acqueft fait par le Sieur Hugues de Surgeres, Efcuyer, Sieur de la Bougueraigne, en datte du mois de Mars 1289. fcellé comme deflus. Autre acte en parchemin, d'acqueft fait par ledit Hugues de Surgeres, Chevalier, Seigneur de la Bougueraigne, datté avant le Samedy des Roraifons, l'an 1293. fcellé comme deflus. Acte en parchemin paffé entre Eftienne Brehons, & Perrot Neyraut, dans lequel eft eftably noble homme Guy de Surgeres, Chevalier, Seigneur de la Floceliere, en datte du Dimanche avant la Saint Jean-Baptifte, de l'an 1326. fcellé comme deflus. Autre acte en parchemin, d'un traité fait entre nobles & puiffants Monfieur & Madame de Laval, & noble homme Jacques de Surgeres, Seigneur de la Floceliere, en datte du 4. Fevrier 1381. fcellé de trois fceaux, dont l'un eft comme deflus. Acte d'hommage en parchemin, rendu à la Dame Comteffe de Penthievre, Dame de Cliffon & de Chafteaumur, par Jacques de Surgeres, Chevalier, Seigneur de la Floceliere, en datte du 26. Novembre 1411. fcellé d'un freté de vair, avec une genette pour fupport, & le devant pour cimier. Autre acte d'hommage, rendu à la même Comteffe de Penthievre, par ledit Jacques de Surgeres, pour raifon de la Terre & Seigneurie de la Floceliere, mouvante d'elle, à caufe de fa Baronnie de Chafteaumur, du même jour & datte que deffus, & fcellé. Contract de mariage en parchemin de Bertrand de Dinan, Efcuyer, avec Damoifelle Marie de Surgeres ; par lequel il paroift que ladite Damoifelle eft fille de Jacques de Surgeres, Seigneur de la Floceliere, en datte du 25. Juillet 1426. Signé Gigné & Pujol ; fcellé d'un cofté d'un freté de vair, & de l'autre de l'efchiquier. Aveu en parchemin, rendu à Jacques de Surgeres, Seigneur de la Floceliere, par le Sieur Eftancheau, de certains domaines fcis à Cerifay, en datte du 10. Septembre 1445. Signé Vaflin, Notaire ; fcellé d'un fceau comme deffus. Tranfaction en parchemin, entre Jacques de Surgeres, Seigneur de la Floceliere, & Frere Jehan Venant, Prieur, Curé du Chaftelier, en date du 3. Avril 1452. fcellée de trois fceaux, dont l'un eft comme deffus. Acte en parchemin, de fondation d'une Meffe dans l'Eglife de la Floceliere, par lequel il paroift que Jacques de Surgeres, Chevalier, Seigneur de la Floceliere, confent & approuve ladite fondation, en datte du 17. Novembre 1463. Signé J. de Surgeres, & Recoquillon, fcellé d'un freté de Vair, avec les genettes pour fupport & cimier. Acte d'hommage en parchemin, rendu par Jacques de Surgeres, Chevalier, Seigneur de la Floceliere, à Madame de Laigle, en datte du 2. Mars 1474. figné, Chafteau, Fortecou, & Bouin ; fcellé comme deffus. Procuration en parchemin de Jacques de Puiguyon, Efcuyer, Seigneur de Puiguyon, & de Damoifelle Marguerite Amefnard, fon efpoufe, en datte du 6. May 1505. figrée Corteteau, fcellé comme deffus. Acte d'hommage en parchemin, rendu à Dame Renée de Surgeres, Dame de la Floceliere & de Cerifay, pour raifon d'une Borderie, appellée la Guefche, en datte du 8. Juin 1523. figné Bodineau, fcellé comme deffus. Autre acte d'hommage rendu par Damoifelle Jacquine Mony à Jean de Brie, Chevalier, Seigneur de Serrand, & autres lieux, à caufe de Dame Renée de Surgeres, fon efpoufe, pour raifon d'une Métairie appellée la Bretonniere, fcife & mouvante de la Floceliere, en datte du 4. Juin 1539. figné Rigaudeau & Turlet, fcellé comme deffus. Quatre certificats, dont trois en parchemin, & un en papier, dans lefquels il eft marqué, que les Armes cy-deffus font gravées fur pierre, dans les Chafteaux de la Gord, Montfernier, & la Floceliere, & que dans l'Eglife Saint Pierre de Cerifay, les mefmes Armes y font en entier, délivrés l'an prefent, & fignés des Curés, Senefchaux, & principaux Habitans des Parroiffes. Acte en parchemin, par lequel il paroift que Louis de Granges eft qualifié Monfieur & Chevalier, en datte du Lundy d'après Pafques de l'an 1238. figné J. P. Baugas. Teftament en Latin de Thebault de Granges, Chevalier, par lequel il inftituë Thebault de Granges, fon fils, fon principal heritier, en datte du Samedy après l'Octave de Saint Paul, l'an 1287. Acte en parchemin, de l'hommage rendu par Marguerite Rataude, veuve de Thebault de Granges, Vaflet, à Charles fils de Roy, Comte de la Marche, en datte du Jeudy avant la Nativité de Saint Jean-Baptifte de l'an 1317. Acte en parchemin d'une donation faite par Dame Yolante, au profit de Thebault de Granges, par laquelle elle le titre de fon Seigneur & efpoux, en datte du Vendredy d'après la Fefte de Saint Aubin de l'an 1324. figné Auman. Acte en parchemin, d'un partage fait des biens de Thibault de Granges, Vaflet, & de Marguerite Rataude, entre Thibault de Granges, Jean & Margot de Granges, leurs enfans, en datte du 18. Juin 1329. figné Jacques Bellaigus. Acte en parchemin, d'une donation faite par Dame Jeanne Brune, en faveur de Thebault de Granges, Vaflet, par laquelle elle le titre de fon Seigneur & efpoux, en datte du jour de la Saint Mathias de l'an 1330. fcellé. Tranfaction en parchemin, entre noble homme Monfieur Thebault de Granges, Chevalier, & Jeanne de Mons, veuve de Jean de Granges, en datte du Dimanche d'après la Trinité de l'an 1341. figné Pibau. Acte d'hommage en parchemin, rendu par Jean Maffe, Vaflet, à noble homme Monfieur Thibault de Granges, Chevalier, en datte du Jeudy avant la Saint Jean-Baptifte de l'an 1342. figné d'Amboife. Contrat en Latin d'une vente faite par Jean de Chamteloup, & Jeanne Cramulié, sa femme, à Monsieur THEBAULT DE GRANGES, Chevalier, en datte du Lundy aprés la Circoncision de l'an 1345. signé Isambard. Acte en parchemin, d'un hommage rendu par Moreau de Maygné, à noble homme Monsieur THEBAULT DE GRANGES, en datte du Dimanche avant les Roraisons de l'an 1348. Acte en parchemin d'un don fait par Guillaume-Jean-Hugues Minet, à noble homme THEBAULT DE GRANGES, Chevalier, en datte du 11. Juin 1350. signé P. Rousseau. Aveu en parchemin, rendu par THEBAULT DE GRANGES, Chevalier, à Charles d'Espagne, Connestable de France, en datte du Mardy de la Feste de Saint Jacques de l'an 1352. Sentence en parchemin du Seneschal de Poitou & de Limosin, par laquelle il paroist que THEBAULT DE GRANGES, Chevalier, avoit espousé Damoiselle Philippe du Puy-du-Fou, & qui condamne le Sieur DU PUY-DU-FOU à luy payer sa dote, en datte du 17. Juin 1361. signé Pierre de Forests. Ordonnance en parchemin, du Lieutenant du Roy d'Angleterre ez parties de France, par laquelle ledit THEBAULT DE GRANGES est qualifié Monsieur & Chevalier, en datte du 3. Octobre 1361. Procuration en Latin, de PHILIPPE DU PUY-DU-FOU, par laquelle il paroist, qu'elle estoit espouse de THEBAULT DE GRANGES, Chevalier, & constituë pour son Procureur LOÜIS DE GRANGES, leur fils aisné, en datte du Mercredy d'aprés la Feste de Saint Hilaire de l'an 1364. signé de Reuve. Ordre de Jean fils de Roy de France, Duc de Berry, Comte de Poitou, sur la plainte à luy faite de LOÜIS DE GRANGES, qualifié Chevalier, contre JACQUES DE SURGERES, de ce qu'il avoit brisé ses Armoiries dans l'Eglise des Freres Prescheurs Jacobins de Fontenay, en datte du 25. May 1378. signé par Monseigneur le Duc. J. LE MASLE, & contient le Blason desdites Armes, à un écu de gueule freté d'argent & d'azur, de deux en trois & de trois en deux, & un chef d'or par dessus, chargé d'un lambel à trois pendans de sable, & trois lambels de sable. Autre ordre du mesme Jean, Duc de Berry, sur mesme sujet, dans lequel ledit LOÜIS DE GRANGES est qualifié comme dessus, en datte du Mercredy avant la Nostre-Dame de Septembre de l'an 1378. Transaction en papier, passée en presence, & de l'avis de Jean, Duc de Berry, Comte de Poitou, entre JACQUES DE SURGERES, & LOÜIS DE GRANGES, par laquelle il auroit esté reconnu, que ledit LOÜIS DE GRANGES, estoit issu de la Maison de Surgeres; que GEOFFROY, dont il estoit descendu, en avoit quitté le nom, pour prendre celuy de DE GRANGES, & en avoit conservé les Armoiries, avec la marque de Cadet; & porte que ledit JACQUES DE SURGERES, reconnoistra ledit LOUIS DE GRANGES, pour estre descendu de la lignée de Surgeres, & qu'il porteroit pour tout temps, & à jamais lesdites Armes; datté le Dimanche 21. Aoust 1379. signée par collation, Huger, & Alexandre, Notaires. Un aveu rendu par Jean Dermer & JEAN DE GRANGES, Escuyer, fils de feu THEBAULT DE GRANGES, en datte du 14. Novembre 1384. signé Aymard Pein. Transaction en parchemin, entre JEAN DE GRANGES, l'aisné, Escuyer, PERRETTE AYNONE, dite CLUZELLE, sa femme; & Thomasse Florie, veuve de Jean de la . . . . . . , en datte du 4. Avril 1392. signé Reina & Durand. Testament en parchemin, de PHILIPPE DU PUY-DU-FOU, veuve de noble homme Messire THEBAULT DE GRANGES, Chevalier, par lequel elle donne à JEAN DE GRANGES, son fils, tous ses meubles, francs & quittes de toutes dettes, en datte du 3. Avril 1396. signé Mocher. Contract en parchemin, de partage fait des biens de THEBAULT DE GRANGES & de PHILIPPE DU PUY-DU-FOU, entre LOUIS & JEAN DE GRANGES, leurs enfans, en datte du 16. Juillet 1398. signé Simon. Aveu en parchemin, rendu par Pere Surleclerc à JEAN DE GRANGES, Escuyer, Seigneur de la Gord, en datte du premier Aoust 1400. signé Forment. Acte en parchemin, de la ratification faite du partage des biens dudit THEBAULT DE GRANGES, & de ladite Dame DU PUY-DU-FOU, entre JEAN DE GRANGES, Seigneur de Puychenin, & JEAN DE GRANGES, Seigneur de la Gord, en datte du 23. Mars 1407. signé Souchet. Ordonnance en parchemin, entre JEAN DE GRANGES, Chevalier, & Guy d'Argenton, en datte du 14. Juillet 1410. signé de Besse. Contract de partage fait des biens de JEAN DE GRANGES, & de Perretta Aynone, entre LOUIS, JEAN, & MATHURIN DE GRANGES, Escuyers; par lequel il paroist, qu'ils sont enfans dudit JEAN DE GRANGES, & de ladite Perrette Aynone, & que ledit LOUIS avoit espousé Marguerite de Courdeau, en datte du 1. Mars 1446. signé Girardeu & Bultos. Transaction en parchemin, entre LOÜIS DE GRANGES, Escuyer, Sieur de Cerveaux, & le Sieur de Vaux, Escuyer, en datte du 14. Juin 1455. signé Girardeu & Raymon. Contract en parchemin, de partage fait des biens de LOUIS DE GRANGES, Escuyer, Sieur de Cerveaux, & de Marguerite Courdant, entre EUSTACHE, GILLES, ESTIENNE, & IEANNE DE GRANGES, enfans dudit LOUIS, & de ladite Courdant; par lequel il paroist, qu'EUSTACHE DE GRANGES, aisné, Escuyer, a eu pour ses preciputs la Terre de Cerveaux, & que GILLES DE GRANGES a eu pour son lot la Terre de Montfernier, à la charge du supplément à ses freres & sœur, en datte du 17. Aoust 1489. signé Bernard & Peyraud. Acte en parchemin, d'une permission de sepulture dans l'Eglise de la Chapelle-Gaudin, accordée à GILLES DE GRANGES, Escuyer, par Iean de Bretagne, à la requisition de Loüis de Bourbon, frere de Monsieur le Comte de Vendosme, en datte du 19. Fevrier 1491. signée Iean, & plus bas, de la Chapelle. Acte d'hommage en parchemin, rendu au Seigneur de la Roche-Fatou, par Dame Antoinette Cartier, veuve de feu GILLES DE GRANGES, en son vivant Escuyer, Seigneur de Montfernier, comme tutrice de LOUIS DE GRANGES, Escuyer, son fils, & dudit feu, en datte du 19. Iuin 1517. signé Raistre & Vignaud. Contract de mariage, en parchemin, de Loüis DE GRANGES avec Damoiselle Andrée d'Appelvoysin; par lequel il paroist, qu'il eft fils aifné, & principal heritier de GILLES DE GRANGES, Seigneur de Montfernier, & d'Antoinette Cartier, en datte du 27. Avril 1524. figné Thibault & Guillot. Procez verbal des preuves de Nobleffe, faites par Frere Philippe Carteau, Chevalier de l'Ordre de Monfieur Saint Jean de Jerufalem, Commandeur de la Guierche; Jean de Baron & Jean de Villiers, Chevaliers du mefme Ordre, de Loüis DE GRANGES; par lequel il paroift qu'il eft fils de GILLES DE GRANGES, Efcuyer, Seigneur de Montfernier, & de Dame Antoinette Cartier, en datte du 21. Iuin, 1528. figné dudit fieur Commandeur de la Guierche, & defdits Chevaliers, Tiffaut de la Grante. Contract de mariage en parchemin, des fecondes nopces dudit Loüis DE GRANGES, Seigneur de Montfernier, avec Dame Marguerite de Saint Georges, en datte du 16. Decembre 1537. figné Loüis DE GRANGES, Marguerite de Saint Georges, Puichard & Thibault. Contract en parchemin, de partage fait des biens de Loüis DE GRANGES, Seigneur de Montfernier, & de Dame Marguerite de Saint Georges, entre IEAN DE GRANGES, GABRIEL, & AMBROISE, fes freres puifnés, enfans dudit Loüis DE GRANGES, & de ladite Marguerite de Saint Georges; par lequel il paroift, que ledit IEAN DE GRANGES, aifné, a eu les préciputs & avantages de la Coûtume, en datte du 9. Iuillet 1571. figné Debit & Bernier. Acte en parchemin, fait entre AMBROISE DE GRANGES, Efcuyer, Sieur du Pleffis, Montfernier, &c. & Damoifelle Renée de Puiguyon, fa femme, portant reconnoiffance de la part de ladite de Puiguyon, que ledit AMBROISE DE GRANGES auroit vendu fon domaine, qui luy eftoit cenfé & realifé propre, & les deniers en provenans, employés au payement des dettes de ladite de Puiguyon, fa femme, & ameliorations en la Terre de Boiffet, à elle appartenante, en datte du 3. Decembre 1581. figné Bourjaud. Contract de mariage en parchemin, de PHILIPPE DE GRANGES, Efcuyer, Sieur de Boiffet, avec Damoifelle Marie Boynet; par lequel il paroift, qu'il eft fils d'AMBROISE DE GRANGES, Seigneur du Pleffis, & de Damoifelle Renée de Puiguyon, en datte du 4. Avril 1606. figné Theuadier & Darles, Notaires. Contract de mariage en parchemin, de RENE' DE GRANGES, Chevalier, Seigneur de Puiguyon, avec Damoifelle Françoife Barrillon, par lequel il paroift, qu'il eft fils de PHILIPPE DE GRANGES, vivant Chevalier, Seigneur de Puiguyon, & de Damoifelle Marie Boynet, en datte du 4. Ianvier 1647. figné Bourdaizeau. Procez verbal en parchemin, fait par Frere Loüis Torchard, Chevalier de l'Ordre de Saint Iean de Ierufalem, Commandeur des Roches & de la Ville-Dieu; Frere Guy d'Allogny-Boifmoran, Chevalier du mefme Ordre, Commandeur de Prailles, des preuves de Nobleffe de CHARLES DE GRANGES; par lequel il paroift, qu'il eft fils de RENE' DE GRANGES, & de Dame Françoife Barrillon, & que lefdites preuves ont efté trouvées fuffifantes & valables; en datte du 2. Avril 1666. figné F. TORCHARD, GUY D'ALLOGNY, Boifmoran. Et plus bas, Veillon, Notaire. Et au pied eft l'acte de la reprefentation au Chapitre tenu à Poitiers le 4. May 1666. figné François de Laval, F. Aimery de Sanzay, Chancelier du Grand Prieuré, & René de Salo de Lamaguet, & fcellé. Contract de mariage en parchemin, de FRANÇOIS DE GRANGES, Chevalier, Seigneur de Puiguyon, avec Damoifelle Françoife de la Caffaigne; par lequel il paroift, qu'il eft aifné, & principal heritier de RENE' DE GRANGES, Chevalier, & de Françoife Barrillon, en datte du 27. May 1682. figné Brafchelet & Crefpelot. Contract en parchemin, du partage fait des biens de RENE' DE GRANGES, Chevalier, Seigneur de Puiguyon, & de Françoife Barillon, entre FRANÇOIS DE GRANGES, Chevalier, Seigneur de Puiguyon, Meftre-de-Camp de Cavalerie du Regiment de Monfieur le Duc de Bourgogne; ANNE RENE'E DE GRANGES, Damoifelle de Puiguyon; & Dame ANNE DE GRANGES, femme de Meffire Pierre de la Cour, Chevalier, Seigneur de la Guibretiere; par lequel il paroift, que ledit FRANÇOIS DE GRANGES, en qualité d'aifné, a eu les préciputs & avantages de la Couftume, en datte du 2. Avril 1694. figné Belhoir & Chantefin. Contract en parchemin, de l'efchange faite de la Terre & Seigneurie de la Floceliere, entre FRANÇOIS DE GRANGES DE SURGERES, Chevalier, Seigneur de Puiguyon, Brigadier des Armées du Roy; & THOMAS DREUX, Chevalier, Marquis de Brezé, Confeiller du Roy en fa Cour de Parlement, en datte du dernier Fevrier 1697. figné Dupuy & Bru. Duplicata des Lettres accordées par le Roy, de confirmation d'érection du Marquifat de la Floceliere, données au mois de Mars 1697. fignées Loüis; & fur le reply, Par le Roy, PHELIPEAUX. Lettres Patentes du Roy, portant pouvoir de Lieutenant General d'Armée, pour le Sieur Marquis DE PUIGUYON, données à Fontainebleau le 19. Iuin 1708. fignées Loüis; & fur le reply, Par le Roy, CHAMILLART, & fcellées du grand Sceau de cire jaune, fur fimple queue.

Copie collationnée en papier, du partage fait des biens de MATHURIN DE GRANGES, Efcuyer, Seigneur de la Gord, & de Marie Pafcaude, entre JACQUES DE GRANGES, Efcuyer, Seigneur de la Gord, PREGENT, CHRISTOPHE, & MARGUERITE DE GRANGES, freres & fœurs, enfans dudit MATHURIN DE GRANGES & de ladite Pafcaude; par lequel il paroift, que ledit JACQUES, aifné, a eu les préciputs de la Couftume, en datte du 11. Mars 1484. Rapporté, figné J. Girard, L. Garfonnet; ladite collation faite le 23. Novembre 1663. figné Huger & Alexandre. Tranfaction en parchemin, en explication du partage cy-deffus, entre JACQUES DE GRANGES, Efcuyer, Seigneur de la Gord; & CHRISTOPHE DE GRANGES, Efcuyer, Seigneur de Beauchefne, freres; par lequel il paroift, que ledit Jacques avoit efpoufé Damoifelle Françoife le Maftin, & qu'il en feroit refté veuf, en datte du 12. Janvier 1503. figné Brochard & Picard. Acte en papier, du Retrait fait par JEAN DE GRANGES, Efcuyer, fils aifné, & principal heritier de JACQUES DE GRANGES, Efcuyer, des Domaines à luy vendus

par

par ledit JACQUES DE GRANGES, fon pere, datté du 4. May 1516. rapporté figné Barthelot &
Gaultrou, & par collation Hugues-Alexandre de Launays, & Sonvoiffe, Notaires. Procuration
en parchemin, de JEAN DE GRANGES, Efcuyer, Seigneur de Gord; & de Damoifelle Renée
Janvre, fa femme, aux fins de confentir le mariage d'entre CHARLES DE GRANGES, Efcuyer,
leur fils aifné, & Marguerite de la Bruere, en datte du 18. Octobre 1561. figné JEAN DE
GRANGES, Chaumier & Garnier, Notaires. Contract de mariage en parchemin, de CHARLES
DE GRANGES, Efcuyer, avec Damoifelle Marguerite de la Bruere; par lequel il paroift, qu'il
eft fils de JEAN DE GRANGES, Efcuyer, Seigneur de la Gord, & de Renée Janvre, en datte
du 19. Octobre 1561. figné Briffonnet & Guilloret. Autre Contract de mariage en parchemin,
de MAURICE DE GRANGES, Efcuyer, avec Damoifelle Marie Mefnard; par lequel il paroift,
qu'il eft fils de CHARLES DE GRANGES, Efcuyer, Seigneur de la Gord, & de Damoifelle
Marguerite de la Bruere, en datte du 29. Janvier 1586. figné Champreteau & Suirat. Tranfaction
en parchemin, entre Damoifelle Marguerite de la Bruere, veuve de feu CHARLES DE GRAN-
GES, Efcuyer, Seigneur de la Gord, tant en fon nom, que comme mere & tutrice naturelle de
LOUIS & JEAN DE GRANGES, Efcuyers, enfans dudit feu & d'elle; & Damoifelle MARIE-
GILLETTE DE GRANGES, leur fille, & Damoifelle Marie Mefnard, veuve de feu MAURICE
DE GRANGES, Efcuyer, Seigneur de la Gord, tant en fon nom, que comme donataire dudit
feu, & encore comme tutrice naturelle de CHARLES DE GRANGES, fils dudit feu & d'elle,
en datte du 2. Janvier 1596. figné Spion & Chaigneau, Notaires. Contract en parchemin, du
partage fait des biens de CHARLES DE GRANGES, Efcuyer, Seigneur de la Gord, & de Damoifelle Marguerite de la Bruere; entre CHARLES DE GRANGES, fils mineur de MAURICE
DE GRANGES, Efcuyer, Sieur de la Gord, & de Marie Mefnard; LOUIS & JEAN DE
GRANGES, Efcuyers, enfans de feu CHARLES DE GRANGES, Efcuyer, Seigneur de la Gord,
& de Marguerite de la Bruere; par lequel il paroift, que CHARLES, leur petit-fils, reprefentant MAURICE, aifné, a eu les précipus & avantages de la Coûtume, en datte du 4. May 1600.
figné Couttin, Greffier. Contract de mariage en parchemin, de CHARLES DE GRANGES,
Chevalier, Seigneur de la Gord, avec Damoifelle Gabrielle de Courtarvel; par lequel il paroift,
qu'il eft fils de feu MAURICE DE GRANGES, vivant Chevalier, Seigneur du même lieu, &
de Dame Marie Mefnard, en datte du 27. Mars 1627. figné Loüin. Autre Contract de mariage en parchemin, de CHARLES DE GRANGES, le jeune, Efcuyer, Sieur de la Gregoriere,
avec Damoifelle Marie Lange; par lequel il paroift, qu'il eft fils de CHARLES DE GRANGES,
vivant Chevalier, Seigneur de la Gord; & de Dame Gabrielle de Courtarvel, en datte du 16.
Mars 1658. figné Maria. Autre Contract de mariage en parchemin, de GILLES-CHARLES DE
GRANGES DE SURGERES, Chevalier de l'Ordre Militaire de Saint Loüis, Capitaine des Vaiffeaux du Roy, Commandant pour Sa Majefté la Marine aux Sables d'Olone; avec Damoifelle
JEANNE-FRANÇOISE DE GRANGES DE SURGERES; par lequel il paroift, qu'il eft fils de
CHARLES DE GRANGES DE SURGERES, Chevalier, Seigneur de la Gregoriere, & de
Dame Marie Lange, en datte du 31. May 1706. figné, Morin & Brunet. Contract de mariage
en parchemin, de LOÜIS DE GRANGES, Efcuyer, Seigneur de Forges, avec Damoifelle Eli-
fabeth de Rohean; par lequel il paroift, qu'il eft fils de CHARLES DE GRANGES, Efcuyer,
Sieur de la Gord, & de Damoifelle Marguerite de la Bruere, en datte du 6. Septembre 1616.
figné, de la Brune & Majou, Notaires. Autre Contract de mariage en parchemin, de PHI-
LIPPE DE GRANGES, Efcuyer, Seigneur des Bigotieres, avec Damoifelle Jeanne de la Previere; par lequel il paroift, qu'il eft fils de LOÜIS DS GRANGES, Efcuyer, Seigneur des Forges, & de Dame Elizabeth de Rohean, en datte du 9. Novembre 1667. figné, Gauraud & Bou-
raud, Notaires. Contract en papier, du partage fait des biens de PHILIPPE DE GRANGES,
Chevalier, Seigneur des Bigotieres, & de Dame Jeanne de la Previere, entre SAMUEL DE
GRANGES, Chevalier, Seigneur de la Fouchardiere, & Damoifelles MARGUERITE & JE-
DITH DE GRANGES, freres & fœurs, enfans dudit PHILIPPE, & de ladite Dame de la Previere; par lequel il paroift, que SAMUEL DE GRANGES, aifné, a eu les précipus & avantages
de la Coûtume, en datte du 26. Juin 1711. figné, Rouffeau, & Rouffeau, Notaires. Noftre
Ordonnance au bas de la Requefte de Soit communiqué au Sieur Spoullet de Varel, du 25. May
dernier. Sa réponfe du 28 dudit mois, portant qu'il n'a aucuns moyens pour empefcher que ledit
FRANÇOIS DE GRANGES, Seigneur, Marquis de Puiguyon, Lieutenant General des Armées
du Roy, GILLES-CHARLES DE GRANGES, Capitaine de Vaiffeaux, & SAMUEL DE
GRANGES, Sieur de la Fouchardiere, foient maintenus & confervés en leur Nobleffe, & ladite
Damoifelle ANNE RENE'E DE GRANGES, fœur dudit Sieur Marquis de Puiguyon, joüiffe
des privileges de la Nobleffe. Les conclufions du Sieur Girault, Procureur du Roy de la Commiffion, du premier de ce mois; Et tout confideré :

NOus, Intendant fufdit, avons donné Acte audit FRANÇOIS DE GRANGES DE SUR-
GERES, Chevalier, Seigneur, Marquis de Puiguyon, Lieutenant General des Armées du
Roy, GILLES-CHARLES DE GRANGES DE SURGERES, Seigneur, Marquis de la Floceliere, SAMUEL DE GRANGES, Seigneur de la Fouchardiere; & ANNE-RENE'E DE
GRANGES DE SURGERES, Damoifelle de Puiguyon : de la reprefentation de leurs titres; en
confequence les déchargeons de l'affignation à eux donnée, à la requefte dudit Ferrand, & les
avons maintenus & gardés, enfemble leurs enfans & pofterité, nés & à naiftre en legitime ma-

riage, dans le droit de prendre le titre de Chevalier, tant qu'ils vivront noblement , & ne feront aucune acte de dérogeance ; ensemble ladite ANNE-RENE'E DE GRANGES de Puiguyon, dans les privileges & exemptions accordés aux Nobles du Royaume ; ordonnons qu'ils feront inscrits au Catalogue des Nobles de cette Generalité, qui fera arresté, en execution de l'Arrest du Conseil du 25. Février 1697. FAIT en nostre Hostel à Poitiers, ce 2. Juin 1715. Signé, DE RICHEBOURG. Et plus bas, Par Monseigneur. Signé, RAMEAU.

J'Ay dit MM. au commencement de ces Memoires , que j'abandonnay le dessein de les mettre au jour aprés la mort de Monsieur vôtre oncle , dont la vie a finy avant que la vôtre ait commencé ; mais puisque je vous vois remplacer heureusement les esperances que j'avois conceuës de luy, je ne croy pas pouvoir donner une preuve plus essentielle du veritable attachement que j'ay pour vous & pour vôtre Maison, qu'en vous representant les actions de vos peres comme des modeles sur lesquels vous devez vous former. C'est un miroir éclatant que je mets devant vos yeux ; n'en soyez pas si éblouïs que vous ne le regardiez fixement pour y reconnoître vos deffauts , & vous en corriger, étant assurez que marchant sur leurs traces, vous ne sçauriez vous écarter du chemin de la veritable gloire ; c'est pour elle que vous devez être prêts de sacrifier vos biens, vôtre sang & vôtre vie. A cette noble ambition vos peres vous reconnoîtront pour leurs enfans, je ne puis douter que le Ciel ne leur reserve cette douce consolation, vous voyant profiter des soins qu'on prend pour vous former à la vertu , les exemples vivans que vous avez devant vous ; achéveront de vous rendre tels que vous devez être, pour meriter la benediction de Dieu & l'approbation des hommes. Cette esperance m'a engagé d'exposer à vôtre vûë cette nombreuse suite d'ancêtres, dont chacun a illustré sa vie par tant de sagesse & de valeur, que leurs Souverains ont crû ne pouvoir rien faire de plus propre pour leur service, que de les employer dans leurs affaires les plus importantes, ce qui vous donne un bel exemple , & prouve en eux d'une maniere bien glorieuse, la fidelité parfaite & l'attachement inebranlable du Sujet pour son Prince.

Cette distinction a quelque chose de bien doux , elle doit vous servir d'émulation & vous faire sentir , qu'une naissance illustre est un engagement à des actions vertueuses, vous vous donnerez par-là une seconde naissance, plus belle que la premiere ; vous avez celle-cy par heritage de vos ancêtres, la seconde sera vôtre ouvrage.

Les grandes qualitez de l'esprit & du cœur, & même celles du corps, ont mis de tout temps de la difference entre les hommes, & quelque sorte de superiorité. Cherchez à vous distinguer par là, & souvenez-vous, que si c'est un grand avantage d'avoir de la noblesse, il faut qu'elle soit soûtenuë de la vertu ; & qu'on ne puisse pas se reprocher à soy-même dans le fond du cœur & de la conscience, que l'on n'est pas un honnête homme, que l'on est un perfide, qu'on ne cherche qu'à tromper, même jusqu'à son amy, qu'on ne tient aucune parole, qu'on n'agit & ne rend service que par interest , qu'on ne songe qu'à surprendre & à déguiser la verité, & que l'on n'est qu'un fanfaron. Les honnêtes gens font exempts de ces vices, leurs mœurs font reglées par la Religion ; c'eſt elle qui forme dans l'ame une diſpoſition ſolide pour le vray bien, qui conſiſte dans le reſpeƈt, la ſoûmiſſion & la dépendance entiere à l'égard de Dieu & de ſes ſaintes Loix, avec cette perſuaſion qu'il eſt le ſeul bien deſirable, & qu'il faut faire paroiſtre ces ſentimens dans toutes les occaſions, ſur tout dans les Temples & au pied des Autels, où par un exterieur modeſte & receüilly, vous faſſiez connoiſtre avec édification la pieté, dont vous êtes veritablement penetrés.

Ces grands principes de Religion, ont animé ceux dont vous tirez vôtre origine, ces Temples ſacrez édifiés & enrichis par leurs bienfaits en ſont des preuves, ces pieuſes & riches fondations, deſtinées à l'entretien des Miniſtres du Seigneur, publieront dans la ſuite des ſiecles, qu'elle a été leur pieté envers Dieu, & ce ſon de Cloche qu'on entend tous les Lundis de l'année dans l'Egliſe de la Floceliere, annoncera à la poſterité leur charitable prévoyance, pour le ſoulagement des pauvres, ils ſe ſont maintenus dans la pureté de la foy, dans les temps où il y a eu un bouleverſement preſque general, & où il ſembloit que c'étoit la mode de changer de Religion, quoy qu'ils ſe ſoient trouvez au milieu de leurs proches & de leurs amis, qui avoient eu le malheur de ſuccomber aux nouveautez, ils ſont demeurez fermes & ſtables dans la veritable Egliſe, en reſiſtant à toutes les tentations qu'on leur a faites, & renonçant aux biens & aux avantages qui leur en ſeroient revenus. C'eſt la diſpoſition où vous devez être ; quelque nouveauté qui puiſſe arriver, quelque avantage que vous puiſſiez eſperer en vous y donnant, faites plus de cas de vôtre Religion que de toute autre choſe, perſiſtés ainſi que vos peres & apprenez d'eux à être inebranlables dans l'attachement que vous devez à Dieu & à la pureté de la foy.

Voilà la premiere & la grande obligation. Je dois enſuite vous repreſenter mot à mot la leçon que vôtre ayeul faiſoit ſouvent à ſon fils, qui étoit ſi digne de luy, je n'en ay rien oublié. Souvenez-vous toûjours, luy diſoit il, que vos ayeuls vous ont laiſſé l'épée que vous portez, pour vous en ſervir pour la deffenſe de la Perſonne ſacrée du Roy & de la Patrie, & pour être toûjours preſt à répandre vôtre ſang juſques à la derniere goute pour gage de vôtre fidelité ; expoſer ainſi ſa vie, eſt une aƈtion des plus dignes d'eſtime, parce qu'on y ſatisfait en même temps aux devoirs que la Religion & l'honneur exigent ; mais l'expoſer brutalement par un tranſport de fureur, dans des querelles injuſtes & pour des ſujets frivoles, rien de plus inſenſé & de plus oppoſé à l'un & à l'autre, tout perit dans ces ſortes de combats, au lieu que tout eſt en ſeureté dans les occaſions, où l'on eſt conduit par l'obéïſſance & par le devoir. Il ſeroit indigne de vous de vouloir menager vôtre vie, contre les regles de la vraye valeur, le ſang qui vous anime n'eſt point à vous, pour en diſpoſer ſelon vos caprices, il appartient au Roy & à la Patrie, vous

ne pouvez le prodiguer fans injuftice , vous êtes obligé par vôtre
naiffance , ainfi que tous les Nobles, de l'expofer pour vôtre Prince ,
& de le fervir autant que vôtre pouvoir & vos forces le peuvent per-
mettre , autrement vous feriez indigne de cette Nobleffe,dont on fait
tant de cas , & vous devriez'en être déchûs. Les bleffures qu'un
homme de guerre reçoit , en allant avec courage aux Ennemis , le
couvrent de gloire, afpirez à cet honneur fi digne de vôtre ambition , n'envifagez d'autre recompenfe que celle de bien fervir le Roy
& l'Etat, une parole gracieufe du Prince , les applaudiffemens du
public, payent avec ufure les travaux les plus penibles , les bleffures
les plus profondes , & la mort même , à laquelle il faut s'expofer li-
brement dans toutes les occafions , où la neceffité le demande. Ne
vous reglez pas fur ces ames baffes, qui n'eftiment que ce qui tombe
fous les fens, & qui entre dans le commerce ; vos anceftres avoient
un autre goût de l'honneur , conformez-y le vôtre , & laiffez-en
l'exemple à vos defcendans.

C'eft le confeil qu'il donnoit & que je vous repete, il parloit felon
fon cœur, vous en pouvez voir la preuve par les marques glorieufes
des bleffures qu'il a reçües, auffi-bien que M. vôtre pere , & qui
leurs ont acquis avec juftice l'eftime du Prince & la veneration du
public. Prenez donc cette leçon pour vous, vous devez mieux vous
en fouvenir que moy & la faire valoir , fi vous voulez recüeillir
les recompenfes , que vôtre ayeul & vôtre pere ont fi juftement me-
ritez.

Le qualitez qui font & perfectionnent l'honnefte homme , ont
tant de relation avec la veritable Religion que vous profeffez, qu'il
ne tiendra qu'à vous de réünir le tout, en accompliffant ce qu'il faut
faire , plus en confideration de Dieu que des hommes. Pour vous en
donner l'idée, je vous reprefente feulement, qu'aprés vous être ac-
quitez envers Dieu, le Roy & ceux qui vous ont donné la vie, vient
l'obligation d'aimer vôtre prochain comme vous-même, lequel contient ce qu'il y a de plus grand & de plus mifterieux dans les Commandemens divins. Ce precepte a plufieurs degrez ; le premier d'aymer fon prochain comme foy-même, contient un ordre irrevocable,
que les freres & les proches doivent être unis d'amitié, de cœur, de
volonté & d'intereft , comme ils le font par la naiffance ; étant tres-
certain que la paix & l'union dans les familles , eft felon Dieu &
felon le monde , un des plus grands biens qu'on puiffe fouhaiter icy-
bas. Si le Seigneur vous ordonne d'aymer vôtre prochain , perfonne
ne vous eft plus proche que vos freres & parens ; Efaü a haï fon
frere Jacob, pour ainfi dire, dés le fein de fa mere , auffi eft-il l'i-
mage des reprouvez. C'eft le fort que doivent attendre ceux qui
rompent l'union qui doit être dans les familles, fans compter qu'ils
font en horreur aux honneftes gens, que perfonne ne veut faire alliance avec eux, & qu'on les regarde comme des monftres avec lefquels il ne faut avoir aucune focieté ; Jofeph au contraire , qui fut
expofé

exposé par ses freres à une mort violente, par envie & jalousie qu'ils avoient conçûë contre luy, l'ayant pour bien dire, miraculeusement évitée, & ayant été élevé à une haute fortune, il en fit part à ses freres, & ne pensa pas à se vanger de leur mauvaise volonté ; ce qui fut si agreable à Dieu, qu'il en fut comblé de biens & de benedictions, & si estimé des hommes que la memoire en est encore presente à tous ceux qui sçavent son histoire. Vous avez sur cela un fonds d'instruction dans vôtre maison même ; vos ancestres qui vous ont laissé de grandes vertus à imiter, vous ont aussi marqué quelques traits odieux qui ne sçauroient faire une trop forte impression sur vous. Que la mauvaise action de GEOFROY DE SURGERES, duquel vous estes issus ne sorte jamais de vôtre memoire ; considerez qu'ayant tué son frere, son crime fut connu si énorme, que quoy qu'il se trouvast dans un cas remissible, le Roy ne luy en accorda la grace, qu'à la charge d'une peine bien douloureuse, qui fut, de ne plus porter le nom, ou les Armes de sa Maison, & qu'ayant conservé les Armoiries, quitté le nom de SURGERES & pris celuy de GRANGES, ses Descendans aussi-bien que luy en ont porté la peine, ayant été exposez aux contestations, qui leur ont été faites, pour ne les pas reconnoître de l'ancienne Maison dont ils étoient ; ce qui doit les avoir touchés bien vivement, n'y ayant rien de plus sensible, que d'être attaqué dans sa naissance. Vous devez juger que la mortification qu'ils en reçurent, fut une veritable penitence pour le crime qu'avoit commis celuy, dont ils tiroient leur origine, & si aujourd'huy vous portez cet ancien nom, joint à celuy qui fut pris par l'ordre du Souverain, souvenez-vous & vos Descendans, de ne pas tomber dans un pareil malheur, crainte que Dieu & les hommes ne vous pardonnent plus.

Soïez donc toûjours unis entre vous, d'une veritable & sincere amitié, comme vous l'êtes par le sang : ne vous laissez pas aller à une basse jalousie qui a tant de fois mis la discorde, & ensuite apporté une ruine entiere dans les familles ; au contraire secourez-vous mutuellement, à l'imitation de Joseph & vous assistez dans toutes les occasions, comme chacun de vous le voudroit être dans un pressant besoin.

Ce precepte de regarder nôtre prochain comme soy-même, veut encore que nous soyons fideles à tous les hommes, ainsi que nous voulons qu'ils nous le soient, que nous ne cherchions point à les surprendre, que nous ne disions jamais aucune chose fausse, que nous soyons toûjours en garde sur nous-mêmes, pour ne jamais mentir, pas méme dans la moindre bagatelle de conversation. C'est un deffaut des plus reprochables, & qui rend la personne tres méprisable, & pour vous le faire connoître, sçachez que c'est une offense mortelle pour un honneste-homme, de luy dire qu'il a menti. Il faut donc que le mensonge soit un crime bien énorme, puisqu'on a tant de mépris pour ceux qui sont enclins à ce deffaut.

X x

Les pauvres nous font encore particulierement recommandez, par ce precepte de l'amour du prochain, rien n'eft plus indigne d'un homme raifonnable, que de fermer fes oreilles aux cris des miferables & d'être infenfible à leurs befoins ; il n'y a aucune vertu dont vous ayez dans vôtre maifon de plus frequens exemples, que de la charité envers les pauvres, vous voyez tous les jours combien on les affifte ; comme l'on prévient leurs befoins, & qu'on n'attend pas qu'ils demandent pour les fecourir ; c'eft un œuvre bien chrêtien, que vous devez pratiquer, & ne jamais oublier.

Pour accomplir ce precepte dans toute fon étenduë, il faut, autant qu'on le peut, rendre fervice à tout le monde, pour y parvenir, il faut que vous commenciez par vous rendre honneftes gens, acquerir l'eftime de vôtre Prince, de fes Miniftres & des perfonnes de merite, & enfuite n'être pas avare du credit que vous pourrez avoir, il faut l'employer avec plaifir & avec joye, pour fervir ceux qui ont befoin de fecours, fans attendre d'être follicité de le faire. Sur tout affiftez vos proches & fi vous vous employez pour eux ; ne craignez pas en follicitant pour autruy, que cela diminuë l'eftime qu'on aura pour vous, & que cela retarde ou empêche les graces que vous pourriez obtenir, quoy qu'il femble que vous deveniez importuns & même qu'on vous en marque quelque chofe, affeurez-vous que bien loin de diminuer l'eftime qu'on auroit pour vous, on l'augmentera, en vous connoiffant un cœur fi bon & fi genereux.

Il paroît deux raifons qui empêchent les ames du Commun, de s'employer pour le fervice des autres, & même de leurs proches. La premiere vient de leur temperament qui les rend durs & infenfibles, & qui fait, que comme les plus vils animaux, ils ne font bons que pour eux. La feconde & qui revient à l'autre, eft qu'ils craignent, que s'ils obtiennent quelque chofe pour autrui, ce ne foit en diminution des pretentions qu'ils ont. Ces fentimens fentent la baffeffe, & gens, ou qui ont ufurpé la Nobleffe, ou dont l'origine vient d'une mauvaife tige, ou s'ils font Nobles d'extraction, qu'ils en ont degeneré. On les doit comparer aux ufuriers, qui n'agiffent & ne rendent fervice qu'à force d'intereft, aufquels il faut payer le double & fouvent le triple & le quatruple. Ils feront comptables devant Dieu, des graces qu'il leur a faites, en leur donnant les moyens de faire plaifir aux autres : ils feront traitez comme le mauvais ferviteur cité dans l'Evangile, qui enfoüit en terre le talent que le Seigneur lui avoit donné, ils feront maudits comme lui.

Concevez donc le mépris qu'on doit avoir pour ces perfonnes, qui pouvans rendre fervice à leurs parens, à leurs amis & aux honnêtes gens de leur connoiffance, ne le font pas ; & au contraire voyez l'eftime generale qu'on a pour ceux qui s'acquitent de ce devoir indifpenfable : remarquez que dans tous les temps & dans toutes les Religions, les hommes les plus eftimez ont été ceux, qui ont cherché à rendre service *gratis* , par pure amitié , ou charité , ou bonne volonté ; & que chez les Anciens, qui avoient le malheur de ne pas connoître la veritable Divinité , ceux qui rendoient ainsi des services étoient si honorez , qu'on leur dressoit des autels , & on les mettoit au nombre des Dieux. Tant il est vrai , qu'on fait un grand cas de cette generosité, qui fait qu'un homme de bonne éducation, aime à obliger sans aucune vûë , la gloire qu'il en reçoit & la satisfaction interieure qu'il en ressent , lui tenant lieu d'une vraie recompense. Si vous pouvez faire beaucoup, n'y negligez rien : si vous n'êtes pas en état de rendre de grands services , faites toûjours selon vôtre pouvoir & vôtre credit.

L'orgüeil & la vaine gloire, sont des vices qu'il faut éviter avec grand soin , nous avons vû & nous voyons des personnes , qui ont les qualités qu'il faut, pour avoir l'estime du public & des honnêtes gens , & qui cependant perdent leur reputation pour être tombés dans ce deffaut : c'est avec raison qu'on les méprise, puisque la vertu & la vraie Noblesse, sont sans faste , & sans orgüeil. Quelque rang que l'on tienne & de quelque naissance que l'on soit , l'on doit éviter cet écueil , & se souvenir que ceux qui tirent leur origine d'une Noblesse ancienne & distinguée , & dont le sang n'est pas corrompu , plus leur Maison est illustre & élevée en grandeur & dignité , moins ils ont d'orgüeil & de gloire , ou pour mieux dire , ils n'en ont point du tout. Ils sont honnêtes, civils , courtois , gracieux & sans ostentation : ils ne craignent pas qu'on ne rende tout ce qui est dû à leur naissance & à leur dignité , ceux qui les connoissent s'étudient à leur plaire & à les élever jusqu'aux Cieux : on fait le contraire aux orgüeilleux. Si l'on est obligé de les voir à cause de leur dignité, c'est une vûë forcée; on ne cesse d'en publier les deffauts & même de les augmenter, parce qu'ils sont haïs & méprisés , & qu'on est mécontent de leur procedé & de leur hauteur.

L'orgüeil est en si grande horreur , que l'on conclud generalement que ceux qui en sont remplis , ou sont élevés par une fortune aveugle , qui ne leur donnant pas les principes de la vertu, leur fait croire que pour se maintenir & couvrir leur basse extraction , il faut se distinguer par une hauteur affectée , ou s'ils sont d'une naissance connuë , comme ils se font des ennemis de tous ceux qui les voyent , l'on tient des discours scandaleux sur leur chapitre, & la moindre chose est de dire qu'ils ont honteusement dégeneré de la vertu & Noblesse de leurs Ancêtres.

Craignez donc de vous faire des ennemis par vôtre vanité ; plus vous ferez d'avances & d'honnêtetés , plus vous vous attirerez l'estime & l'amitié publique. Ne pensez pas comme plusieurs que l'on peut appeller fols , qui disent qu'ils ne feroient pas un pas pour s'acquerir l'estime du Public & des particuliers, ce sont les sentimens ridicules des orgüeilleux, & par consequent des mal-honnêtes gens;

les Souverains & les Princes ne font pas dans ces difpofitions, ils veulent le cœur & l'eftime de tous , & être aimés de leurs Sujets, comme leurs veritables peres.

Lifez l'Hiftoire des Grands Hommes de l'antiquité, vous les trouverez fans orgueil, ni vaine gloire , fimples , doux , honnê- tes , acceffibles , affables : ainfi ayez de l'horreur pour la vanité, foyez preparés pour la combatre, n'y fuccombez pas, comme plufieurs ont fait, lors qu'ils ont acquis des honneurs & des dignitez , l'or- gueil leur a tellement troublé la raifon , qu'ils ont perdu le bon fens : ils ne connoiffent plus perfonne , ils font voir par-là, qu'ils ne meritoient pas ces honneurs, puifque ceux qui font veritable- ment Nobles & qui ont la vertu pour guide , plus ils font élevés, plus ils s'étudient à être courtois , civils & honnêtes.

Enfin , fi vous meditez comme il faut fur ce divin precepte, de l'a- mour du prochain , après celui de Dieu , vous y trouverez renfer- mé tout ce qu'il vous faut pour vivre en bons Cherftiens & en même temps, en honnêtes gens & perfonnes de condition ; ce que Dieu demande & que le monde éxige s'y trouve compris. Pour remplir l'un & l'autre, ayez toûjours devant les yeux cette Regle , de ne rien faire à autruy que vous ne vouliez qui vous foit fait, & de faire à autruy ce que vous voudriez qui vous fût fait.

Evitez auffi avec grand foin l'excés du vin : il caufe tant de dé- fordre & de malheurs , il couvre de tant d'infamie ceux qui y font adonnez , qu'outre le peché qui s'y trouve, un homme d'honneur le doit avoir en horreur. Ceux qui y font fujets perdent la rai- fon & deviennent femblables à des animaux immondes, enfevelis dans leur ordure , ou violens comme des bêtes feroces, ce qui fait qu'on les fuit & qu'on évite foigneufement leur compagnie : ils tombent dans le dernier mépris ; leurs Souverains ne doivent ja- mais les employer , & perfonne ne doit compter fur eux pour aucune chofe. Ces fuites funeftes doivent vous faire concevoir une veritable averfion pour ce vice , & vous faire fuir avec foin la com- pagnie de ceux qui y font adonnez.

Pour vous repeter en peu de mots tout ce que je vous ai dit, je ne vous donne pas tant ces Memoires pour fatisfaire vôtre curio- fité, que pour fervir à vôtre utilité : fi vous les examinez ainfi que vous le devez , vous y trouverez de beaux modeles des principa- les vertus qui vous font neceffaires , pour marcher dans le veritable chemin de la gloire : comme la pieté & l'amour de la Religion font les premieres, & celles dont vous devez faire vôtre principale étude, vous en avez un parfait exemple dans vos Ancêtres, qui ont toûjours gardé inviolablement la Foy de leurs Peres , & fait pa- roître leur devotion, par la deffenfe de l'Eglife & par les fonda- tions qu'ils ont faites pour demander fes Suffrages. Vous en verrez un grand nombre qui ont eu l'honneur de figner avec leurs Princes, & qui paroiffent prefque toûjours les avoir accompagnés ; ceux-là

vous

vous apprendront la fidelité , le respect & l'attachement que vous devez avoir pour vôtre Souverain. Le rang qu'ils ont tenu dans le monde & l'estime generale où ils ont été , vous feront voir, qu'il n'y a point de vrai honneur , que celui qui a son fondement dans la vertu : ainsi vous avez l'avantage que beaucoup d'autres n'ont pas, de trouver pour ainsi dire chez vous , la Regle de vos mœurs & de vôtre conduite; vos Peres & particulierement ceux qui vous touchent de plus prés , vous ont frayé un chemin, dont vous ne devez jamais vous écarter, en faisant chose qui soit indigne du nom & du sang dont vous sortez.

Considerez ce qu'a fait vôtre Ayeul , non seulement pour soûtenir l'honneur de sa Maison , mais encore pour lui donner un nouveau lustre , & la remettre dans son premier état : il n'a épargné ni veilles , ni travaux, ni sa santé, ni même sa vie, pour se distinguer dans le service de son Roy , par des actions dignes de la plus haute estime. Ces actions pouvoient lui faire esperer d'arriver aux premieres recompenses & à la plus grande élevation; mais si sa vertu n'a pas été entierement couronnée , que sçavons-nous, si la Providence ne l'a pas ainsi permis , afin de vous laisser la noble émulation d'achever ce qu'il a si bien commencé.

Quelle gloire pour vous de couronner ce bel ouvrage , & que vos Descendans vous soient redevables, d'avoir mis la derniere main au retablissement de leur Maison ; Mais quelle honte si bien loin de vous citer à l'avenir , comme les Auteurs de leur nouvelle gloire , vous leur donnez lieu par vôtre mauvaise conduite de cacher vos actions , aussi-bien que vôtre nom : ne perdez donc jamais de vûë les Regles de la conscience & de l'honneur, soyez charitables, doux , honnêtes & complaisans ; souvenez-vous sur tout que des deffauts qui seroient supportables dans une personne du Commun, deviennent monstrueux dans un homme de distinction , & que si la vertu paroît d'abord un peu farouche & difficile à pratiquer, on ressent dans la suite une douceur infinie de s'être apprivoisé avec elle, d'en avoir fait habitude , & d'avoir recherché à se distinguer par elle, encore plus que par la Naissance & par les richesses. En observant toutes ces choses vous acquererez l'estime generale , & Dieu vous benira & vôtre posterité.

※※※※※※※※※※※※※※※※※※※※※※※※※※※※※※

APPROBATION.

J'Ay lû , par ordre de Monseigneur le Chancelier, un Ouvrage intitulé : *Histoire Genealogique de la Maison de Surgeres en Poitou* , & *de ses Branches , par Messire* Loüis Vialart, *Prestre , Prieur de Montournois* ; dans lequel je n'ay rien trouvé qui en puisse empescher l'impression. Fait à Paris le 24. Juin 1716. Clairambault , Genealogiste des Ordres du Roy.

PRIVILEGE DU ROY.

LOUIS, par la grace de Dieu, Roy de France & de Navarre , à nos amés & feaux Conseillers , les Gens tenans nos Cours de Parlement , Maistres des Requestes ordinaires de nostre Hostel , Grand Conseil , Prevost de Paris , Baillifs , Senefchaux , leurs Lieutenans Civils , & autres Justiciers qu'il appartiendra , Salut. Nostre bien amé le Sieur * * * Nous ayant fait supplier de luy accorder nos Lettres de permission pour l'impression d'un Ouvrage intitulé : *Histoire Genealogique de la Maison de Granges de Surgeres* ; Nous luy avons permis , & permettons par ces Présentes , de faire imprimer ladite Histoire en telle forme , marge , caractere , & autant de fois que bon luy semblera , & de la faire vendre & débiter par tout nostre Royaume , pendant le temps de dix années consecutives , à compter du jour de la date desdites Présentes. Faisons deffenses à tous Libraires & Imprimeurs , & autres personnes , de quelque qualité & condition qu'elles soient , d'en introduire d'impression estrangere dans aucun lieu de nostre obéïssance ; à la charge que ces Présentes seront enregistrées tout au long sur le Registre de la Communauté des Libraires & Imprimeurs de Paris , & ce dans trois mois de la date d'icelles , que l'impression de ladite Histoire sera faite dans nostre Royaume , & non ailleurs , en bon papier , & en beaux caracteres , conformément aux Reglemens de la Librairie ; & qu'avant que de l'exposer en vente , il en sera mis deux Exemplaires dans nostre Bibliotheque publique , un dans celle de nostre Chasteau du Louvre , & un dans celle de nostre tres-cher & feal Chevalier Chancelier de France , le Sieur Voysin , Commandeur de nos Ordres ; le tout à peine de nullité des Presentes, du contenu desquelles vous mandons , &c. Enjoignons de faire joüir ledit Sieur Exposant , ou ses ayans cause , pleinement & paisiblement , sans souffrir qu'il leur soit fait aucun trouble ou empeschement. Voulons qu'à la copie desdites Presentes , qui sera imprimée au commencement ou à la fin dudit livre , foy soit ajoûtée comme à l'original. Commandons au premier nostre Huissier, ou Sergent , de faire pour l'execution d'icelles tous actes requis & necessaires , sans demander autre permission , & nonobstant clameur de haro , charte Normande , & Lettres à ce contraires ; Car tel est nostre plaisir. Donné à Paris le septiéme jour du mois de Juillet , l'an de grace mil sept cens seize , & de nostre regne le premier. Par le Roy en son Conseil , Fouquet.

Registré sur le Registre , n°. 4. de la Communauté des Libraires & Imprimeurs de Paris , page 21. n°. 28. conformément aux Reglemens , & notamment à l'Arrest du Conseil du 13. Aoust 1703. à Paris le 8. Juillet 1716. Delaulne , Syndic.

www.ingramcontent.com/pod-product-compliance
Lightning Source LLC
Chambersburg PA
CBHW070400090426
42733CB00009B/1474